IDENTIDADES, MEMÓRIAS E PROJETOS POLÍTICOS

IDENTIDADES, MEMÓRIAS E PROJETOS POLÍTICOS

HELENICE ROCHA
ISMÊNIA DE LIMA MARTINS
LUIS EDMUNDO DE SOUZA MORAES
REBECA GONTIJO

ORGANIZADORES

Copyright © 2016 Helenice Rocha; Ismênia de Lima Martins;
Luis Edmundo de Souza Moraes; Rebeca Gontijo

Direitos desta edição reservados à
EDITORA FGV
Rua Jornalista Orlando Dantas, 37
22231-010 | Rio de Janeiro, RJ | Brasil
Tels.: 0800-021-7777 | 21-3799-4427
Fax: 21-3799-4430
editora@fgv.br | pedidoseditora@fgv.br
www.fgv.br/editora

Impresso no Brasil | *Printed in Brazil*

Todos os direitos reservados. A reprodução não autorizada desta
publicação, no todo ou em parte, constitui violação do copyright (Lei
nº 9.610/98).

Os conceitos emitidos neste livro são de inteira responsabilidade dos autores.

1ª edição: 2016

Preparação de originais: Débora de Castro Barros
Projeto gráfico de miolo, diagramação e capa: Ilustrarte Design e
    Produção Editorial
Revisão: Fatima Caroni

Ficha catalográfica elaborada pela
Biblioteca Mario Henrique Simonsen

Identidades, memórias e projetos políticos / Organizadores: Helenice
    Rocha... [et al.]. — Rio de Janeiro : FGV Editora, 2016.
    256 p.

    Inclui bibliografia.
    ISBN: 978-85-225-1721-3

    1. História. 2. Historiografia. 3. Identidade social. I. Rocha, Helenice
Aparecida Bastos. II. Fundação Getulio Vargas.

CDD — 907.2

SUMÁRIO

Apresentação 7

Parte I. Identidades, memória e política

Invisibilidade e participação política: índios em Pernambuco
na primeira metade do século XIX 11
Mariana A. Dantas

O carnaval crioulo dos cucumbis (Rio de Janeiro, década de 1880) 26
Eric Brasil

Um agreste labirinto: as interpretações euclidianas nos meandros
da brasilidade, da mestiçagem e da religiosidade sertaneja 41
Nathália Sanglard de Almeida Nogueira

"Essa identidade tá sendo construída por nós": cultura histórica na voz
de uma liderança comunitária do quilombo do Morro Alto 58
Rodrigo de Azevedo Weimer

Registros paroquiais e fluxos migratórios 74
Maria Izabel Mazini do Carmo

Memória e identidade pelos caminhos do sal fluminense 88
João Christovão

Lições de história: o passado brasileiro narrado nos guias de museus 105
Carina Martins Costa

Um colecionador, uma coleção e uma historiografia: o caso Gilberto Ferrez 121
Maria Isabel Ribeiro Lenzi

Parte II. Projetos políticos em tempos de crise

A legalidade e as crises políticas de 1955 a 1964 no Brasil — 137
Mario Ângelo Brandão de Oliveira Miranda

História, memória e historiografia: o mito da resistência e os desafios
para o estudo da ditadura civil-militar no Brasil — 154
José Valdenir Rabelo Filho

A *resistência* ao regime militar no passado mítico da TV Globo — 172
Katia Krause

O Conselho Federal de Educação e a formação de professores entre
os anos 1960-1970: a constituição de um projeto educacional
durante o regime militar — 187
Thiago Rodrigues Nascimento

Dissonâncias internas: a Polifonia Conceitual
na *História geral da África* (Unesco) — 204
Felipe Paiva

O *New York Times* e a criação de Israel (1937-1948) — 219
Luiz Salgado Neto

Para entender o "fenômeno Carter": culturas políticas, governo e partido
num contexto de crise — 235
Pedro Portocarrero Pinheiro

Autores — 251

APRESENTAÇÃO

ESTE LIVRO RESULTA DE UM CICLO DE DEBATES OCORRIDO ENTRE 2012 E 2013, promovido no âmbito do projeto coletivo "Cultura histórica e usos do passado: política, patrimônio e ensino de história", sob a coordenação de Daniel Aarão Reis Filho (UFF), com auxílio da Faperj e do CNPq, por meio do Programa de Apoio a Núcleos de Excelência (Pronex).

O objetivo do ciclo era discutir os estudos realizados pelos pós-graduandos vinculados ao Pronex, selecionando os melhores artigos apresentados, visando publicá-los. O evento contou com a participação de mestrandos e doutorandos de todos os programas de pós-graduação envolvidos com o projeto, e o resultado está reunido nesta publicação.

Além de selecionar os melhores textos, uma preocupação foi observar sua relação com o projeto coletivo, pois a publicação deveria expressar, e expressa, a articulação das pesquisas com os temas propostos, ainda que por meio de diferentes perspectivas e opções teóricas e conceituais.

Este livro representa, portanto, uma contribuição de pós-graduandos que demonstra a qualidade de seus trabalhos e a variedade de temáticas e enfoques presentes na historiografia contemporânea. Também manifesta a relevância dos projetos coletivos, que permitem fomentar o diálogo entre os pesquisadores, algo que se mostrou fundamental para o aprofundamento de suas reflexões e o desdobramento de suas pesquisas.

Cabe observar que a atividade de pesquisa na área de humanidades tende a ser marcadamente individual, considerando apenas a etapa da escrita, visto que não é comum, sobretudo na área de história, que os trabalhos publicados sejam assinados por mais de um autor.

Contudo, é interessante observar que as pesquisas nessa área por vezes contam com o apoio de alunos da graduação, por meio das bolsas de iniciação científica, e com a interlocução constante com pós-graduandos e outros pesquisadores, por meio da participação em projetos ou em eventos, circunstância em que os resultados das investigações são submetidos à avaliação e ao debate. Acreditamos que este livro, além de apresentar os trabalhos individuais de cada autor, expõe o resultado do diálogo travado durante os colóquios promovidos pelo Pronex, que contou com a participação dos organizadores desta publicação.

Helenice Rocha (Uerj)
Ismênia de Lima Martins (UFF)
Luis Edmundo de Souza Moraes (UFRRJ)
Rebeca Gontijo (UFRRJ)

PARTE I

Identidades, memória e política

INVISIBILIDADE E PARTICIPAÇÃO POLÍTICA:
índios em Pernambuco na primeira metade do século XIX

Mariana A. Dantas

AO LONGO DO SÉCULO XIX NO BRASIL, DOCUMENTOS, DISCURSOS, INFORMAÇÕES e livros foram produzidos, descrevendo a linha de decadência e desaparecimento das populações indígenas do Império. Por meio de argumentações bem-articuladas, dados estatísticos, relatórios e obras históricas, foi traçado um caminho para os indígenas de invisibilidade e mestiçagem com as outras "raças", formando uma unidade nacional pretendida pelas elites intelectuais e dirigentes do Brasil (Almeida, 2010:135-141). A influência indígena sobre a história e a formação do país seria diminuída inquestionavelmente.

No entanto, ao deslocarmos o foco de análise sobre o período das grandes produções historiográficas, cujo direcionamento se pretendia nacional, para questões mais localizadas e específicas, pode-se perceber uma gama variada de articulações indígenas e sua participação nas trajetórias históricas de regiões onde se localizavam, o que aponta para um caminho inverso ao de seu desaparecimento.

Assim, nosso objetivo é tratar questões específicas sobre populações indígenas em Pernambuco no início do século XIX. Num primeiro momento, abordaremos as construções desenvolvidas sobre sua invisibilidade por meio de dois documentos específicos. E, em seguida, analisaremos a participação política intensa de indígenas em movimentos rebeldes ocorridos na província antes e após a Independência: Insurreição de 1817, Confederação do Equador (1824), Guerra dos Cabanos (1832-1835) e Praieira (1848). Por meio da análise da participação dos indígenas na vida política da província, bem como dos limites de sua atuação, torna-se possível reinseri-los no processo histórico de formação da região e da nação.

A construção da invisibilidade

Para o início do século XIX, nos documentos que trataremos aqui, são fornecidas poucas informações sobre os indígenas da província de Pernambuco: das fontes oficiais, conseguimos obter um quadro homogêneo de toda a província que não leva em consideração os aspectos particulares dos grupos e apresenta dados demográficos lacunares sobre a população. Com o cuidado de não tomar esses dados em si mesmos, como um indicativo direto e absoluto da inexpressividade indígena em Pernambuco, faz-se necessária uma breve reflexão sobre a produção das fontes aqui analisadas: um ofício do presidente da província, José Carlos Mairink da Silva Ferrão, dirigido ao ministro do Império e datado de 1827;[1] e o mapa estatístico da população da província, dividido por comarcas, do ano de 1837.[2]

Esses documentos utilizam argumentos formulados com base na experiência indígena nos aldeamentos missionários e tratam das modificações de seus territórios e das relações estabelecidas com populações não indígenas, configurando processos intensos de mestiçagem e transformações identitárias. No entanto, as categorias e os dados apontados nessas fontes ajudaram autoridades imperiais a estabelecer políticas em relação às populações indígenas de Pernambuco que resultariam na invisibilidade dos grupos e na extinção de seus aldeamentos, restringindo seriamente seu acesso às terras coletivas.

Assim, levando em consideração o trabalho com as fontes como uma operação técnica de escolha e reunião de informações, cujo objetivo é o de criar material de trabalho para o historiador a partir do recorte de documentos (Certeau, 2002:81), faz-se necessário analisar os dados dos documentos reinserindo-os em seus contextos e intencionalidades, tendo em vista os interesses das pessoas que os escreveram e as representações construídas.[3] Dessa forma, proponho uma análise crítica das

---

[1] Arquivo Público do Estado de Pernambuco Jordão Emerenciano (Apeje). Correspondência para a Corte, v. 31, fl. 107-109. Ofício do presidente da província, José Carlos Mairink da Silva Ferrão, para o ministro do Império, visconde de São Leopoldo, 5/4/1827.

[2] Arquivo Nacional (AN). Série Interior. IIJ9 252 A-Ministério do Império, Pernambuco. Mapa Estatístico da População da Província de Pernambuco, classificado por comarcas e pertencente ao ano de 1837.

[3] Trata-se de questão discutida por João Pacheco de Oliveira (1999:127) como "enquadramento sociológico".

fontes em face de seus momentos de produção e dos atores sociais envolvidos nesse processo.

O primeiro documento aqui tratado é o ofício do presidente da província de Pernambuco do ano 1827, período posterior a dois grandes movimentos rebeldes que tiveram a participação indígena: a Insurreição de 1817 e a Confederação do Equador. Algumas questões relativas aos dois episódios serão abordadas mais à frente, mas o que interessa indicar no momento é o clima de recente efervescência política e militar vivenciado na capital Recife, nas vilas próximas da Zona da Mata e também nas províncias vizinhas, como Paraíba, Rio Grande do Norte e Ceará.

Nesse período, o presidente de Pernambuco era José Carlos Mairink da Silva Ferrão, importante político mineiro que havia participado do movimento de 1817 e que deveria ter assumido o cargo de presidente da província em 1824, não fosse a eclosão da Confederação do Equador. Apenas assumiria o cargo em 1825, deixando-o novamente no início de 1826 para assumir uma cadeira no Senado. Retomou a presidência em 1827, cumprindo seu mandato até o final do ano seguinte (Costa, 1983:160-161). Como os dirigentes de sua época, José Carlos Mairink da Silva Ferrão também tinha patente militar, sendo coronel de milícias da cavalaria do distrito do Cabo de Santo Agostinho (Costa, 1983:218).

Tendo circulado entre os principais cargos de dirigentes do Império, sendo ele mesmo um membro dessa elite política, é possível afirmar que o então presidente da província estivesse afinado com as discussões travadas no Senado sobre os índios no Brasil, principalmente levando em consideração que a proposta de José Bonifácio de Andrada e Silva sobre a civilização dos índios fora apresentada à Assembleia Legislativa em 1823,[4] ou seja, três anos antes do mandato de José Carlos Mairink Ferrão como senador.

Essas considerações sobre sua atuação política podem ajudar a iluminar as questões levantadas pelo presidente da província em seu ofício de 1827. Segundo José Carlos Ferrão, foram solicitadas, pelo ministro do Império, informações sobre a índole, costumes e inclinações dos índios, bem como a situação dos terrenos dos aldeamentos, de maneira que se pudessem descobrir os motivos para o malogro dos esforços de civilizar os índios, o que teria levado a vultosas despesas da Fazenda Pública.[5]

Logo em seguida, para acentuar a situação de miséria dos índios em 1827, o presidente da província retoma de forma elogiosa o período anterior sob a administração de d. José I, cujas ações teriam resultado em benefícios para essa população.

---

[4] Andrada e Silva, J. B. de. *Apontamentos para a civilização dos índios bravos do Império do Brasil*, 1823, apud Cunha (1992:347-360).

[5] Apeje. Correspondência para a Corte, op. cit., fl. 107.

Tendo sido orientada pelas reformas pombalinas, a política indigenista da Coroa portuguesa no final do século XVIII[6] foi direcionada ao estímulo das mestiçagens pela presença de não índios nos aldeamentos, da criação de vilas no lugar dos aldeamentos e da imposição de costumes portugueses. Essas ações foram exaltadas pelo presidente como "um código particular, e com ele lhes deu terra para cultivarem, mestres diretores espirituais e políticos, mandando criar vilas para sua habitação". Além disso, o rei teria promulgado "Leis de honra, nobiliou-os, habilitou-os para todos os cargos honoríficos e fez transcendente a nobreza a sua posteridade".[7]

No entanto, de acordo com a avaliação de José Carlos Ferrão, os esforços do rei teriam sido inúteis:

> Esta raça degenerou cruzando-se com pardos e pretos, e dos cuidados e trabalhos daquele monarca só tiraram cômodos os diretores, que tanto escaldaram aos índios, que de todo perderam o amor do trabalho, de que não viam fruto, vivendo hoje em contínuo ócio, em estado de aviltamento e miséria, sem interesse, sem amor de família, em pior estado ainda do que o de selvagens, tendo o seu número diminuído em todas as vilas muito mais de dois terços, e isto em um país protetor da propagação pela sua salubridade.[8]

Segundo o presidente de Pernambuco, apesar de terem sido dadas terras aos índios reunidos em vilas e povoações às margens de rios, o que as transformava nas mais férteis e produtivas, os terrenos encontravam-se incultos. A fertilidade dos terrenos seria diminuída pela "preguiça e má vontade" dos índios, malogrando os esforços de os fazerem trabalhar no serviço do campo e no doméstico, o que deveria suprir "o *deficit* de escravos". O quadro de degradação indígena é acentuado por sua "incrível diminuição".[9] Além de miseráveis, os índios faziam-se temíveis pelos crimes de "furtar e assassinar", aos quais teriam sido seduzidos pelas facções que

---

[6] Essa política indigenista na segunda metade do século XVIII era baseada nas disposições do Diretório dos Índios, instituído para o Grão-Pará em 1857 e ampliado para toda a colônia em 1758. O diretório criou a figura do diretor de índios e impôs uma série de mudanças profundas na vida das aldeias: o uso obrigatório da língua portuguesa, a adoção pelos índios de nome e sobrenome portugueses, a transformação das aldeias em vilas e povoados, o incentivo ao casamento entre índios e não índios, entre outras medidas. Sobre o tema, ver Almeida (1997). Na capitania de Pernambuco e suas anexas, foi elaborada pelo governador Luiz Diogo Lobo da Silva, em 1759, a "Direção com que interinamente se devem regular os índios das novas vilas e lugares eretos nas aldeias da capitania de Pernambuco e suas anexas", que propunha mudanças no diretório de acordo com as necessidades ali encontradas (Lopes, 2005:82-83).

[7] Apeje. Correspondência para a Corte, op. cit., fl. 108.

[8] Ibid.

[9] Ibid.

participaram das "convulsões dessa província", provavelmente fazendo referência a 1817 e 1824.[10]

Nesse ofício, José Carlos Mairink da Silva Ferrão incorpora alguns dos principais argumentos para a invisibilidade indígena que seriam utilizados em fins do século XIX por outras autoridades, como sua diminuição populacional e a degradação em que viviam, bem como articula suas concepções às discussões recentes iniciadas com o projeto de José Bonifácio em 1823 de transformar os índios em bons trabalhadores da nação para que substituíssem a mão de obra escrava africana. No entanto, sua proposta não se restringe às elaborações sobre o trabalho indígena. O presidente segue sugerindo que a tutela sobre os índios deveria acabar, sendo necessário "dar-se-lhes uma carta de total emancipação".[11] O destino de integração dos indígenas à nação brasileira estaria, assim, traçado pelo trabalho e por sua emancipação da tutela.

Além de ofícios, dados populacionais ajudariam a reafirmar essa trajetória, como os elaborados para o mapa estatístico da província de Pernambuco de 1837. O mapa foi dividido por comarcas (Recife, Goiana, Nazareth, Limoeiro, Santo Antão, Barreiros, Garanhuns, Brejo, Flores e Rio Formoso) e apresenta as seguintes classificações para a população: livre, escravo, liberto e estrangeiro. Na parte relativa aos "livres", as divisões ocorrem por gênero e cor (brancos, pretos e pardos) e pela categoria de "indígena". A população também é classificada por idade, constituindo-se campos que abrangem pessoas de 1 a 5 anos até 100 anos ou mais.

Apesar de esse ser um instrumento muito rico para análise populacional da província no período, principalmente tendo em vista que ainda não eram realizados os censos,[12] nos deteremos na análise das categorias de pardos e indígenas utilizados e seu quantitativo. É interessante perceber o baixo número de indígenas nas comarcas de Pernambuco: em Recife, residiriam 446; em Goiana, 42; em Nazareth, 20; em Santo Antão, 91; em Barreiros, 280; em Garanhuns, 803; em Brejo, 290; e em Flores, 120. Para as comarcas de Limoeiro e Rio Formoso, não foram apresentados os dados quantitativos para os indígenas.[13]

---

[10] Apeje. Correspondência para a Corte, op. cit., fl. 109.
[11] Ibid.
[12] De acordo com José Murilo de Carvalho (2011:70), o governo imperial teria tentado realizar um recenseamento em 1852, o que teria levado parte da população a se revoltar. Após esse incidente, o Censo nacional só seria realizado em 1872, sendo, assim, um período muito posterior ao trabalhado neste texto.
[13] AN. Série Interior, op. cit.

Diante dos totais de "livres" computados no mapa estatístico,[14] tende-se a perceber a pequena participação da população indígena nesse quadro demográfico. No entanto, quando tomamos o total de "pardos", de ambos os sexos, percebemos que são maioria em quase todas as comarcas, consequentemente com um número superior ao de "brancos", como pode ser visto no quadro a seguir.

Comparativo entre brancos, pardos e índios com base no mapa estatístico de 1837[15]

Comarcas	Brancos	Pardos	Índios
Recife	25.214	28.215	446
Goiana	4.163	3.271	42
Nazareth	8.204	11.982	20
Limoeiro[16]	4.344	10.936	–
Santo Antão	7.075	5.872	91
Barreiros	2.518	5.225	280
Garanhuns	7.514	19.355	803
Brejo	4.562	5.893	290
Flores	8.785	11.844	122
Rio Formoso[17]	–	–	–
Total	72.379	102.593	2.094

Levando-se em consideração a utilização das categorias no contexto de disputas e formação do Império, é importante levantar que a classificação de "pardo" indicaria o resultado de misturas ocorridas entre grupos diferentes. E, ao mesmo tempo, ser classificado como "índio" implicaria o reconhecimento de um *status* jurídico diferenciado (Oliveira, 1999:134) a um grupo populacional e, assim, de seus direitos coletivos adquiridos ainda no período colonial pela doação de sesmarias para o estabelecimento de aldeias. Esses terrenos, em 1827, seriam classificados pelo presidente da província de Pernambuco como férteis por estarem próximos às margens dos rios.

---

[14] Totais de livres por comarca em 1837: Recife: 62.690; Goiana: 8.076; Nazareth: 22.067; Limoeiro: 16.423; Santo Antão: 13.764; Barreiros: 9.495; Garanhuns: 28.554; Brejo: 10.935; Flores: 22.883; Rio Formoso: sem informação.

[15] AN. Série Interior, op. cit.

[16] Sobre a comarca de Limoeiro não existem informações relativas aos indígenas.

[17] Para a comarca de Rio Formoso, apenas são relacionados os dados referentes ao total da população livre, excluídos os indígenas. Por isso, não há informações específicas sobre brancos, pardos e pretos.

Nesse sentido, pode-se inferir os interesses e intencionalidades de um mapa estatístico que apresenta um quantitativo expressivo para os "pardos", constituindo um grupo sem diferenciações para o acesso à terra, e números baixos relativos aos "índios". Além disso, é possível admitir que entre os "pardos" contabilizados houvesse "índios" e seus descendentes que não foram assim identificados,[18] já que, "cruzando-se com pardos e pretos", estariam "degenerados",[19] resultando nos parcos números relativos a seu total por comarca.

Os dados do mapa estatístico também podem ser questionados a partir da localização de vilas e povoados onde havia aldeamentos e sua inserção nas comarcas, divisão administrativa usada pelo documento. No final do século XVIII, de acordo com a legislação pombalina em vigor, várias aldeias foram reagrupadas em vilas e povoados, como foi o caso das 11 localizadas em ilhas do São Francisco, que foram reduzidas a duas vilas após 1763, as da ilha de Santa Maria e da ilha de Assunção.[20] Já as aldeias localizadas no agreste[21] foram agrupadas na vila de Cimbres, no lugar de Águas Belas, no lugar Porto Real e na vila de Atalya, sendo essas duas últimas incorporadas posteriormente à província de Alagoas.

Comparando essas informações sobre a criação de vilas e lugares do final do século XVIII com as vilas e cidades de uma listagem de 1844,[22] podemos indicar que a presença indígena se estendeu ao longo do período entre o final do século XVIII e o início do XIX. Pois, em 1844, a comarca de Garanhuns comportava a freguesia de Nossa Senhora da Conceição de Águas Belas, onde havia as aldeias da Alagoa da Serra do Comunaty e dos Carnijós; a comarca de Brejo continha as freguesias de Brejo da Madre de Deus e de Nossa Senhora das Montanhas de Cimbres, onde se localizava a aldeia de Nossa Senhora das Montanhas de índios xucurus; ou mesmo da comarca da Boa Vista, que foi criada posteriormente ao mapa estatístico de 1837, mas que em 1844 comportava as freguesias de Nossa Senhora d'Assunção

---

[18] Maria Leônia Resende (2003:159-187) levanta uma importante discussão sobre a utilização da categoria de "pardo" em Minas no século XVIII para englobar índios e seus descendentes.

[19] Apeje, op. cit., fl. 108.

[20] As 11 aldeias existentes em 1760 eram: Aldeia de Nossa Senhora do Ó; Aldeia de Nossa Senhora de Belém; Aldeia do Beato Serafim; Aldeia de Nossa Senhora da Conceição; Aldeia de São Francisco; Aldeia de São Félix; Aldeia de Santo Antônio; Aldeia de Nossa Senhora da Piedade; Aldeia de Nossa Senhora do Pillar; Aldeia de Nossa Senhora dos Remédios; Aldeia do Senhor Santo Christo do Araripe. *Relação das aldeias que há no distrito do governo de Pernambuco, e capitanias anexas, de diversas nações de* índios [1760] (Medeiros, 2007:148-152).

[21] Aldeia de Santo Amaro; Aldeia da Gameleira; Aldeia do Macaco; Aldeia do Urucu; Aldeia de São Braz; Aldeia da Alagoa Comprida; Aldeia do Pão de Açúcar; Aldeia da Alagoa da Serra do Comunaty; Aldeia dos Carnijós; Aldeia de Nossa Senhora das Montanhas.

[22] AN. *Mapa demonstrativo das comarcas, cidades, villas.* Ministério do Reino e do Império. Microfilme: 029.0.78, 1846. p. 209-210.

de Cabrobó e Santa Maria da Boa Vista, em cujos espaços habitavam índios de grupos diversos.

Então, a partir dessas informações sobre os territórios ocupados pelas aldeias, vilas e lugares ao longo de décadas, podemos inferir que havia uma presença indígena que constava desde o final do século XVIII nas comarcas enumeradas no mapa estatístico de 1837, como Brejo e Garanhuns. No entanto, os baixos números apontados para essa população em 1837 poderiam indicar simplesmente a diminuição da população indígena ou mesmo seu deslocamento para outras regiões durante o período anterior. Mas acreditamos que os dados trabalhados permitem questionar a queda demográfica apontada no mapa estatístico para a população indígena, tendo em vista que esse documento pode ter sido constituído atendendo aos interesses de vizinhos sobre as terras dos aldeamentos, e, portanto, demonstrar o declínio populacional dos grupos que os habitavam, bem como construir uma invisibilidade sobre os índios diante da possibilidade de terem sido computados junto ao total de "pardos".

O cuidado ao trabalhar com fontes como o ofício do presidente da província de 1827 e o mapa estatístico de 1837, bem como a análise atenta de conclusões sobre a decadência numérica e a miséria dos grupos indígenas de Pernambuco, ajuda a perceber a presença indígena de maneira diferenciada, principalmente ao compararmos essas informações com a ativa participação política dos indígenas em vários momentos importantes da província, por meio da articulação de estratégias e também da busca de seus interesses.

Participação política

Os movimentos rebeldes da primeira metade do século XIX refletiram as diferentes relações estabelecidas entre seus participantes e o governo constituído (ligado à Coroa portuguesa ou, logo em seguida, independente), e também os momentos políticos específicos em que cada um ocorreu. De diferentes maneiras, é possível perceber a participação indígena nas rebeliões, indicando sua intensa atuação dentro das disputas políticas da província, ao contrário do que as fontes e os argumentos sobre sua invisibilidade pretendiam corroborar. No entanto, é preciso ter em vista as relações desiguais de poder em que estavam inseridos e os laços clientelísticos (Carvalho, 1996:51) estabelecidos com diferentes agentes históricos, o que limitava seriamente suas possibilidades de ação.

O primeiro dos movimentos, a Insurreição de 1817, formada pela aliança entre plantadores, comerciantes e bacharéis, resultou na instalação de uma república em

Pernambuco que durou cerca de 70 dias, sendo derrotada ao fim desse período por tropas enviadas da Bahia e do Rio de Janeiro (Carvalho, 1996:56). Durante a Insurreição, índios de aldeias diferentes ajudaram a Coroa a reprimir o movimento, principalmente os localizados nas fronteiras dos atuais estados de Alagoas e Pernambuco, conferindo um auxílio importante, que poderia ser tanto militar quanto de cunho político, como veremos nos exemplos adiante.

A Câmara da Vila de Atalaya era também composta por alguns índios, que se posicionaram ao lado da repressão à revolta em razão da notícia que tiveram de que os revoltosos iriam alistá-los como soldados, apossarem-se de suas terras depois de mortos e reduzir à escravidão os que tivessem sobrevivido aos combates. A partir disso, os índios da Câmara se prontificam a pegar em armas para defender o rei.[23] Ainda em Alagoas, os índios da Missão da Palmeira, em vez de pegar em armas, abriram caminhos, prepararam reses e capim para a cavalaria e artilharia que estaria chegando da Bahia, província que ajudou eficientemente na repressão à Insurreição.[24]

A ajuda às tropas da Corte viria também de localidades no interior de Pernambuco, como se pode perceber no ofício do sargento-mor da vila de Garanhuns, que informava sua disposição em marchar com "mais índios da minha direção para a defesa real".[25] Esse ofício foi assinado na povoação de Águas Belas e, como visto anteriormente, nesse local estavam localizados entre 1761 e 1763 dois aldeamentos indígenas, o dos carnijós e o da Alagoa da Serra do Comunaty. Próximo a Garanhuns e Águas Belas estava a vila de Cimbres, onde também havia aldeia de índios, sendo estes os xucurus. A proximidade entre as localidades permite pensar que alguns índios das citadas aldeias tenham sido recrutados pelo sargento-mor da vila de Garanhuns, embora não possamos apontar se o recrutamento foi feito à força ou de acordo com a vontade dos próprios índios, como ocorreu em Atalaya.

As informações sobre a composição de tropas por índios e sua adesão à repressão são elucidativas sobre os conflitos ocorridos, tendo em vista que a derrota militar do Governo Provisório de 1817 ocorreu em razão do apoio da Bahia e de Alagoas ao rei. Ou seja, dos exemplos supracitados, percebe-se que a participação militar e política dos índios das aldeias limítrofes entre Pernambuco e Alagoas e

---

[23] Biblioteca Nacional/RJ (BN/RJ). Coleção Documentos Históricos. Revolução de 1817, v. 103. Carta do ouvidor da Comarca das Alagoas, Antônio Batalha, para o rei. Documento 52, p. 64-71.
[24] Ibid., p. 69.
[25] Biblioteca Nacional/RJ. Coleção Documentos Históricos. Revolução de 1817, v. 104. Carta do sargento-mor da Vila de Garanhuns, João Tenório de Albuquerque, para o governo da província. Documento 47, p. 94-95.

de regiões próximas foi importante para o desenrolar dos confrontos. Ainda mais se atentarmos para a questão das diferenças entre as Zonas da Mata Norte e Sul pernambucanas, o que confere uma maior complexidade à Insurreição de 1817, já que havia grandes divergências de posicionamento entre os senhores de engenho dessas duas áreas.

De acordo com Evaldo Cabral de Mello, a diferenciação física entre as duas áreas, levando a denominá-las área de mata seca e área de mata úmida, respectivamente, é fundamental para compreender o processo de independência em Pernambuco. A mata seca (Norte), por causa do solo mais pobre, tinha uma produção mais diversificada, embora centrada na produção de algodão, enquanto a mata úmida (Sul), pela maior quantidade de rios e consequente irrigação, obtivera uma larga produção açucareira e maior conexão com o mercado internacional e suas flutuações. Por isso, para o autor, o comércio livre seria mais interessante para a Mata Norte, diante do surto algodoeiro do início do XIX, e para a Mata Sul as atenções estavam voltadas para a metrópole, já que era seu principal entreposto na comercialização do açúcar. Segundo Evaldo Cabral de Mello (2004:57), "o apoio rural aos movimentos insurrecionais do Recife procedeu invariavelmente da Mata Norte, ao passo que a reação partiu geralmente da Mata Sul".

O contexto de diferenças políticas entre as zonas Mata Norte e Mata Sul ajuda a perceber a participação dos índios de aldeias da região sul de Pernambuco na repressão aos movimentos rebeldes, local onde os conflitos se desenvolveram com mais intensidade. É importante atentar para seu envolvimento como força beligerante, como parte da representação de localidades (como no caso dos índios na Câmara de Atalaia), ou como mão de obra para facilitar o acesso à região.

A depender de suas redes de relações locais e de suas possibilidades de negociação ou não, os índios envolvidos nos conflitos de 1817 poderiam ter conseguido ganhos significativos individuais, ou seja, apenas para os participantes dos enfrentamentos, ou poderiam ter acesso a benefícios maiores às coletividades, como é o caso da isenção de alguns tributos concedidos pelo rei em 1819:

> Tendo consideração a fidelidade e amor à minha real pessoa, com que os índios habitantes nas diversas vilas do Ceará Grande, Pernambuco e Paraíba marcharam contra os revoltosos, que na vila do Recife tinha atentado levantar-se contra a minha real soberania e atacado as autoridades por mim estabelecidas: Querendo mostrar quanto o seu fiel comportamento me foi agradável, e folgando de lhes fazer mercê: hei por bem que *todas as vilas e povoações de índios nas sobreditas províncias fiquem isentas de pagarem mais o subsídio militar, [...] Que as patentes dos mesmos índios, que são por*

graça isentos de todos os emolumentos, o sejam também do direito de selo [...] E que não sejam obrigados a pagar cotas-parte de 6%, ou outra semelhante, aos seus diretores [...].[26]

Ganhos importantes que podem ter estimulado a participação de índios na repressão a outros movimentos rebeldes, como a Confederação do Equador. Na ocasião desse movimento, os índios de Jacuípe (habitantes das matas do vale do rio Jacuípe, localizado na fronteira entre Alagoas e Pernambuco) lutaram ao lado das tropas imperiais contra os rebeldes. As matas que habitavam eram reservadas para as construções navais da Marinha Real, ou seja, áreas não atingidas e não utilizadas pela produção de açúcar, uma vez que era de utilização exclusiva da Marinha. Segundo o pesquisador Marcus Carvalho, essa participação dos índios de Jacuípe ao lado do governo na repressão estreitou suas alianças com autoridades locais e incentivou a presença da imagem de d. Pedro I como o "garantidor da posse das terras" para os indígenas, já que estavam protegidos por habitarem suas terras (Carvalho, 1996:56).

Outro grupo referenciado é o dos índios do Araobá, que constituiriam uma população marcada pelo "fanatismo monárquico", segundo Evaldo Cabral de Mello, que tratou em conjunto a população indígena e a mestiça da região central da Província, compreendendo o agreste e o sertão. Segundo Mello (2004:63), Cimbres rebelou-se contra o regime constitucional em 1821, opondo-se à realização das cortes de Lisboa, por acreditarem que esse regime iria escravizá-los.

No entanto, ao atentar para a dinâmica social em Cimbres na década de 1820 e os jogos políticos em questão, pode-se questionar o "fanatismo monárquico" e entender o posicionamento dos índios contra o governo da Confederação. Anos antes, em 1822, a Câmara de Cimbres já tentava extinguir o aldeamento de índios e se apropriar das respectivas terras. Com o objetivo de defender seus interesses, os índios do Araobá se aliaram a um inimigo político do presidente da Câmara e se opuseram diretamente às disposições deste (Costa, 1983, v. 6, p. 241). Como represália, em 1824, os índios do Araobá sofreram um massacre, sob o pretexto de roubos e assassinatos cometidos por eles. Segundo relatos do acontecimento, muitos foram mortos pelas tropas dos confederados, cerca de 80 foram enviados a Recife e seus filhos, divididos entre os habitantes da comarca como escravos (Barbalho, 1984:34).

O posicionamento dos índios nas disputas políticas locais poderia significar ganhos ou perdas significativas, como ocorreu em Cimbres. Seus próprios interesses

---

[26] BN/RJ. Manuscritos. Decreto de 25 de fevereiro de 1819. 30,32,5 (grifo nosso). Agradeço ao professor Ricardo Pinto de Medeiros, que gentilmente cedeu a transcrição desse documento.

iriam ajudar os indígenas a se localizar dentro de contendas maiores, como na Confederação do Equador, quando pareceu ser mais importante estar aliado ao governo imperial e seus representantes locais, tendo em vista a possibilidade de perderem suas terras.

Embora os relatos sobre a Insurreição de 1817 e a Confederação do Equador indiquem claramente a participação indígena, o peso de sua interferência seria mais sentido durante a Guerra dos Cabanos (1832-1835), que conseguiu reunir nas tropas rebeldes, instaladas nas matas, negros "papa-méis", índios e outros despossuídos.[27] Essa foi uma revolta com objetivo restaurador, ou seja, contrário à Monarquia constitucionalista representada pela Regência e a favor da volta de d. Pedro I ao trono (Andrade, 2005:233).

Um dos estudos pioneiros sobre essa rebelião foi o de Manuel Correia de Andrade (2005:234), que a analisa como um movimento de características contraditórias, já que seria uma "revolução de massas" e, ao mesmo tempo, absolutista quanto a seus objetivos. Essa interpretação seria repetida em vários estudos posteriores, como os de Décio Freitas (1982) e Dirceu Lindoso (1983). Nesses estudos, o grupo indígena mais referenciado novamente é o dos índios de Jacuípe, que se aliaram aos cabanos no intuito de fazer frente aos novos governos após a Abdicação e tentar manter suas relações com políticos conservadores. Em grande parte das comunicações feitas pelos juízes de paz das localidades próximas aos conflitos, existem relatos da participação dos índios de Jacuípe diretamente nos conflitos e de sua aliança com os líderes cabanos, como no caso a seguir:

> Depois que recebi o ofício do Juiz de Paz de Jacuípe sobre a insurreição daqueles índios, tenho recebido outros muitos de todas as autoridades tanto municipais como judiciais da vila de Porto Calvo, participando-me estar em armas João Baptista de Barra Grande com parte daqueles índios [...].[28]

No outro lado dos conflitos estavam vários índios de Barreiros (aldeia localizada na Mata Sul, próximo à cidade de Água Preta), que ajudaram o governo provincial a reprimir a sublevação cabana. Além das questões políticas, Dirceu Lindoso (1983:188) elaborou uma explicação étnica para a escolha de lados opostos dos

---

[27] José Murilo de Carvalho (2003:252) teceu comentários sobre a Guerra dos Cabanos e o envolvimento de vários segmentos da sociedade de Pernambuco, considerando-a "o mais fascinante movimento popular da época", pois "envolveu pequenos proprietários, camponeses, índios e escravos e contou com o apoio de ricos comerciantes portugueses de Recife e de políticos restauracionistas do Rio".

[28] Apeje. Juízes de Paz, v. 5, fl. 137. Ofício do Juiz de Paz do Una para o presidente da Província, Francisco de Carvalho Paes de Andrade, 28/8/1832.

embates pelos índios de Jacuípe e de Barreiros, pois os primeiros seriam de origem cariri, e os últimos, de procedência tupi, sendo, segundo o autor, grupos rivais.

Apesar de Lindoso apresentar mais detalhes sobre os índios envolvidos na Guerra dos Cabanos, acabou fazendo uma interpretação que naturaliza as rivalidades entre os grupos, impondo uma explicação culturalista para justificar tal oposição. Levando em consideração outros fatores, como as disputas e negociações locais, é fundamental a análise das escolhas e negociações feitas pelos índios de grupos diferentes, tendo em vista seus próprios interesses, o que nos leva a perceber inclusive como esses índios se envolveram em lados opostos dos conflitos. Assim, de acordo com Marcus Carvalho, com a Abdicação de d. Pedro I em 1831, houve uma inversão de poderes em várias províncias, que resultou na ascensão aos cargos locais e provinciais dos confederados de 1824 em Pernambuco e Alagoas. Os senhores de terra que tinham se beneficiado com o fim da Confederação se revoltaram contra as novas autoridades, antigos inimigos, dando início à "Abrilada", cujo objetivo era a restauração de Pedro I. Apesar de não ter obtido sucesso, os senhores participantes desse movimento armaram os índios de Jacuípe, que temiam pelas novas disposições das autoridades que tinham ajudado a combater em 1824 e pela perda da exclusividade da Marinha Real sobre suas terras, o que garantia certa proteção. O início dos embates da Cabanada ocorreu quando as novas autoridades tentaram impor disciplina a essa população com recrutamentos maciços, o que resultou na resistência dos índios de Jacuípe. E, para enfrentá-los, foi recrutado um grupo de índios de Barreiros, que procuraram se beneficiar das alianças com o governo liberal vigente (Carvalho, 1996:57).

Essa perspectiva também deve ser considerada para a compreensão do movimento seguinte à Cabanada, a Insurreição Praieira, que apresentava objetivos completamente diversos daquela e, ao mesmo tempo, tinha estreita conexão com os grupos políticos envolvidos nos acontecimentos de 1817 e 1824. Nos embates iniciados em 1848, novamente se fizeram presentes índios aliados aos praieiros ou apoiando o governo na repressão à Insurreição, como os índios de Barreiros, que seguiram os líderes liberais, como haviam feito durante a Cabanada. Seu líder indígena foi Bento Duarte, também conhecido como Bento dos Índios,[29] oficial da Guarda Nacional que se colocou ao lado do capitão Pedro Ivo, uma das lideranças praieiras. Além desses índios, os de Jacuípe também se aliaram aos praieiros, deixando de lado antigas desavenças com liberais e com os índios de Barreiros, como tinha ocorrido durante a Cabanada. Após um ataque fracassado a Recife, em 1849,

---

[29] Apeje. Câmaras Municipais, v. 10, fl. 473. Ofício do presidente da Câmara Municipal de Serinhaém para o delegado de Paz de Una, 4/5/1832.

Invisibilidade e participação política | 23

os índios das duas aldeias, seguindo Pedro Ivo, refugiaram-se em Água Preta (cidade da Mata Sul pernambucana), onde resistiram por mais um ano. Nessa região, ganhou notoriedade o índio Maurício, que acompanhou Pedro Ivo até o final dos conflitos, quando foi morto (Carvalho, 1996:58-59).

O intenso envolvimento indígena nas várias rebeliões e seu posicionamento em face dos enfrentamentos entre políticos e donos de terra foram utilizados como parte da argumentação para enfatizar o processo de decadência dos grupos indígenas e a perda gradual de seus direitos sobre suas aldeias, como podemos ver no já tratado ofício de José Carlos Mairink da Silva Ferrão, em 1827. O presidente da província fala que

> as convulsões desta província e anexas pôs [sic] o último selo à corrupção dos indígenas: Seguiram as facções e adiantaram-se com os seus sedutores na arte de furtar e assassinar e hoje fazem-se temíveis por estes crimes.[30]

Em conjunto com os argumentos da diminuição da população indígena da província, de sua miséria, de sua degeneração por causa da mistura com negros e pardos, a participação dos índios nas rebeliões foi mais um argumento utilizado para justificar a restrição do acesso às terras dos aldeamentos e sua transformação em trabalhadores que deveriam substituir a mão de obra africana. A emancipação da tutela seria uma solução para esse quadro:

> É pois de muita importância, falando da província de Pernambuco, acabar com as tutelas e dar-se-lhes uma carta de total emancipação, dando-se providências policiais para que os mais novos sejam ocupados nos trabalhos e mistérios sociais e aos que foram pais de famílias marquem-se-lhes suficientes porções das muitas e boas terras que inutilmente possuem para nelas trabalharem, revertendo para o Estado as que restarem para se venderem e nelas levantarem engenhos de açúcar e estabelecerem-se fazendas de algodão ou de qualquer outro gênero de cultura.[31]

Muito embora essas sejam as discussões que permeiam a documentação sobre indígenas em Pernambuco ao longo do Oitocentos, percebe-se a permanente e ativa interação desses grupos nos diversos momentos de conflito na província, fazendo e refazendo alianças e mantendo relações com o lado da disputa que mais lhes interessasse. Essas escolhas poderiam significar grandes perdas ou ganhos importan-

---

[30] Apeje. Correspondência para a Corte, op. cit.
[31] Ibid., fl. 109.

tes, tanto para os indivíduos envolvidos quanto para suas coletividades. Situações semelhantes vão ser vistas durante o processo de extinção dos aldeamentos a partir da década de 1850, quando, mesmo com a atuação enérgica das autoridades provinciais e locais em restringir os direitos sobre as terras, vários grupos indígenas se mantiveram ativos na política e na administração de seu território.

Referências

ALMEIDA, M. R. C. de. *Os índios na História do Brasil*. Rio de Janeiro: FGV, 2010.

ALMEIDA, R. H. de. *O Diretório dos Índios*: um projeto de civilização no Brasil do século XVIII. Brasília: UnB, 1997.

ANDRADE, M. C. de. *A guerra dos cabanos*. Recife: UFPE, 2005.

BARBALHO, N. *Cronologia pernambucana*: subsídios para a história do agreste e do sertão. Recife: Centro de Estudos de História Municipal/Fiam, 1984.

CARVALHO, J. M. de. A construção da ordem: a elite política imperial. In: *Teatro de sombras*: a política imperial. Rio de Janeiro: Civilização Brasileira, 2003.

_____. Capítulo I: primeiros passos (1822-1850). In: *Cidadania no Brasil*: o longo caminho. Rio de Janeiro: Civilização Brasileira, 2011. p. 15-83.

CARVALHO, M. Os índios de Pernambuco no ciclo das insurreições liberais, 1817-1848: ideologias e resistência. *Revista da Sociedade Brasileira de Pesquisa Histórica*, Curitiba, n. 11, p. 51-69, 1996.

CERTEAU, M. de. A operação historiográfica. In: *A escrita da história*. 2. ed. Rio de Janeiro: Forense Universitária, 2002. p. 65-119.

COSTA, F. A. P. da. *Anais pernambucanos*. 2. ed. Recife: Fundarpe, 1983. v. 6.

CUNHA, M. C. da (Org.). *Legislação indigenista no século XIX*: uma compilação: 1808-1889. São Paulo: USP, 1992. p. 347-360.

FREITAS, D. *Cabanos*: os guerrilheiros do imperador. 2. ed. Rio de Janeiro: Graal, 1982.

LINDOSO, D. *A utopia armada*: rebeliões de pobres nas matas do Tombo Real. Rio de Janeiro: Paz e Terra, 1983.

LOPES, F. M. *Em nome da liberdade*: as vilas de índios do Rio Grande do Norte sob o Diretório Pombalino no século XVIII. Tese (doutorado), Programa de Pós-Graduação em História, UFPE, 2005.

MEDEIROS, R. P. de. Política indigenista no Período Pombalino e seus reflexos nas capitanias do norte da América Portuguesa. In: _____; OLIVEIRA, C. M. da S. *Novos olhares sobre as capitanias do norte do Estado do Brasil*. João Pessoa: Ed. Universitária/UFPB, 2007.

MELLO, E. C. de. *A outra independência*: o federalismo pernambucano de 1817 a 1824. São Paulo: Ed. 34, 2004.

OLIVEIRA, J. P. de. Entrando e saindo da "mistura": os índios nos censos nacionais. In: *Ensaios em antropologia histórica*. Rio de Janeiro: UFRJ, 1999. p. 124-151.

RESENDE, M. L. C. de. *Gentios brasílicos*: índios coloniais em Minas Gerais setecentista. Tese (doutorado em história), Unicamp, 2003.

O CARNAVAL CRIOULO DOS CUCUMBIS
(Rio de Janeiro, década de 1880)

Eric Brasil

QUALQUER PESSOA QUE LER OS JORNAIS DOS DIAS DE CARNAVAL DA DÉCADA DE 1880 irá se deparar com uma pluralidade enorme de atores e práticas convivendo — não harmoniosamente — lado a lado nas estreitas ruas do Rio de Janeiro.[1] Além de diabinhos encarnados, presença constante nas páginas diárias e frequentadores assíduos dos xadrezes da cidade (Nepomuceno, 2011), o carnaval das ruas apresentava centenas de outros foliões fantasiados de velhos, dominós, mortes e morcegos, entre outros tipos que, individualmente, brincavam sob o reinado de Momo. Também era comum o relato de grupos populares percorrendo dia e noite o centro e os arrabaldes da Corte. A grande maioria desses grupos era chamada de *zé-pereira* pelos jornalistas.

O *zé-pereira* correspondia, em fins do século XIX, a um termo genérico com o qual os jornalistas definiam quaisquer grupos de foliões populares que pulassem o carnaval atrás de uma banda de zabumbas e bumbos, empunhados por sujeitos vestidos de casacas esfarrapadas, que carregavam estandarte e faziam um "infernal barulho" (*Gazeta de Notícias*, 4/3/1889). Atrás de si atraíam muita gente e, como

---

[1] Realizei a análise desses jornais como parte de minha pesquisa para a elaboração da dissertação de mestrado *Carnavais da abolição: diabos e cucumbis no Rio de Janeiro (1879-1888)*, defendida em 2011 no Programa de Pós-Graduação em História Social da Universidade Federal Fluminense (UFF). Este texto é um pequeno recorte da pesquisa mais ampla sobre os cucumbis carnavelescos presente no capítulo 4 da dissertação.

afirma Maria Clementina Pereira Cunha (2001), causaram um grande impacto no carnaval dos máscaras avulsos, pois o zé-pereira "forneceu ritmo à dança dos velhos e princesas, atraiu para a dança os diabinhos e demais personagens que, isolados, já pareciam assustadores" e que nessa "presença coletiva" pareciam ainda mais perigosos e abomináveis aos olhos de jornalistas e autoridades.

Contudo, mesmo para um observador bastante distante, como muitos jornalistas coevos, alguns grupos pareciam se destacar na multidão de foliões. O maior espaço nas páginas de seus jornais era dedicado aos préstitos das grandes sociedades carnavalescas e outras sociedades e grupos que almejavam chegar próximo da glória ostentada por Democráticos, Fenianos e Tenentes do Diabo.[2] Sociedades como Estudantes de Salamanca, Progressistas da Cidade Nova, Piratas do Amor, Congresso dos Socialistas, Cavaleiros de São Potino, entre tantas outras, desfilavam anualmente, aumentando a concorrência das ruas nos dias de carnaval.

A partir de 1884, porém, uma nova denominação aparece nos jornais pesquisados:[3] os *cucumbis*. Esses grupos são apresentados simploriamente como grupos carnavalescos compostos exclusivamente por homens e mulheres negros, que se vestem, cantam, dançam e narram histórias *à moda africana*. Assim como os zé-pereiras, representam uma possibilidade de ação coletiva nos dias de carnaval, mas trazem consigo também formas de identidade diferenciada, uma vez que possuem critérios especiais na aceitação ou não de membros.

Este texto pretende uma maior aproximação analítica com relação aos cucumbis utilizando como fonte principal os jornais cariocas do período e a produção de folcloristas, memorialistas e viajantes que, em diferentes momentos, tentaram descrever e explicar essa prática festiva. O objetivo central consiste na caracterização dos cucumbis carnavalescos cariocas existentes na década de 1880 como uma prática cultural crioulizada e sua relação com os debates acerca dos sentidos de liberdade em disputa na crise do escravismo.

★ ★ ★

No dia 13 de fevereiro de 1888, uma segunda-feira de carnaval, a *Gazeta de Notícias* publicara um longo texto assinado por Mello Moraes Filho intitulado "Os cucumbis". Esse artigo seria publicado com algumas modificações em sua obra *Festas e tradições populares do Brasil*, na edição de 1901 (Moraes Filho, 1979). Esse texto servirá de porta de entrada para nossa análise dos cucumbis carnavalescos. Não devemos entender sua publicação naquele momento como coincidência ou acaso. O arti-

---

[2] Essas eram consideradas as três grandes do carnaval carioca na década de 1880 (Cunha, 2001).
[3] *Jornal do Brasil*, *Jornal do Commercio* e *Gazeta da Tarde*, entre 1879 e 1889. Biblioteca Nacional, Seção de Periódicos.

go, com caráter nitidamente didático sobre os cucumbis, corresponde ao crescente impacto desses grupos nas ruas (ou pelo menos à sua maior visibilidade diante dos jornalistas), disputando espaço com as demais sociedades e zé-pereiras. Explicita também a curiosidade e a necessidade, por parte da imprensa, de compreender minimamente a presença daqueles sujeitos cada vez mais atuantes nos dias de Momo.

É interessante notar que esse artigo não fazia parte da primeira versão de seu livro publicado pela Garnier, em 1888, sob o título de *Festas populares do Brasil*. Isso reforça a ideia de que o texto foi escrito ainda em 1888, dialogando com a nova relação dos cucumbis com a festa carnavalesca, e por isso não houve tempo de incluí-lo em sua obra.

Mello Moraes inicia o texto fazendo uma breve história dos cucumbis. Para ele, o termo cucumbi teria origem na Bahia, onde esses grupos, ainda no período colonial, eram compostos exclusivamente por "escravos d'África" que cantavam suas "cantigas bárbaras unicamente na linguagem de suas terras natalícias" (Moraes Filho, 1979). Afirma que "em todos os tempos, por ocasião do entrudo e das festas do Natal, ranchos deles encontravam-se em lugares múltiplos, indo dançar e cantar em casas determinadas, ou nos tablados construídos ao lado das igrejas e nas praças". Nas demais províncias do Brasil, receberiam o nome de *congos*.

No Rio de Janeiro, prossegue Mello Moraes, os cucumbis existiram até a década de 1830 e eram parte de "préstitos fúnebres dos filhos dos reis africanos aqui falecidos". Tal associação pode ser mais bem analisada se a compararmos com os relatos de Jean-Baptiste Debret sobre os cortejos fúnebres de negros nas primeiras décadas do século XIX.

Debret chegou ao Rio de Janeiro em 12 de agosto de 1816 como membro da Missão Francesa convocada por d. João VI. Planejava ficar seis anos, mas acabou permanecendo por 15. Apesar de ter sido um pintor "áulico", produzindo inúmeras obras sobre a família real e atos oficiais, Debret nos legou magníficas gravuras sobre índios, negros, aspectos do cotidiano e dos costumes da população brasileira, e especificamente do Rio de Janeiro (Vainfas, 2004). Grande parte dessas gravuras foi publicada no livro *Viagem pitoresca e histórica ao Brasil*, editado na França, em três volumes, entre os anos 1834 e 1839 (Debret, 1989).

No terceiro volume dessa obra, encontramos uma prancha intitulada *Convoi funèbre d'un fils de roi nègre* (Cortejo fúnebre de um filho de rei negro) e uma breve descrição dele. Segundo o artista francês, não é raro encontrar entre a multidão de escravos alguns *"grands dignitaires éthiopiens"*, e que seus ex-vassalos os reconhecem, lhes prestam homenagens e buscam meios de juntar dinheiro para comprar sua liberdade. Quando morre, ou então seu filho morre, seu corpo *é* exposto com vestuário africano, recebendo visita de seus súditos e de delegações de negros de outras

28 | Identidades, memórias e projetos políticos

nações (compostas por três dignitários: um diplomata, um porta-estandarte e um capitão de guarda). Uma multidão de negros se aglomera fora da casa que abriga o corpo. Em seu interior, os negros cantam acompanhados de seus "instrumentos nacionais", reforçados pelas palmas das mãos daqueles que os rodeiam.

Ao anoitecer, o cortejo sai às ruas. O mestre de cerimônias sai da casa e, "a grandes golpes de *rotin* [a tradução literal é vime e aparentemente se refere a um pequeno pedaço de madeira[4]]", faz recuar a multidão de negros que obstruem a passagem. Ele é seguido por um negro que solta fogos de artifício, e atrás deste vêm três ou quatro negros dando cambalhotas, saltos, piruetas, "e mil outras artimanhas para animar a cena". Atrás segue, então, "a saída silenciosa dos amigos e das delegações que escoltam seriamente o corpo transportado em uma maca coberta com um manto mortuário". O préstito é fechado por alguns outros ajudantes de cerimônia, armados de "*rotin* [vime]", servindo de guarda-costas para manter a uma distância respeitosa os curiosos que seguem o cortejo.

Debret afirma que o comboio se encaminha "indubitavelmente" para uma das quatro igrejas consagradas às confrarias dos negros: *Sé Velha*, *Lampadoza*, do *Parto*, e *São Domingos*. Essa cerimônia seria acompanhada por fogos de artifício, palmas e pela "harmonia surda dos instrumentos africanos [que] acompanham os cantos dos nacionais de todos os sexos e todas as idades, reunidos na praça em frente à porta da igreja" (Debret, 1989:155).

É bastante provável que Mello Moraes Filho tenha lido Debret e associado as imagens desses préstitos fúnebres a suas recordações de infância, passada na Bahia. Mello Moraes Filho aproveita o gancho dos cortejos fúnebres para relacionar os cucumbis com as tristezas da escravidão africana no Brasil. Segundo ele, a "dança dos cucumbis ressoou estrepitosa nas florestas, ao tinir das correntes dos cepos e dos gemidos nas senzalas, ao som do açoite nas surras da escada e do soluço da mãe escrava, a quem tiravam para sempre dos braços o filhinho nu e misérrimo" (Moraes Filho, 1979).

Logo, o enredo desse "baleto" não poderia ser outro além de um que versasse sobre certo passado africano. Mello Moraes o resume da seguinte forma: "Uma partida de congos põe-se a caminho, indo levar à rainha os novos vassalos". Esse préstito era composto por príncipes, princesas, feiticeiros, "intérpretes de dialetos estrangeiros e inúmero povo, levando entre alas festivas os mametos (jovens que dançavam e faziam piruetas)". Durante o cortejo, uma tribo inimiga ataca o cucumbi e assassina o filho do rei.

---

[4] Para mais informações sobre o uso de cacetes em culturas negras das Américas, ver Assunção (1999:55-89, 2008).

Essa trágica notícia é comunicada ao rei pelo embaixador. O soberano, então, ordena que

> venha à sua presença um afamado adivinho, o feiticeiro mais célebre de seu reino, impondo-lhe a ressurreição do príncipe morto.
>
> "Ou darás a vida a meu filho, diz ele, e terás em recompensa um tesouro de miçangas e a mais bela das mulheres para com ela passares muitas noites; ou não darás, e te mandarei degolar."
>
> E aos sortilégios do feiticeiro, o morto levanta-se, as danças não findam, ultimando a função ruidosa retirada, na qual os cucumbis cantam o Bendito e diversas quadras populares [Moraes Filho, 1979].

Essa grande passeata, que, segundo ele, poderia levar horas, era composta por homens e mulheres vestidos de círculos de penas aos joelhos, cintura, braços e punhos, além de cocar de traseira vermelha; "o Feiticeiro, o Rei e a Rainha ostentam vestimenta mais luxuosa e característica, porém no mesmo sentido".

O instrumental que acompanhava incessantemente o préstito era composto por canzás, xequerés, chocalhos, tamborins, adufos, agogôs, marimbas e pianos de cuia, e mantinham a "lealdade às tradições" africanas.

Assim, no Rio de Janeiro e também na Bahia, para Mello Moraes Filho, os cucumbis tinham um caráter essencialmente africano, tanto em suas canções quanto nas danças e instrumentos, e obviamente nas pessoas que participavam deles.

É importante notarmos que, no relato de Debret, o cortejo fúnebre tem semelhanças e diferenças em relação aos cucumbis descritos por Mello Moraes Filho. Primeiramente, o tema da morte ocupa papel central em ambas as tramas, sendo muito mais óbvio no caso do cortejo fúnebre descrito por Debret, já que só existe e tem sentido a partir da morte do rei ou de seu filho. Já no cucumbi descrito por Mello Moraes, a morte não dá início ao préstito, porém é posta de forma dramática com o assassinato do filho do rei, o *mameto*. Apesar de o tema da morte aproximar os dois cortejos, ela é tratada de forma diferente, pois é superada no cucumbi quando o feiticeiro revive o mameto.

Os negros que dançam, fazem piruetas e cambalhotas estão presentes nas duas narrativas. É o mameto que ocupa esse papel no cucumbi descrito por Mello Moraes, enquanto no cortejo fúnebre de Debret são os negros que dançam à frente do corpo do rei ou de seu filho morto. Justamente a mesma posição na qual aparecem os mametos.

A participação de "delegações" de outros povos negros visitando o cadáver é bastante semelhante à embaixada que compõe o cucumbi: representantes do reino

30 | Identidades, memórias e projetos políticos

que visitam outras cortes, levando suas insígnias, ou ainda há narrativas de embaixadas de vassalos que serão apresentados ao rei.[5]

Debret não gasta muitas linhas descrevendo os instrumentos que compunham esse cortejo, limitando-se a escrever que eram pouco sonoros e emitiam uma harmonia monótona e surda. Isso nos leva a crer que se tratasse de instrumentos de percussão, o que pode ser confirmado por um de seus desenhos, em que podemos visualizar um homem negro tocando uma espécie de tambor quadrado. A descrição de Mello Moraes dos instrumentos compreende tamborins, xequerés (chocalhos de cobre), canzás (ganzás = maracás, chocalhos), marimbas (série de lâminas graduadas em escala, percutidas com duas baquetas e dispostas sobre cabaças ou tubos de metal), agogôs (duas campânulas de metal, tocadas por vareta, emitindo sons agudos), pianos de cuia (cabaça grande, envolta num trançado de algodão, à semelhança de rede de pescaria, tendo presos pequenos búzios nos pontos de interseção das linhas)[6] e adufos (tamboretes quadrados, normalmente seguros com uma das mãos e tocados com uma "baqueta" de madeira ou com a mão. Por ser um instrumento artesanal e a "pele" não ser bem fixada, produz uma sonoridade grave) (Frungillo, 2003).

Portanto, a partir das descrições de Mello Moraes dos cucumbis carnavalescos do Rio de Janeiro, não podemos afirmar terem sido eles apenas a reedição de cortejos fúnebres realizados por motivo de falecimento de membros de famílias reais africanas no Brasil na primeira metade do século XIX. Se encontramos semelhanças com o préstito fúnebre registrado por Debret — como a presença do tema da morte, os negros fazendo piruetas, os instrumentos musicais e a visita de delegações —, as diferenças são marcantes, como a presença da rainha, a ressurreição, o feiticeiro poderoso que vence a morte e o próprio sentido da festa — encenar empreitadas vitoriosas de antepassados africanos reforçando o poder de sua corte e a força de sua mística encarnada pelo *quimboto*, o feiticeiro.

Na busca de tornar os cucumbis mais inteligíveis para seus contemporâneos, Mello Moraes faz explícita associação entre eles e os autos de congo, afirmando que estes seriam iguais, tendo como única diferença o nome utilizado na Bahia (cucumbi). Outros textos tornam essa relação ainda mais evidente. Uma *congada* saída da igreja do Rosário, no tempo dos vice-reis (1763-1808), é narrada por Luis Edmundo (2009) da seguinte maneira:

---

[5] Para mais informações, ver Andrade (1989), Cascudo (1954, 3. ed. 1972?) e Ramos (s.d.).
[6] Notas de Arthur Ramos para o livro de Mello Moraes Filho (1979).

Descendo a Rua do Rosário, pela altura da dos Latoeiros, caminho do Terreiro do Paço, a tropilha folgaz dos negros vem cantando, a dançar, ao som de adufos, caxambus, xequerés, marimbas, chocalhos e agogôs, seguida, açulada, aplaudida pelo poviléu gárrulo e jovial que com ela faz mescla e se expande feliz. Nunca se viu na rua tanto negro! São negros de todas as castas e todas as ralés, despejados pelas vielas e alfurjas em redor, atraídos pelo engodo da folia: congos e moçambiques, monjolos e minas, quiloas e benguelas, cabindas e rebolas, de envolta com mulatos de capote, com ciganos e moleques, a turbamulta dos quebra-esquinas, escória das ruas, flor da gentalha e nata dos amigos do banzé.

O relato sobre a congada citado foi retirado de seu livro *O Rio de Janeiro no tempo dos vice-reis (1763-1808)*. Obra que versa sobre os costumes das populações do Rio de Janeiro na segunda metade do século XVIII, trata de festas populares, congadas, cavalhadas, touradas, moda feminina e masculina, cortes de cabelo, cozinha e mesa, teatro, namoros e casamentos; também tem capítulos específicos sobre a medicina, a justiça, as assembleias, o pelourinho e a forca.

Luis Edmundo, nascido no Rio de Janeiro em 26 de junho de 1878, foi jornalista, poeta, cronista, memorialista, teatrólogo e orador. No ano de 1944, foi eleito para ocupar a cadeira número 33 da Academia Brasileira de Letras. Dedicou-se intensamente ao passado do Rio de Janeiro, cidade que amou e onde faleceu em 8 de dezembro de 1961.[7] Foi cronista e pesquisador da cidade, publicando obras ainda hoje fundamentais para aqueles que se interessam pelo cotidiano carioca nos séculos passados (Edmundo, 1938).

A congada descrita por ele, que remontaria ao final do século XVIII, constitui-se em um grande grupo de homens e mulheres negros que saem às ruas da cidade para apresentar sua corte, que havia sido coroada na igreja do Rosário.

O préstito era composto por uma banda de *adufos*, *caxambus*, *xequerés*, *marimbas*, *chocalhos* e *agogôs*, comandada pelo "capataz". Em cima de andores vêm o rei e a rainha, trajando seda, empunhando cetro e ostentando sobre a cabeça coroas de papelão. Ao chegar à frente ao palácio do vice-rei (na atual praça XV de Novembro), o préstito para e o rei desce de seu pálio dançando, chacoalhando as luas e estrelas de metal presas à sua capa pesada. Seu canto é assim:

Sou rei do Congo,
Quero brincá;

---

[7] Biografia de Luis Edmundo publicada no site da Academia Brasileira de Letras: <www.academia.org.br/abl/cgi/cgilua.exe/sys/start.htm?infoid=716&sid=309&tpl=printerview>.

Cheguei agora
De Portugá

A rainha o acompanha no bailado, enquanto um novo verso ecoa pelos ares, cantado pelo préstito:

Quemguerê oia congo do má
Gira Calunga
Manu que vem lá

Nesse momento, surge em cena um dos personagens principais da trama: o *mameto*. Ele é o filho do rei e da rainha e é descrito por Luis Edmundo como um "molecote de 10 anos" que dança e canta "todo metido em sedas". No instante em que o mameto evolui em destaque na congada, surge "um caboclo de olho trágico, vestido como cacique, e que desfere o tacape terrível sobre [sua] cabeça". Morto o filho do rei, dança o caboclo e lamenta o coro da congada:

Mala quilombé, ó quilombé

O capataz participa o rei da notícia trágica. Este imediatamente convoca o *quimboto* (feiticeiro) para reviver seu filho. Luis Edmundo chama a atenção para esse personagem: o feiticeiro seria um "negro esplêndido de porte, ágil dançarino, trazendo a tiracolo uma cobra viva". O *quimboto* dança e canta ao redor do corpo do mameto, que aos poucos torna à vida.

O caboclo, "louco de espanto", tenta atacar novamente com seu tacape, mas dessa vez o feiticeiro, "num passo de chula", fulmina-o com o olhar, "que é uma estocada"; "triunfo absoluto do *quimboto*". Sua recompensa é ter a mais linda das princesas como noiva, terminando a farsa em casório.

As descrições de Luis Edmundo de uma congada e as de Mello Moraes dos cucumbis são muito similares. Os versos registrados por ambos praticamente não se alteram, os instrumentos também. Os personagens são os mesmos, assim como o enredo praticamente não se altera.

Entretanto, é interessante notar que, na narrativa de Luis Edmundo, o rei ganha destaque, pois o cortejo é em homenagem à sua coroação. Já no texto de Mello Moraes a rainha ocupa papel central na narrativa. Segundo ele, o cucumbi seria "uma partida de congos [que] põe-se a caminho, indo levar à *rainha* os novos vassalos"; o mameto surge como o "filho da rainha", e não como o filho do rei (como no texto de Luis Edmundo). Quando ele é assassinado pelo caboclo, o capataz convoca o Língua ("o embaixador dos negros")

> e o expede a comunicar à *Rainha* o infausto acontecimento [...] [ele] dirige-se à *Rainha*, inclina a fronte, conta-lhe o motivo de sua missão, submisso e pesaroso [...] A *Rainha*, ao ouvi-lo, como que desvaira de dor, interroga-o, e, a seu conselho, faz comparecer o Feiticeiro que, de joelhos, a escuta consternado [...]. A *Rainha* ordena-lhe que faça reviver o seu Mameto, garantindo-lhe ricos presentes e a mais formosa de suas vassalas, que lhe seria cortada a cabeça se os seus feitiços não conseguissem levantá-lo [Moraes Filho, 1979; grifos nossos].

Quando a batalha contra a tribo do caboclo é vencida e o mameto está novamente vivo, o filho é apresentado à mãe, e ela, a *rainha*, "o recebe nos braços, acumulando o feiticeiro de dádivas opulentas".

Essa presença forte e predominante da rainha na narrativa de Mello Moraes, escrita em 1888, quando os cucumbis estão com mais visibilidade do que nunca nos carnavais do Rio de Janeiro, pode se relacionar justamente com a forma assumida por esses grupos durante o carnaval, colocando a mulher em destaque em seu préstito. A presença feminina nessa festa era marcante, principalmente sobre os carros de ideias das grandes sociedades carnavalescas. Reservavam lugar de destaque para belas mulheres (às vezes seminuas) em seus carros. Representando papéis centrais nas narrativas, como a Liberdade e a República, entre outros, as mulheres foram um dos elementos que mais cativaram a atenção dos foliões para o alto dos carros de ideias (Cunha, 2001).

Entretanto, não só o apelo sexual deve ser considerado elemento propulsor para o destaque da rainha nos cucumbis. Há também uma importante referência que deve ser levada em conta: a influência da rainha *Ginga* sobre muitos africanos escravizados trazidos para o Brasil.

Segundo Arthur Ramos (s.d.:51), a presença constante dessa rainha guerreira nos autos de congos no Brasil "exprime inegavelmente uma sobrevivência histórica de antigas epopeias angola-congolesas". Poderíamos perceber, prossegue o autor, diversos temas dentro dos autos de congos (ou cucumbi), como a coroação de monarcas, lutas de monarquias africanas umas com as outras, luta contra o colono invasor, "embaixadas, oráculos de feiticeiros etc.". E a rainha dessas "embaixadas" seria d. Ana de Sousa, a poderosa rainha Ginga (Serrano, 1995-1996:138; Ramos, s.d.).

A rainha poderosa que manda e desmanda no cucumbi descrito por Mello Moraes estaria sendo informada pelo enorme arcabouço cultural reelaborado no

Brasil a partir das tradições dos africanos escravizados na região do Congo-Angola? A força da imagem da rainha guerreira pode ter se favorecido do maior espaço usufruído pelas mulheres na festa carnavalesca e ter galgado mais destaque do que o rei no cucumbi carnavalesco.

Assim, podemos perceber uma clara aproximação entre os cucumbis e as congadas, descritas por Mello Moraes e Luis Edmundo, respectivamente. Enredo, instrumentos, palavras, personagens são muito semelhantes. Contudo, não é possível confirmarmos que os cucumbis carnavalescos da década de 1880 são simplesmente *congadas* que foram transferidas para os dias de Momo.

Primeiro, devemos ressaltar a distância temporal existente entre os dois. As congadas do período colonial tinham sentido diverso. Estavam quase sempre associadas às irmandades religiosas, que representavam uma possibilidade de distinção social de escravos e negros livres numa sociedade de Antigo Regime. Aumentavam as chances de acesso ao batismo e a um sepultamento cristão, além de possibilitar a formação de alianças e identidades aos africanos recém-chegados ao Brasil. As irmandades destinadas aos homens de cor, escravos e livres, representavam um dos principais caminhos de movimentação dentro da sociedade estamental do Brasil colonial. Participar de uma irmandade possibilitava um atalho para escravos, forros e negros livres ao acesso às distinções sociais, como ressaltou Mariza Soares (2000).

No interior dessas irmandades, também havia uma corte, na qual o rei era eleito e coroado em uma grande festa. O recolhimento de esmolas em nome do orago promovia tanto a manutenção da corte e da irmandade quanto o custeio de funerais, auxílios médicos e a compra da liberdade de irmãos cativos.

Portanto, quando Luis Edmundo relata a congada no tempo dos vice-reis, ele está tratando de uma manifestação associada a um contexto colonial em que ainda não existe um movimento em prol da abolição da escravidão explícito e consciente, em que os escravos são maioria entre a população negra e a existência da congada reflete um dos mais importantes caminhos de galgar posições e distinções sociais: a participação em uma irmandade religiosa.

O cucumbi carnavalesco da década de 1880 está dialogando com um contexto completamente diferente e novo. Tanto a festa carnavalesca quanto a sociedade carioca, que experimenta a ruína do escravismo e todas as discussões sobre qual nação deve ser engendrada nesse processo, estão passando por profundas inovações (com o auge das grandes sociedades carnavalescas, o empenho de jornalistas e autoridades para enfraquecer práticas encaradas como "bárbaras" e sua ascensão à festa nacional).

Seria então o cucumbi carnavalesco uma manifestação trazida pelos negros baianos que chegam ao Rio de Janeiro após 1850? É preciso tentar uma aproximação com o cucumbi ainda nas terras da Bahia para arriscar uma resposta. Segundo Manuel Querino (1946:63), em seu livro *A Bahia de outrora*: "O cucumbi não passava de uma recordação das festas africanas, é certo". Os instrumentos eram similares aos descritos por Luis Edmundo e Mello Moraes Filho: "pandeiros, canzás, xequerés ou chocalhos, tamborins, marimbas e piano de cuia (cabaça enfeitada de contas)". O grupo compunha-se de indivíduos armados de arcos e flechas, "capacete, braços, pernas e cintura enfeitados de penas, saiote e camisa encarnados, corais, miçangas e dentes de animais no pescoço, à feição indígena"; outros vestiam "corpete de fazenda de cor, saieta de cetim ou cambraia, com enfeites de belbutina azul e listas brancas, num estilo bizarro".

Entretanto, apesar das semelhanças aparentes, o cucumbi descrito por Manuel Querino tem enredo bastante diverso daqueles observados no Rio de Janeiro. A "festança" transcorre normalmente, com os instrumentos tocando e as *grimas* — pedaços de madeira — sendo batidas umas nas outras, quando então um "indígena [é] acusado de haver enfeitiçado o *guia*, que devido a essa circunstância se achava em estado mortal". Então, o feiticeiro

se delibera a curar o guia, que simula agonizante. Para isso, no meio de grande algazarra, toma de uma bolsinha e com ela toca levemente as pernas e braços do doente, dando movimento desordenado ao corpo, entoando cantigas lúgubres. Ao depor a bolsinha ou contrafeitiço nos lábios do guia, este recobra os sentidos, e todos se entregam às maiores expansões de regozijo [Querino, 1946:66].

Esse cucumbi não tem mameto [seria o *guia*?], nem aparece a rainha ou o rei (exceto no verso inicial: "Viva nosso rei, Preto de Benguela, Que casou a princesa C'o infante de Castela"). Não é semelhante também às descrições de congadas ou reisados. Querino, que foi "artista, funcionário da secretaria da agricultura, diretor do clube carnavalesco Pândegos d'África, professor, associado da *Sociedade Libertadora Baiana*, jornalista da *Gazeta da Tarde*" (Albuquerque, 2009:86-87), sempre merece ser observado com atenção.

Seu relato sobre os cucumbis da Bahia de *outrora* é produto de um conhecedor profundo dos costumes das populações negras da Bahia. Logo, a inexistência de termos como *mameto*, *quimboto*, *caboclo* e o silêncio sobre o enredo mais detalhado dessa prática também nos diz muita coisa. É provável que os cucumbis, sob esse nome e no modelo narrado por Querino, não existissem mais na Bahia em fins do século XIX, e sua narrativa tenha sido feita com base em memórias antigas ou relatos de velhos participantes. Tal argumento é reforçado pelo livro de Nina Rodrigues (1976:181), *Os africanos no Brasil*, quando afirma que nunca viu cucumbi na Bahia.

Por outro lado, podiam existir de forma tão marginal que nem Nina Rodrigues os enxergou nem Manuel Querino pôde captar seus personagens e enredo mais minuciosamente.

Por conseguinte, apesar das reincidentes afirmações de que os cucumbis dos carnavais cariocas foram trazidos por baianos na segunda metade do século XIX,[8] não devemos tomar essa conclusão como definitiva. O Rio de Janeiro ao longo do século XIX comportava inúmeras tradições culturais, robustas o suficiente para se transformar e interagir com as demais, dando origem a formas e nomes novos para antigas práticas ou práticas novas para antigos nomes.

Nessa breve leitura de memorialistas, folcloristas e viajantes sobre os cucumbis, podemos chegar a algumas conclusões. Grande parte dos textos publicados no século XX sobre esse tema tomou como base o artigo de Mello Moraes Filho, publicado pela primeira vez no carnaval de 1888. Câmara Cascudo, Mario de Andrade, Nina Rodrigues e em menor escala Arthur Ramos escreveram sobre os cucumbis com base na análise de Mello Moraes. Obviamente, todos esses autores buscaram novas contribuições e empreenderam comparações com outras práticas. Não tenho como afirmar qual a influência do artigo de Mello Moraes sobre o texto de Luis Edmundo. O livro *O Rio de Janeiro no tempo dos vice-reis* foi publicado em 1932, após o autor ter pesquisado em arquivos do Brasil e de Portugal, e é bastante provável que tenha tomado contato com *Festas e tradições populares*, de Mello Moraes.

Já o texto de Manuel Querino sobre os cucumbis na Bahia é o que apresenta maiores diferenças em relação a todos os demais. Personagens e enredo são outros e não correspondem ao "baleto" que Mello Moraes viu nos carnavais do Rio de Janeiro no final do século XIX, apesar de trazer em sua descrição uma embaixada africana que é atacada por um "indígena".

Outro elemento de destaque é a unanimidade de que o cucumbi é uma prática estreitamente vinculada aos africanos no Brasil. Tal característica aparece em todos os autores: são danças "africanas", versos com palavras "africanas", emoções "africanas" e pessoas reconhecidas como "africanas" ou descendentes (mesmo que grande parte deles destaque simultaneamente que essas práticas não são mais "puras" e "leais" a essa *tradição africana*, pois se encontram em contato com as populações crioulas há muito tempo).

Se os cucumbis que aparecem cada vez mais na imprensa carioca na década de 1880 não podem ser entendidos como reedições de uma única tradição de africanos e descendentes trazidos para o Brasil, como devemos olhar para esse objeto? Propo-

---

[8] Mello Moraes é o primeiro a usar esse argumento e é seguido por praticamente todos os que falaram sobre os cucumbis (Mario de Andrade, Cascudo, Arthur Ramos, Nina Rodrigues). Ver referências no fim deste capítulo.

nho abordarmos tal prática como um desenvolvimento crioulo de inúmeros sujeitos históricos que pretendiam ocupar o espaço carnavalesco e expressar identidades, memórias e projeções sociais de si mesmos.

Esses homens e mulheres negros pretendiam aparecer no carnaval como indivíduos que compartilhavam uma mesma identidade baseada em práticas *africanas*. Contudo, eles majoritariamente não eram africanos. A grande maioria dos participantes do carnaval era jovem de menos de 30 anos — pelo menos aqueles que eram presos e registrados na Casa de Detenção (Nepomuceno, 2011). Eram, sim, crioulos, se escravos, ou libertos e negros livres brasileiros. Eram filhos e netos de africanos escravizados que, a partir da herança cultural de seus antepassados, criaram no carnaval carioca uma forma crioula de brincar.

É o próprio Mello Moraes quem afirma: "Como é natural, a tradição africana acha-se corrompida pelas gerações crioulas, mas não a ponto de desconhecer-se o que há de primitivo como os costumes autênticos" (Moraes Filho, 1979). Vou mais longe na afirmativa: os cucumbis carnavalescos são eles mesmos uma expressão de forma crioula de cultura. Crioula no sentido de que a prática do cucumbi carnavalesco surgiu como algo novo a partir dos confrontos da experiência da escravidão e das novas realidades sociais do Rio de Janeiro na crise do escravismo. Crioula, pois não é nem africana (mesmo tendo tantos elementos desse passado) nem ibérica (apesar das referências aos reisados e irmandades católicas). O cucumbi carnavalesco representa um caso exemplar de crioulização ao evidenciar uma elaboração cultural nova, com base em referências profundas do passado escravista e africano, mas responder às novas realidades culturais e sociais.

Esses grupos representam, então, uma possibilidade de expressar uma identidade africana no Rio de Janeiro diante dos constantes ideais de europeização do carnaval. Os cucumbis que cantam, dançam e se vestem "à moda africana", e expressam um sentimento de pertencimento a um grupo (a partir de certas imagens da África), são também a melhor expressão de como os negros cariocas viram no carnaval a possibilidade de expressar seus desejos e testar os novos limites da liberdade em construção na década de 1880. Dialogando com os modelos de carnaval defendidos por grupos letrados, os membros dos cucumbis reuniram criativamente diversas tradições com nítido caráter africano (para seus contemporâneos e mesmo para nós ainda hoje) e partiram para desfilar nos dias de carnaval lado a lado com dezenas de outros grupos e sociedades. Mas não deixaram de usar o nome cucumbi e manter seu enredo sobre histórias de reinos, rainhas, feiticeiros e vitórias africanas em plena crise do escravismo no Rio de Janeiro.

Mello Moraes Filho disse na última frase de seu artigo da *Gazeta de Notícias*: "[...] é bem que os crioulos perpetuem no Brasil esses costumes, com que seus pais adoçavam o fel do exílio e encantavam as noites, sem aurora, da escravidão!". Esses crioulos transformaram os costumes de seus "pais" em diálogo com as transformações culturais e sociais do Rio. Com a prática nova que criaram, mesmo mantendo o nome antigo, conquistaram espaço para expressar uma identidade e demonstrar publicamente suas tradições e inovações.

Apesar do olhar preconceituoso e muitas vezes racista que despertaram, os cucumbis carnavalescos são um ótimo exemplo de atuação positiva e coletiva de indivíduos negros na crise do escravismo. Não negaram sua ascendência africana e conquistaram o direito à liberdade de ser ator criativo da festa carnavalesca, valendo-se do momento propício, oriundo da popularização dos abolicionismos (Silva, 2011), cujo auge coincidiu (não por acaso) com a aparição constante dos cucumbis nas folhas diárias cariocas.

Referências

ALBUQUERQUE, W. *O jogo da dissimulação*: abolição e cidadania negra no Brasil. São Paulo: Companhia das Letras, 2009.

ANDRADE, M. *Dicionário musical brasileiro*. Belo Horizonte: Itatiaia; São Paulo: USP, 1989.

ASSUNÇÃO, M. R. Juegos de palo en Lara: elementos para la historia social de un arte marcial venezolana. *Revista de Índia*, v. LIX, n. 215, p. 55-89, 1999.

_____. Versos e cacetes: desafios masculinos na cultura popular afro-fluminense. In: IX CONGRESSO DA BRAZILIAN STUDIES ASSOCIATION (BRASA). *Anais...*, Nova Orleans: Tulane University, 27-30 mar. 2008. Mesa "Raça e gênero na cultura popular".

CASCUDO, L. da C. *Dicionário do folclore brasileiro*. Rio de Janeiro: INL, 1954 [3. ed. 1972].

CUNHA, M. C. P. *Ecos da folia*: uma história social do carnaval carioca entre 1880 e 1920. São Paulo: Companhia das Letras, 2001.

_____. (Org.) *Carnavais e outras f[r]estas*: ensaios de história social da cultura. Campinas: Unicamp/Cecult, 2002.

DEBRET, J.-B. *Viagem pitoresca e histórica ao Brasil*. Belo Horizonte: Itatiaia; São Paulo: USP, 1989.

EDMUNDO, L. *O Rio de Janeiro do meu tempo*. Rio de Janeiro: Imprensa Nacional, 1938. 3 v.

_____. *O Rio de Janeiro no tempo dos vice-reis (1763-1808)*. Brasília: Senado Federal/Conselho Editorial, 2009.

FRUNGILLO, M. D. *Dicionário de percussão*. São Paulo: Unesp/Imprensa Oficial do Estado, 2003.

MINTZ, S.; PRICE, R. *O nascimento da cultura afro-americana*: uma perspectiva antropológica. Rio de Janeiro: Pallas/Ucam, 2003.

MORAES FILHO, M. *Festas e tradições populares no Brasil*. Belo Horizonte: Itatiaia, 1979.

NEPOMUCENO, E. B. *Carnavais da abolição*: diabos e cucumbis no Rio de Janeiro (1879-1888). Dissertação (mestrado em história), UFF, 2011.

QUERINO, M. *A Bahia de outrora*. Salvador: Livraria Progresso, 1946.

RAMOS, A. *O folclore negro no Brasil*. Rio de Janeiro: Casa do Estudante, [s.d.].

RODRIGUES, N. *Os africanos no Brasil*. 4. ed. São Paulo: Nacional; Brasília: INL, 1976.

SERRANO, C. M. H. Ginga, a rainha quilombola de Matamba e Angola. *Revista USP*, São Paulo, n. 28, p. 136-141, dez. 1995/fev. 1996.

SILVA, E. Domingo, dia 13: o *underground* abolicionista, a tecnologia de ponta e a conquista da liberdade. In: ABREU, M.; SERVA, M. P. (Org.). *Caminhos da liberdade*: histórias da abolição e do pós-abolição no Brasil. Niterói: PPG História/UFF, 2011.

SOARES, C. E. L. *A negregada instituição*: os capoeiras no Rio de Janeiro, 1850-1890. Dissertação (mestrado), Departamento de História, Unicamp, 1993.

SOARES, M. *Devotos da cor*: identidade étnica, religiosidade e escravidão no Rio de Janeiro do século XVIII. Rio de Janeiro: Civilização Brasileira, 2000.

VAINFAS, R. (Org.). *Dicionário do Brasil Imperial (1822-1889)*. Rio de Janeiro: Objetiva, 2004.

UM AGRESTE LABIRINTO:
as interpretações euclidianas nos meandros da brasilidade, da mestiçagem e da religiosidade sertaneja

Nathália Sanglard de Almeida Nogueira

ESTE CAPÍTULO VISA REFLETIR SOBRE O TRATAMENTO DEDICADO POR EUCLIDES DA Cunha, em *Os sertões*, à nacionalidade, à mestiçagem e à religiosidade, algumas das principais questões que inquietavam os intelectuais brasileiros no alvorecer da Primeira República.

Pretende-se analisar as oscilações euclidianas em torno da imagem do sertão, entre uma tônica idílica, nos escritos da mocidade, e uma atordoante, nos registros posteriores, marcados por leituras cientificistas.

A oposição entre litoral e sertão, que atravessa o livro, se desdobra nas variações dos processos etnológicos e desvela as incongruências nas considerações sobre a mestiçagem e a religiosidade sertaneja.

Discute-se, em suma, como a preocupação de Euclides com a modernidade brasileira suscitou uma indagação a respeito da cultura sertaneja e seu lugar na rota do progresso. A grande aporia de sua obra-mestra consiste, portanto, na tentativa de elaborar um desenho para a nação e um perfil para seu povo com base nas recônditas trilhas do sertão, onde haveria o mais genuíno, anacrônico, aterrador e vigoroso Brasil.

A escrita d'*Os sertões*: notas sobre o estilo de um narrador sincero e dividido

> *Quem volta da região assustadora*
> *De onde eu venho, revendo inda na mente*
> *Muitas cenas do drama comovente*
> *Da guerra despiedada e aterradora*
> *Certo não pode ter uma sonora*
> *Estrofe, ou canto ou ditirambo ardente*
> *[...]*
> *Que quem mais tarde nesta folha lesse*
> *Perguntaria: "Que autor é esse*
> *De uns versos tão malfeitos e tão tristes?"*
>
> (Cunha, 2009:276)

O poema "Página vazia", escrito por Euclides da Cunha em outubro de 1897, enuncia o impacto que lhe causou presenciar o conflito canudense. O autor, nascido em 1866 no município de Cantagalo, no Rio de Janeiro, chegou a Canudos com a última das quatro expedições, em 16 de setembro do mesmo ano, como correspondente do jornal *O Estado de S. Paulo* e adido ao Estado-maior do ministro da Guerra. Testemunhando, aproximadamente, três semanas de luta, retirou-se doente, dois dias antes do extermínio decisivo do arraial.

A tônica desiludida dos versos citados contrasta com a dureza das palavras manifestadas alguns meses antes de sua ida à Bahia. Em março de 1897, Euclides publicara o artigo "A nossa Vendeia", no qual demonstrava crença absoluta na vitória da República sobre a "agitação desordenada e impulsiva de hipnotizados" (Cunha, 2000:43-52).

No percurso entre o Rio de Janeiro e o arraial, escreveu uma série de reportagens,[1] em que ainda ressoava o aguçado sentimento republicano do engenheiro militar, portador de um ideal de civilização e modernidade a que os canudenses mostravam-se refratários.

Após acompanhar *in loco* o desenrolar do evento em Canudos, Euclides dedicou-se a escrever a obra *Os sertões*, publicada em 1902 pela Laemmert e Companhia Editores. Dessa forma, sua vivência em Canudos o motivara a redigir um libelo de denúncia a uma sociedade sanguinária, deixando revelar seu descontentamento e

---

[1] As reportagens e os telegramas enviados por Euclides durante sua viagem à Bahia foram publicados sob o título *Diário de uma expedição*. Ver Cunha (2000).

sua decepção com a República.[2] O traço ambíguo de caracterização do sertanejo conota uma reflexão dividida, típica dos letrados da época.

Uma relativa empatia com os moradores da aspereza sertaneja pode ser apreendida na abertura do livro, em que Euclides assume seu propósito de apontar para o caráter criminoso daquela campanha. Ao citar o historiador francês Hyppolite Taine, pretende-se um narrador sincero e fornece indícios de sua metodologia cindida, que, entre os bárbaros, se sente como tal e, entre os antigos, como um antigo (Cunha, 2001:67).

A influência de Taine não se esgota nessa passagem. Sua concepção naturalista da história, formulada em *Histoire de la littérature anglaise*, assentada em três ditames analíticos, quais sejam, o meio, a raça e o momento, aparece claramente em *Os sertões*. Não é gratuita, portanto, a divisão dessa obra euclidiana nos capítulos "A terra", "O homem" e "A luta".

Na primeira parte, dedicou-se à formação geológica, à fauna e à flora, primordiais para a convergência da seca endêmica. A definição do espaço geográfico auxilia na composição da tese euclidiana, porque dele desponta um inimigo físico, o qual moldará as peculiaridades de sua gente. Da configuração desértica, o autor passou às origens do sertanejo e de sua miscigenação para avaliar-lhe o comportamento e a gênese de líderes como Antônio Conselheiro. Por fim, cuidou da batalha travada, responsável por dizimar parcela significativa da população baiana, ocasião em que se teriam combinado fatores naturais, étnicos e históricos.

Imiscuídas às teorias do determinismo, às ideias cientificistas e evolucionistas e aos vestígios românticos que formavam a convicção pessoal de Euclides cruzaram-se a tradição escrita e a oral, recolhida durante sua permanência na Bahia para a elaboração de seu registro e para o amálgama de estilos. Por isso, há n'*Os sertões* observações diretas do autor, derivadas de anotações pessoais em sua caderneta de campo, agregadas a relatos de viajantes, reportagens de jornais, comunicações de militares, relatórios de autoridades e fontes orais, como poemas populares, profecias religiosas e testemunhas locais (Bernucci, 1995; Santana, 2009:161-178).

Contudo, os registros colhidos comportam uma hierarquia, uma vez que Euclides lhes creditou diferentes estatutos em função de sua qualidade e de quem os proferiu. Alguns depoimentos são adjetivados como "fidedignos" e "conscienciosos", o que lhes atesta validade, em contraposição às versões dos habitantes do arraial, julgadas tendenciosas e delirantes. Em consequência, Euclides tendeu a desautorizar as narrativas dos canudenses, equacionando essa atmosfera que detectava ainda em

---

[2] Para o debate em torno da revisão da República por Euclides, ver Ventura (1996:274-291).

vias de encantamento em direção diametralmente oposta ao pensamento racional e científico.

Imerso na dicotomia litoral/sertão e preocupado em desenhar um perfil para o povo e uma identidade para a nação, Euclides mostrava ao restante do país um brasileiro esquecido em suas terras recônditas, que exercia sobre ele fascínio e repulsa. Uma reflexão partida se desvela na fusão de contrários e na adjetivação do sertanejo, descrito, simultaneamente, como bravo e desenxabido, desgracioso e torto, a verdadeira "rocha viva da raça", ou um "retrógrado", sentenciado pela marcha civilizatória ao definhamento (Cunha, 2001:766 e 203). Tratava-se, em suma, de um "Hércules-Quasímodo", ou um "centauro bronco" (Cunha, 2001:207 e 210).

Essa ambivalência, capaz de incorporar gêneros díspares nos interstícios da ciência e da literatura, produziu uma interpretação do Brasil repleta de rispidez e poeticidade, sensibilidade e determinismo. Na próxima etapa deste estudo, serão problematizadas as oscilações euclidianas na leitura do sertão, como âmago da nacionalidade e da mestiçagem.

Sinuosas veredas do sertão: as hesitações euclidianas em torno da brasilidade e da mestiçagem

Ao perquirir detidamente outras fontes de Euclides, constata-se a abordagem do sertão em deslizamentos semânticos entre uma visão idílica, em especial em seus poemas e cartas, e uma perspectiva sombria, notadamente depois do conflito em Canudos.

Em sua juventude, as paragens sertanejas afiguravam-se como tema em seus registros. Sua imagem como sonho de refúgio se insinua, por exemplo, nos versos de "Eu quero", de 1883, como se lê a seguir:

Eu quero, eu quero ouvir o esbravejar das águas
E a minh'alma, cansada ao peso atroz das mágoas,
Das asp'ras cachoeiras que irrompem do sertão...
Silente dormir no colo da soi'dão... [Cunha, 2009:67]

No artigo denominado "Em viagem", publicado no jornal *O Democrata*, em 1884 (Cunha, 1996:567), Euclides manteve uma apreensão nostálgica e edênica da natureza, na contramão dos excessos do progresso, do qual, mais tarde, se tornaria panfletário, ao afirmar que "ou progredimos, ou desaparecemos" (Cunha, 2001:157).

44 | Identidades, memórias e projetos políticos

Esses registros permitem entrever uma imagem mítica do sertão, como espaço repleto de encantos, para onde Euclides almejava evadir-se em sua mocidade. Seu discurso, coadunando-se nesse momento com o programa do Romantismo, está inserido em um processo cultural que intentou forjar um universo simbólico para a nacionalidade brasileira.[3] Nesse sentido, a representação do sertão como recorte geográfico da originalidade nativa e de sua gente como personificação do bom selvagem contou com as tradições historiográfica e literária românticas, como com o romance *O sertanejo*, de José de Alencar.

A circulação do cientificismo entre parte dos intelectuais brasileiros também se aliou à preocupação de edificar um projeto para a nação, de sorte a fazer emergir seus elementos mais singulares e autênticos. Nesse cenário, o repertório intelectual ao final do Oitocentos incluiu o sertão, ao menos no plano teórico, à nação, em busca de uma alma essencialmente brasileira (Oliveira, 2000:37-53).

A paulatina adesão de Euclides a estas últimas teses, que parece dever-se, significativamente, a seus estudos na Escola Militar a partir de 1886, tornou sua apreensão do sertão ainda mais complexa. Seus escritos impregnam-se de ambiguidades, adensadas nas vésperas da campanha de Canudos e após seu desfecho. A tensão recorrente em seus textos entre a realidade prefigurada, composta por leituras prévias, por seu imaginário e seus preconceitos (na acepção dupla de juízo discriminatório e pré-compreensão), e por aquilo que de fato seus olhos puderam perceber, ampliou os sentidos do sertão. De ambiente onírico a meio perturbador e hostil, as terras ditas ignotas ocuparam o centro dos escritos euclidianos, em embates entre as pressões da civilização e as tentativas de sobrevivência de uma cultura alheia aos avanços da história.

A crença na ciência e na inescapável potência civilizacional, aliada a certa reverência a modelos analíticos deterministas, como o de Henry Buckle, exasperava o dilema de uma parcela dos intelectuais à época. Se estivesse correta a concepção do autor de *History of civilization in England*, segundo a qual a natureza e o clima tropical eram óbices à prosperidade, ao impulso industrializador e à elevação das artes, o Brasil seria incompatível com o progresso. Aos intelectuais como Euclides da Cunha coube a tarefa de matizar o peso dos ingredientes mesológicos, de modo a superar os empecilhos para o ingresso brasileiro na modernidade.

No esforço de esboçar a espacialidade sertaneja como núcleo da nacionalidade, Euclides não se desprendeu completamente das hipóteses do historiador inglês; porém, a partir de uma lógica por vezes ambivalente, inverteu os sinais negativos

---

[3] Para o papel da escrita da história e da literatura românticas na construção da identidade nacional, ver Guimarães (1988:5-27).

do condicionamento geográfico na composição do sertanejo. Note-se que na principal obra de Euclides o sertão *é* mobilizado como uma categoria antitética, que ora seduz o observador pela imponência, ora o aterroriza diante de seus perigos. Frequentemente associados ao deserto, em virtude do abismo geográfico e de uma população dispersa, os aspectos naturais no sertão, segundo Euclides, martirizaram o homem e desafiaram-no em lutas constantes, esculpindo-lhe a existência e convertendo-o em reflexos ríspidos e ferozes da vida sem tréguas nos territórios ermos do país.

Assim, a afirmativa do autor de que "o sertanejo é, antes de tudo, um forte" (Cunha, 2001:207) expressava seu anseio de solver o impasse das sentenças de Buckle, entre outros parâmetros deterministas, que relegavam ao Brasil a marginalidade dos desenvolvimentos humanos.

Empenhado em preencher de heroísmo os gestos dos sertanejos diante das adversidades, Euclides enfatizou os argumentos relativos à simbiose entre a terra e o homem e articulou razões históricas a fim de tecer uma explicação, segundo a qual o insulamento ter-lhes-ia poupado do contato com etapas sociais "superiores", para as quais não estavam preparados (Cunha, 2001:203).

Não obstante as amarras evolucionistas em que resvala, frise-se que Euclides procurava no sertão os pressupostos simbólicos para engendrar um Brasil genuíno. Os desatinos e desvios a que se refere estariam materializados no litoral, fugidio aos problemas da nação e poroso apenas às trocas culturais com a Europa. Por conseguinte, enquanto o sertão fundiu-se à ideia de raiz e de origem, o litoral foi caracterizado por sua artificialidade e excessiva abertura ao estrangeirismo (Cunha, 2001:317).

Um tom ácido pontua sua crítica mordaz à sociedade que se constituiu na costa, mais identificada com a Europa, do que com o Brasil "profundo" e "real". Dirige, ao longo d'*Os sertões*, uma especial censura à *Belle Époque*, cujo modelo a capital dedicava-se a implantar. Esse prisma combina-se com seus dados biográficos, os quais salientam sua recusa às redes de sociabilidade do Rio de Janeiro, ao alvoroço de livrarias e cafés, por onde circulavam intelectuais, e o desejo de evasão, em uma preferência, retoricamente manifesta em seus escritos, pelas veredas dos sertões, em detrimento da rua do Ouvidor.[4]

Essa interpretação restritiva da *Belle Époque*, como agitação cultural alienada, avessa à brasilidade e interessada somente no exótico, repercutiu na historiografia brasileira. Seus rastros negaram a inclusão de expressões tidas como tipicamente nacionais e da cultura popular na agenda da elite intelectual da Primeira Repúbli-

---

[4] A ironia de Euclides em relação "ao verniz de cultura" que esconde "trogloditas completos", na rua do Ouvidor, está explicitada em Cunha (2001:500-501). Sobre sua repulsa à "civilização de copistas", ver Lima (1998:163-193).

ca, alegando que seu olhar deslumbrado e de ímpeto mimético voltava-se exclusivamente para a Europa.

Historiograficamente questionável, uma vez que o suposto gosto pelo exótico e pitoresco não escamoteou a inquietação com o delineamento da nação e de sua cultura, nem a recorrência da mestiçagem nos debates, a tese da *Belle Époque* como momento intelectual de europeização dos costumes e de repressão aos investimentos em uma matriz fundamentalmente brasileira ganhou fôlego, sem dúvida, com as contribuições de Euclides da Cunha.[5] Nessa operação intelectual, ele intensificou a conflitante relação entre litoral e sertão ao atribuir ao primeiro uma receptividade maléfica aos valores externos, ao passo que a impenetrabilidade do último teria configurado um fator de preservação dos traços originários e únicos da nacionalidade.

O complexo processo de construção da espacialidade brasileira, assentado na dicotomia entre litoral e sertão, incidia, para Euclides, nas dualidades de sua gente e de suas dinâmicas de miscigenação. Em sua obra-mestra, "O homem" trata do sertanejo, que, espelho da terra e da mescla de certas "raças", constituiu-se firme e valente. Nas disputas simbólicas em que se encontravam a costa e o interior, novamente Euclides inclinava-se mais favoravelmente ao último.

O autor imputava à formação étnica um dos maiores dramas nacionais, em razão da variabilidade prejudicial de componentes que se misturaram e da ausência de investigação séria que fosse capaz de prover respostas para o assunto. Enfureceu-se contra uma "meia-ciência difundida num extravagar de fantasias" (Cunha, 2001:155), que, para ele, não enxergava a dimensão dos cruzamentos biológicos e sua distinta distribuição no país. Dessa maneira, considerava um exagero as formulações que enalteciam tanto os indígenas, citando, inclusive, os "devaneios" de Gonçalves Dias, quanto os negros africanos, nos arranjos do tipo nacional (Cunha, 2001:156).

Para Euclides, o erro crasso das pesquisas etnológicas no Brasil era acreditar em um amálgama perfeito. Ao asseverar que não existia "unidade de raça", pretendia sugerir que a vastidão do território, as situações históricas e as diversas junções de brancos, índios e negros descambaram em heterogeneidades, as quais justificavam as dissonâncias entre os mestiços do litoral e do sertão.

Na faixa litorânea, segundo o autor, concorreram, preponderantemente, brancos e negros, que, todavia, já haviam se misturado na metrópole desde o período colonial. O mulato, herança portuguesa, havia se multiplicado, sem, contudo, es-

---

[5] Para uma revisão crítica da historiografia que tendeu a homogeneizar a *Belle Époque* e a desconsiderar o problema da identidade nacional entre seus intelectuais, ver Dantas (2009:56-79). Especificamente sobre a historiografia em torno da discussão da cultura e da música popular na Primeira República, ver Abreu (2011:71-83).

praiar-se pela *Terra brasilis*, concentrando-se no litoral em razão do tráfico negreiro e de seu aproveitamento como mão de obra nas atividades econômicas da costa (Cunha, 2001:180-182). Com isso, Euclides não só destituiu o mulato de um caráter essencialmente brasileiro, uma vez que sua gênese se processara alhures, como também limitou sua presença a determinadas regiões. Aqui, há uma nítida confluência com a historiografia de Capistrano de Abreu, de quem Euclides era leitor: o historiador cearense também propunha uma viagem para dentro do Brasil para findar com a demasiada perspectiva litorânea e, assim, encontrar um novo sujeito, que não fossem os brancos e os negros, como núcleo da brasilidade.[6]

Embebido de um fatalismo racial quanto aos males da mestiçagem, Euclides vinculava aos mulatos do litoral uma fraqueza física e moral, resultado de uma degenerescência causada pelos choques entre as diferentes fases evolutivas de seus elementos constitutivos. Em famosa passagem de seu livro, abre o que chama de um "parêntese irritante" para expor sua credulidade nas leis da evolução, as quais tenderiam a expurgar, no decurso da civilização, as malogradas associações (Cunha, 2001:199-201).

Portanto, para Euclides, o "raquitismo exaustivo dos mestiços neurastênicos do litoral" (Cunha, 2001:207) diferia dos sertanejos, cuja "integridade orgânica" decorria da predominância de fatores étnicos inferiores, não os forçando a um padrão mais desenvolvido, para o que não estavam preparados. Fruto de um menor grau de embaralhamento inter-racial, em que confluíram índios e brancos, os mestiços das terras ignotas contaram com a destreza daqueles e os caracteres maleáveis às adversidades dos últimos (Cunha, 2001:202-204).

Há, pois, um empenho de Euclides em relativizar as teorias científicas mais radicais a respeito do julgamento da mestiçagem. Seu jogo oblíquo de escrita, ao mesmo tempo que condenava o fenômeno na costa, visava afastar o fatalismo racial entre a gente que era o símbolo da nacionalidade, não obstante seu estado embrionário, socialmente incipiente.

No que tange, especificamente, às somas étnicas que conceberam o sertanejo, Euclides refutou, em mais de uma ocasião, a participação do negro. Adstrito ao litoral, o sangue africano e mulato era tratado como irrelevante naquelas paragens. Entretanto, a assertiva euclidiana deve-se menos a uma idealização ingênua do que a uma proposta consciente de alijar o negro da composição étnica sertaneja. Ora, sendo o homem do sertão o mais representativo do ser brasileiro, a rejeição do negro como partícipe de sua gênese implicava, por conseguinte, seu descarte do núcleo da nacionalidade. Ademais, o método de confecção d'*Os sertões* evidencia essa obliteração, uma vez que, além da viagem ao interior da Bahia, que permi-

---

[6] Sobre Capistrano de Abreu, ver Gontijo (2010:15-36) e Guimarães (2009:269-292).

tiu o contato direto com populações sertanejas, o autor teve acesso a informações provenientes de várias fontes. Sua visão contrasta com documentos à época, como recenseamentos,[7] relatórios de autoridades e fotografias a flagrar moradores e cenas do conflito no arraial,[8] em que negros e mulatos são figuras recorrentes.

Ressalte-se que, para Euclides, se o negro não forneceu substrato para o caldeamento do sertanejo, por sua vez os indígenas e os brancos foram cruciais. Nesse sentido, o destaque que confere aos bandeirantes revela a opção intelectual por uma historiografia que valoriza a atuação destes e o interior, em oposição à história escrita na e a partir da capital (Ferretti, 2009:261-28; Lima, 1998:163-193).

Assim, derivados de dosagens étnicas e contextos históricos diversos, os sertanejos fizeram-se fortes, hábeis em driblar os infortúnios do meio, porque compatíveis com ele, e livres da mácula da degenerescência. No entanto, a descrição de Euclides não escapa às dubiedades, pois, mesmo eximindo os homens do sertão de um erro biológico, imputava-lhes um deslocamento no tempo ao considerá-los resquícios do passado no presente.

A percepção de que o sertanejo "é um retrógrado; não é um degenerado" (Cunha, 2001:203) e de que sua cultura é uma sobrevivência de tradições pretéritas autoriza a inferir que Euclides decodificou os sertanejos em outra dimensão do tempo. Para compreender melhor essa hipótese, mobilizar-se-á, sucintamente, a chave teórica de François Hartog.

Segundo este, a era dos descobrimentos descortinou a insuficiência da oposição entre antigos e modernos, além de fundar a atividade intelectual da comparação, a qual propiciou, na modernidade, a disposição dos elementos em um mesmo nível temporal, segmentados, porém, por um "antes" e um "depois". Esse raciocínio privilegiou os povos ditos civilizados em detrimento daqueles que os antecederam, os não civilizados. Nesse cenário, o selvagem configurou-se como primitivo em razão de sua condição de anterioridade à marcha do progresso (Turin, 2004).

Para Hartog, delineou-se, pois, um novo regime de historicidade (Hartog, 2003), cujas texturas semânticas desembocaram no conceito moderno de história.[9] Essa experiência projetou os deslocamentos no espaço como sinônimo de viagem no tempo, instituindo os selvagens como um documento privilegiado para acessar os primórdios da história da humanidade.

---

[7] Sobre a presença de negros e ex-escravos no arraial, ver artigo que inclui, ainda, dados do recenseamento de 1872, segundo o qual estes representavam cerca de 60% da população nos 11 municípios da Bahia por onde Conselheiro estendeu sua atuação. Ver Nascimento (1997:261-267).

[8] São conhecidas as fotografias de Flávio de Barros, sobretudo a intitulada *400 jagunços*, de 1897. Sobre o tema, ver *Cadernos de Fotografia Brasileira* (2002).

[9] Sobre a discussão acerca do moderno conceito de história, ver Koselleck (2006).

A leitura das fontes euclidianas, interpretadas à luz da teoria de Hartog, confirma que, quando empregava a categoria de "selvagem" para designar os sertanejos, Euclides revelava-se um partidário do horizonte conceitual ocidental centrado nos embates entre antigos, modernos e bárbaros. Em variadas circunstâncias, como na passagem "não no-los separa um mar, separam-no-los três séculos" (Cunha, 2001:317), suas analogias com a diferença espacial deixam transparecer uma profundidade do tempo, na qual os sertanejos são vestígios vivos, porém em vias de desaparecimento, de um passado remoto (Nicolazzi, 2010b:261-285). Mais claramente, a concepção de temporalidade tecida por Euclides denota um sertão fora da civilização e da escrita da história.

A grande aporia de sua obra-mestra consiste, portanto, na tentativa de desenveredar o homem do sertão para elaborar um desenho para a nação e um perfil para seu povo. O estilo antitético, as reinterpretações teóricas e os deslizamentos semânticos consubstanciam o instrumental de que dispôs para exprimir o que havia de mais genuíno, anacrônico, aterrador e vigoroso no Brasil, encontrado nas recônditas trilhas sertanejas. Cientificista com visada de romântico, patriota desiludido, Euclides escreveu ainda atônito sobre o cerne da nacionalidade, perdido nos intervalos da originalidade e dos impulsos incontornáveis do progresso, metaforizado em uma batalha que "não vence e em que não se deixa vencer" (Cunha, 2001:214).

Na próxima seção, explorar-se-á a maneira pela qual o autor decifrou a convergência das "raças", agora em uma perspectiva nociva, em práticas religiosas apartadas do tempo que remontavam ao arcaísmo do sertão e avolumavam as ambiguidades euclidianas.

A religiosidade sertaneja segundo Euclides da Cunha: predicados dissonantes e refluxo no tempo

A percepção letrada e urbana que se debruçou sobre o sertanejo tendeu a avaliar, sobretudo no Oitocentos e no início do século XX, a manifestação de sua religiosidade local em termos de fanatismo, desconsiderando o caldo cultural formado a partir da absorção de elementos procedentes da atuação católica na região e da influência de indígenas e descendentes africanos.[10]

Euclides abriu caminho para uma vertente histórico-literária que iria incorporar a devoção cega à identidade do homem do sertão. Nas passagens sobre a

---

[10] A respeito dos elementos da cultura católica disseminados, na longa duração, pelas missões jesuíticas e capuchinhas no sertão, apropriados pelas práticas locais e somados aos ritos indígenas, ver Pompa (2002:83-95, 2004:71-88).

religiosidade sertaneja, chocou-se com uma gente "transfigurada pela fé" (Cunha, 2001:245), para a qual seu horizonte de compreensão cientificista não fornecia justificativa racional. Embora fosse complacente com o drama dos canudenses e denunciasse seu massacre, resistiu a imprimir legitimidade ao empreendimento e à sua leitura de mundo.

Se das páginas anteriores depreendeu-se o esmero de Euclides em minorar o aspecto danoso da miscigenação no sertanejo, ao tratar da temática religiosa, entretanto, o autor culpou justamente os entrecruzamentos étnicos por legar consequências nefastas aos habitantes do sertão. Um povo mestiço produzia uma "religião mestiça" (Cunha, 2001:237), acúmulo de predicados dissonantes, que ecoava em convulsões coletivas e confirmava a decrepitude da "raça", bem como sua condição de desvio histórico.

Desse modo, a cultura local, cuja expressão mais singular estaria contida na religiosidade, pode ser apreendida como um ponto de inflexão da interpretação euclidiana. Aqui, o caldeamento de "raças" havia assumido contornos negativos por ter propiciado uma religiosidade híbrida, eivada de distúrbios e distante do projeto racional e civilizador.

É curioso sinalizar que, com o fito de designar a interação entre diferentes tradições religiosas, Euclides não empregou a categoria de sincretismo, para a qual não se verifica sequer uma ocorrência em *Os sertões*, embora já constasse no vocabulário da época.[11] A escolha de termos como "mestiçagem de crenças" e os esclarecimentos que lhes seguem sugerem o intento do autor de historicizar a religiosidade sertaneja, entrelaçando-a irremediavelmente aos processos de heranças e trocas étnicas (Cunha, 2001:238-239).

A leitura atenta d'*Os sertões* possibilita entrever outra fenda na construção da etnicidade do homem das terras ignotas. O argumento de que a participação de negros, oriundos da África ou nascidos no Brasil, foi quase insignificante na miscigenação de que resultou o sertanejo esmorece uma vez mais, pois o autor reconheceu, em algumas passagens, sua presença e seus rastros na religiosidade do sertão. Contudo, ao fazer referência ao "fetichismo do africano" ou a seu "animismo", Euclides emprestava uma acepção lesiva à sua influência, porque configurava um contributo de um estágio evolutivo inferior a tramar uma religiosidade primitiva e insana (Cunha, 2001:238).

Logo, Euclides recaiu na tônica do fatalismo racial, por conceber a mestiçagem como junção incongruente de povos que, na direção oposta ao aperfeiçoamento, transmitia traços culturais inconciliáveis com a elevação exigida pelo monoteísmo

---

[11] Para um estudo sobre a historicidade da ideia de sincretismo, ver Ferretti (2001:13-26).

e, mais gravemente, pelas sociedades laicas. Mesmo os indígenas, que em outros momentos figuravam positivamente no registro euclidiano, não escaparam, no que tange à religiosidade, da adjetivação pejorativa e em desalinho com a marcha civilizacional.

Nessa ambientação, Euclides qualificou Conselheiro, líder de um "misticismo estranho", representante das aspirações de uma gente que professava sua fé em transe, como "documento raro de atavismo" (Cunha, 2001:253), de recuo no tempo. Assim, o profeta do sertão seria um drástico caso de antagonismo com as forças da história. Destoava daquele bravo sertanejo ideal, porque aglutinara, em sua personalidade, os malévolos ingredientes da "nota étnica" (Cunha, 2001:253) e os problemas sociais dela decorrentes. Antiteticamente, a escrita escorregadia de Euclides, que afastara a degeneração entre os sertanejos, atribuiu a Conselheiro, considerado pelo autor um profeta do retrocesso e portador de uma anomalia mística e mental, uma "degenerescência intelectual" (Cunha, 2001:256), que o incrustava no passado e o inabilitava para o acolhimento da modernidade.

Constante em toda a narrativa, a noção de atrito com as "exigências superiores da civilização" (Cunha, 2001:254) inscreveu o sertanejo e suas práticas religiosas em um anacronismo, removendo-lhes do espaço-tempo presente, de maneira a transportá-los para outra experimentação de temporalidade. Tradução do inamovível, a religiosidade sertaneja apresentava resquícios de uma atmosfera encantada, de um passo anterior ao processo de secularização das formas de pensar e agir. Por isso, a conotação da vivência religiosa entre os homens do sertão foi sempre acompanhada de epítetos de significação fantástica (Cunha, 2001:311, 267 e 403).

A menção de Euclides de que no sertão havia um "apelar constante para o maravilhoso" e de que, ao contrário, "em paragens mais benéficas a necessidade de uma tutela sobrenatural não seria tão imperiosa" (Cunha, 2001:241) pode ser destrinchada a partir da chave teórica do (des)encantamento do mundo desenvolvida por Marcel Gauchet, amparado na sociologia de Max Weber.

Conforme o francês Marcel Gauchet (2007:164-179), o cristianismo seria uma "religião para a saída da religião", porque carregaria em si o germe para a introdução do pensamento secularizado. Por professar uma íntima correlação entre os preceitos divinos e a conduta humana, regida por uma consciência interna, o cristianismo teria incutido princípios éticos que confluíram para uma paulatina racionalização. Uma vez interiorizada, a divindade se retiraria da natureza, onde estava "animisticamente" imiscuída. Dessacralizado e, portanto, naturalizado o mundo, inauguravam-se as condições para o aparecimento da ciência, para os encadeamentos intelectivos laicizados e para o deslocamento da religião para o domínio privado (Gauchet, 2007:164-179).

Essa saída ocidental da religião, efetuada, principalmente, após o século XVI, teria desembocado numa reelaboração da comunidade humana, apoiada no esvair do papel organizador e estruturante da religião. Sua retirada das formas nucleares de reflexão e ordenação social convergiria para a preponderância da lei sobre os costumes e da razão diante da fé, configurando o desencantamento do mundo e o ingresso em cena das ideologias, em detrimento de um pensamento litúrgico. Por conseguinte, para Gauchet, haveria um recuo das instâncias do sagrado, visto que, mesmo para os crentes, seriam cada vez menores as manifestações do além materializado no espaço terreno, do aqui e agora. O afastamento entre o divino e o humano aos poucos acabaria por desacreditar a expressão concreta do sobrenatural em indivíduos, coisas ou lugares palpáveis.

As observações tecidas acerca da noção de encantamento do mundo indicam alguma consonância com a percepção de Euclides da Cunha sobre a persistência de uma aura enfeitiçada em Canudos. Ao tatear as linhas d'*Os sertões*, capta-se que, segundo seu autor, a colonização portuguesa legara, sobretudo, um fervor religioso de um povo decaído, desorientado após a morte de d. Sebastião. Esse "catolicismo incompreendido", fruto de uma era distante da contemporânea, petrificou-se e, em vez de agregar alguma virtude superior do elemento branco, favoreceu a permanência de arrebatamentos religiosos primevos e a inclinação ao apelo pelo sobrenatural. Às modalidades arcaicas do catolicismo uniram-se as tradições indígenas e africanas, empurrando as práticas sertanejas para longe da rota da modernidade e do pensamento científico-racional.

A leitura empreendida por Euclides do evento de Canudos aproximou o arraial e a religiosidade sertaneja de um universo ainda em vias de enfeitiçamento, no qual o sagrado e o profano cruzavam-se nas paisagens e nos ritos e os costumes eram pistas de arraigamento a um tempo pretérito. Nessas circunstâncias de veredas indivisas, a circulação de "lendas arrepiadoras" (Cunha, 2001:238) que embaralhavam as fronteiras da divindade e do mundano corroborava o tom depreciativo que Euclides lançava às expressões da cultura religiosa local.

Em suma, uma perspectiva de história em reta ascendente e uma teleologia em que o desencantamento e a racionalização representavam formas mais acabadas de pensamento permearam a visão de mundo de Euclides da Cunha. Por esse motivo, a fé híbrida dos sertanejos, como elemento estruturante da sociedade, e os encontros etéreos entre o sagrado e o profano forjavam, na concepção do autor, uma vivência religiosa cristalizada em um espaço-tempo remoto, na contramão da laicização e do progresso, para onde caminhava a civilização.

Conclusão

A exposição travada ao longo deste capítulo visou esmiuçar a tentativa de Euclides da Cunha de esboçar no sertão um cenário autenticamente brasileiro, do qual sua gente despontava como símbolo da nacionalidade.

Previamente, observou-se que, não obstante sua pretensa racionalidade e seu posicionamento político-ideológico, Euclides relatou a população sertaneja com tons românticos e inscreveu, ora nas entrelinhas, ora abertamente, sua admiração e desconforto diante dela, além do desencanto com a República. Em seguida, exploraram-se as oscilações euclidianas em torno da imagem do sertão. Se, nos textos da mocidade, predominava uma tônica onírica, nos registros posteriores o recrudescimento das leituras cientificistas converteu as terras agrestes em espaço conflitante, de uma natureza atordoante e magnífica.

Afastando, por um momento, as teses deterministas que desacreditavam na possibilidade de um ambiente tropical prosperar, Euclides concebeu o sertão como meio de provação e desafio, o qual formava o sertanejo, adaptado às intempéries, e, portanto, um bravo, capaz de superar as contrariedades. Na costa do país, por seu turno, a mestiçagem teria confluído para a constituição de um homem física e moralmente fraco.

Essa oposição entre litoral e sertão atravessa a narrativa d'*Os sertões* e se desdobra nas variações dos processos etnológicos no Brasil. Segundo Euclides, enquanto, no litoral, a heterogeneidade dos arranjos raciais, com destacada presença de brancos e negros, gerou o mulato, no sertão o insulamento produziu uma mescla do europeu com o indígena.

Na perspectiva do autor, para os mulatos do litoral convergiram todos os malefícios do encontro de desiguais patamares étnicos. Ao decorrer da obra, fica evidente o desprezo de Euclides endereçado aos "exageros" da mestiçagem e subjaz a suas considerações uma noção de cultura equacionada em termos de perdas e sobrevivências. Daqueles cruzamentos em que se esbarravam "raças" muito diversas nasciam mestiços com prevalência de traços inferiores, cujos caracteres seriam gradualmente apagados, porque estavam destinados ao esmagamento pela ação do progresso humano (Cunha, 2001:202-203).

Apesar da idêntica condição de mestiço, o sertanejo livrou-se da mácula de degenerado na construção simbólica tracejada por Euclides. Em seu caso, combinaram-se elementos não tão díspares, o que teria permitido uma porção de homogeneidade aos homens fortes do sertão. Nesse ponto, um silenciamento importante pode ser verificado: ao alijar o negro da composição étnica do sertanejo, Euclides o excluía também do tipo humano que considerava mais representativo do ser brasileiro, isto é, do cerne da nacionalidade.

Discutiu-se, ainda, como a preocupação de Euclides com a modernidade brasileira, em sua passagem de quimera a plano viável, suscitou uma indagação a respeito da cultura sertaneja e seu lugar em uma sociedade civilizada. Apesar de isento da degenerescência, o sertanejo não foi poupado pelo autor no que tange ao anacronismo. A interpretação euclidiana enxergava nos habitantes daquelas terras ignotas uma pausa estéril no motor da história ou, mais drasticamente, um retrocesso nos encadeamentos da civilização.

Por fim, avaliaram-se as impressões gravadas n'*Os sertões* sobre a religiosidade sertaneja. Em desacordo com o julgamento, que diluía os aspectos danosos na miscigenação no sertanejo, Euclides associou às práticas religiosas locais o influxo do desvario próprio ao somatório de tendências étnicas destoantes. Ademais, ao apreciar aquelas paragens em uma teleologia, na qual o sertanejo, suas crenças e práticas estariam arraigados a uma atmosfera encantada e enraizados no passado, Euclides desprezava aquele discurso religioso, por ser primitivo e não se enquadrar na linha ascendente dos desenvolvimentos humanos.

O sertanejo estaria incrustado em uma tensão que pendia ora para a essência da nação, ora para práticas culturais que implicavam um refluxo no tempo. O diagnóstico euclidiano traduz uma indecidibilidade: o sertanejo, insulado no espaço e, por isso, genuíno, estaria situado nos interstícios da originalidade brasileira e da decadência em virtude da marcha progressiva da história. Assim, as interpretações euclidianas, longe de lineares, estão repletas de veredas labirínticas, a expressar a reflexão partida de um intelectual que, procurando o futuro do Brasil, encontrou-o perdido no passado.

Referências

ABREU, M. C. Histórias musicais da Primeira República. *ArtCultura*, Uberlândia, UFU, v. 13, n. 22, p. 71-83, 2011.

BERNUCCI, L. M. *A imitação dos sentidos*: prógonos, contemporâneos e epígonos de Euclides da Cunha. São Paulo: USP, 1995.

CADERNOS de Fotografia Brasileira. Canudos. Rio de Janeiro: IMS, n. 1, dez. 2002.

DANTAS, C. V. O Brasil café com leite: debates intelectuais sobre mestiçagem e preconceito de cor na primeira república. *Tempo*, Niterói, UFF, v. 13, n. 26, p. 56-79, 2009.

FERRETTI, D. J. Z. Euclides da Cunha historiador: a reinvenção do bandeirante em *Os Sertões*. *Revista de História*, São Paulo, USP, v. 160, p. 261-284, 2009.

FERRETTI, S. F. Notas sobre o sincretismo religioso no Brasil. *Tempo*, Niterói, UFF, n. 11, p. 13-26, 2001.

GAUCHET, M. *Un monde désenchanté?*. Paris: Les Éditions de l'Atelier/Éditions Ouvrières, 2004.

_____. La salida de la religión: del absolutismo a las ideologías. In: *La condición histórica*: conversaciones con François Azouvi y Sylvian Piron. Madri: Trotta, 2007. p. 164-179.

GOMES, A. de C. História, ciência e historiadores na Primeira República. In: HEIZER, A.; VIDEIRA, A. A. *Ciência, civilização e República nos trópicos*. Rio de Janeiro: Mauad X, 2010.

GONTIJO, R. Capistrano de Abreu, viajante. *Revista Brasileira de História*, São Paulo, v. 30, n. 59, p. 15-36, 2010.

GUIMARÃES, M. L. S. Nação e civilização nos trópicos: o Instituto Histórico e Geográfico Brasileiro e o projeto de uma história nacional. *Estudos Históricos*, Rio de Janeiro, n. 1, p. 5-27, 1988.

_____. Do litoral para o interior: Capistrano de Abreu e a escrita da história oitocentista. In: CARVALHO, J. M. de; NEVES, L. M. B. P. das (Org.). *Repensando o Brasil do Oitocentos*: cidadania, política e liberdade. Rio de Janeiro: Civilização Brasileira, 2009. v. 1, p. 269-292.

HARTOG, F. *Régimes d'historicité*: présentisme et expériences du temps. Paris: Seuil, 2003.

_____. Les classiques, les modernes et nous. *Revista de História*: antigos, modernos, selvagens: diálogos franco-brasileiros de história e antropologia, São Paulo, USP, p. 21-38, 2010.

KOSELLECK, R. *Futuro passado*: contribuição à semântica dos tempos históricos. Rio de Janeiro: PUC-Rio, 2006.

LIMA, N. T. Missões civilizatórias da República e interpretação do Brasil. *História, Ciências, Saúde*, Rio de Janeiro, v. 5, n. 1, p. 163-193, 1998.

NASCIMENTO, M. B. O movimento de Antônio Conselheiro e o abolicionismo: uma visão da história regional. *Revista do Patrimônio Histórico e Artístico Nacional*, Especial Negro Brasileiro Negro, n. 25, p. 261-267, 1997.

NICOLAZZI, F. F. O narrador e o viajante: notas sobre a retórica do olhar em *Os sertões*. *História da Historiografia*, Ouro Preto, v. 2, p. 67-85, 2009.

_____. À sombra de um mestre. Gilberto Freyre leitor de Euclides da Cunha. *História Unesp*, v. 29, p. 254-277, 2010a.

_____. O tempo do sertão, o sertão no tempo: antigos, modernos, selvagens. Leitura de *Os sertões*. *Anos 90*, Porto Alegre, UFRGS, v. 17, n. 31, p. 261-285, 2010b.

OLIVEIRA, R. de. Ficção, ciência, história e a invenção da brasilidade sertaneja. *Revista Ipotesi*, Juiz de Fora, UFJF, v. 4, n. 1, p. 37-53, 2000.

_____. Euclides da Cunha, *Os sertões* e a invenção do Brasil profundo. *Revista Brasileira de História*, São Paulo, v. 22, n. 44, p. 511-537, 2002.

POMPA, C. A construção do fim do mundo. Para uma releitura dos movimentos sociorreligiosos do Brasil "rústico". *Revista de Antropologia*, São Paulo, v. 41, n. 1, p. 177-211, 1998.

_____. O lugar da utopia: os jesuítas e a catequese indígena. *Novos Estudos*, São Paulo, Cebrap, n. 64, p. 83-95, nov. 2002.

_____. Leituras do "fanatismo religioso" no sertão brasileiro. *Novos Estudos*, São Paulo, Cebrap, n. 69, p. 71-88, jul. 2004.

SANTANA, J. C. B. de. Naturalistas e cientistas: algumas fontes de *Os sertões*. *Revista Brasileira*, Rio de Janeiro, v. 59, p. 161-178, 2009.

SANTOS, R. V. A obra de Euclides da Cunha e os debates sobre mestiçagem no Brasil no início do século XX: *Os sertões* e a medicina-antropologia do Museu Nacional. *História, Ciências, Saúde*, Rio de Janeiro, v. 5, n. 1, p. 237-254, 1998.

TURIN, R. Quando a etnografia faz história: o primado da observação e a construção da temporalidade em Sílvio Romero. In: XI ENCONTRO REGIONAL DE HISTÓRIA. *Anais...* Rio de Janeiro: Anpuh-RJ, 2004.

_____. Entre "antigos" e "selvagens": notas sobre os usos da comparação no IHGB. *Revista de História*, edição especial, p. 131-146, 2010.

VENTURA, R. Euclides da Cunha e a República. *Estudos Avançados*, São Paulo, v. 10, n. 26, p. 274-291, 1996.

_____. Visões do deserto: selva e sertão em Euclides da Cunha. *História, Ciências, Saúde*, Rio de Janeiro, v. 5, n. 1, p. 133-147, 1998.

_____. *Euclides da Cunha* — esboço biográfico: retrato interrompido da vida de Euclides da Cunha. Org. de Mário César Carvalho e José Carlos Barreto de Santana. São Paulo: Companhia das Letras, 2003.

Fontes

CUNHA, E. *Caderneta de campo*. Org. de Olímpio de Sousa Andrade. São Paulo/Brasília: Cultrix, 1975.

_____. *Obra completa*. Org. de Afrânio Coutinho. Rio de Janeiro: Nova Aguilar, 1996. v. I.

_____. *Diário de uma expedição*. Org. de Walnice Nogueira Galvão. São Paulo: Companhia das Letras, 2000.

_____. *Os sertões*: campanha de Canudos. São Paulo: Ateliê Editorial, 2001.

_____. *Poesia reunida*. Org. de Leopoldo M. Bernucci e Francisco Foot Hardman. São Paulo: Unesp, 2009.

GALVÃO, W. N.; GALLOTI, O. (Org.). *Correspondência de Euclides da Cunha*. São Paulo: Edusp, 1997.

"ESSA IDENTIDADE TÁ SENDO CONSTRUÍDA POR NÓS":
cultura histórica na voz de uma liderança comunitária do quilombo do Morro Alto*

Rodrigo de Azevedo Weimer

DURANTE A PRIMEIRA DÉCADA DO SÉCULO XXI, A SOCIEDADE SUL-RIO-GRANDENSE foi frequentemente surpreendida por reportagens em periódicos, na rádio ou na televisão, acerca de territórios étnicos negros que se destacam como "remanescentes de quilombos". Tais matérias, nem sempre isentas de sensacionalismo, apresentaram ao Rio Grande do Sul, um estado acostumado a pensar-se como "branco" ou "europeu", alteridades geralmente invisibilizadas. Além de tudo, os movimentos sociais que se articularam em torno dessas identidades vinham dispostos à conquista de direitos territoriais assegurados constitucionalmente e demonstravam impressionante vigor e organização nas lutas sociais — "peleias" — então colocadas.

A Constituição Federal de 1988 contemplou, como desdobramento da mobilização social do movimento negro durante as décadas de 1970 e 1980, a garantia legal de titularização de terras aos *remanescentes de quilombos* que as estivessem

---

* Esta pesquisa foi realizada com o apoio do Conselho Nacional de Desenvolvimento Científico e Tecnológico (CNPq). Agradeço à antropóloga Miriam de Fátima Chagas a generosa discussão do capítulo. Dedico este trabalho a Wilson Marques da Rosa, sem o qual estas reflexões não seriam possíveis.

ocupando,[1] por meio do art. 68 dos Atos das Disposições Constitucionais Transitórias. O'Dwyer (2002) examinou os novos significados assumidos pela categoria *quilombo* a partir da discussão entre movimentos sociais, instituições jurídicas e Academia de quem seriam os sujeitos desse direito assegurado constitucionalmente. Tem-se chegado a um entendimento de que o mecanismo diz respeito aos direitos étnicos das chamadas comunidades negras rurais, ou terras de pretos. Em fins da década de 1990, a comunidade negra de Morro Alto, situada no litoral norte do Rio Grande do Sul, divisa entre os municípios de Osório e Maquiné, também iniciou sua mobilização para ver assegurado o direito a suas terras.

Em todo o Brasil, por uma série de peculiaridades, o movimento quilombola surge como algo novo e singular. Sua originalidade reside, entre outras coisas, em acionar uma condição étnico-racial — até recentemente estigmatizada — como condição de acesso a direitos territoriais; no apego a um território específico no qual se percebem vínculos afetivos e sociais, e não em uma terra abstrata como, apenas, meio de produção; na rejeição, exatamente por esses motivos, em ver suas reivindicações particularizadas recaírem na vala comum da ideia de reforma agrária, que não necessariamente corresponde a suas demandas.

Contraditoriamente, esse movimento social de *novo* tipo encontra fundamento e legitimação no *passado* histórico, seja no que toca à memória da escravidão, seja no que diz respeito, consoante às regulamentações legais que estabelecem o princípio da autodeterminação, à "trajetória histórica própria", a "relações territoriais específicas" e à "presunção de ancestralidade negra relacionada com a resistência à opressão histórica sofrida". Conforme a Instrução Normativa nº 49 do Instituto Nacional de Colonização e Reforma Agrária (Incra) (setembro de 2008), tais seriam requisitos comprobatórios uma suposta "autodefinição". Como Vânia Losada Moreira (2009) demonstra, porém, os próprios componentes estatais encarregados de verificá-la estabelecem critérios exteriores aos grupos sociais. Isso, no mínimo, relativiza a possibilidade de os grupos definirem-se por si sós.

De toda forma, o que se quer assinalar é que esse *novo* ampara-se no *passado*, "usado" de forma a fundamentar demandas contemporâneas. Isso não é, contudo, um epifenômeno das demandas dos órgãos estatais. Como se trata de populações tradicionais, muitas comunidades negras rurais efetivamente preservam uma memória aguda do passado histórico vivido, mantido presente por meio da tradição oral, e a ele remetem quando procuram justificar a legitimidade de suas demandas. O encontro entre um passado ("origem comum presumida") e um futuro ("des-

---

[1] Não me proponho aqui, por motivos de fôlego, uma historicização da legislação recente acerca do reconhecimento das comunidades quilombolas. Para tanto, e para a relação desse corpo jurídico com os "usos do passado", ver Moreira (2009).

tinos compartilhados") constitui exatamente um dos fundamentos daquilo que pode se entender como comunidades políticas étnicas, de acordo com Max Weber (2004:267-277). Muito longe, portanto, da operacionalização de políticas estatais, tão somente.

A valorização do passado durante a mobilização comunitária étnica se acentuou porque, nos processos de reconhecimento, os quilombolas tiveram contato e foram instados por pesquisadores da área de ciências humanas — mormente antropólogos e historiadores — a discorrer sobre seu passado. Conforme Arruti (2006:201), essa foi uma situação *sui generis* na história dessas comunidades, que até então jamais haviam sido convocadas a fazer uma reflexão sistemática sobre seu passado. Na análise feita por esse autor da comunidade sergipana de Mocambo em um contexto de perícia antropológica, a necessidade de "narrar sua história" surgiu exatamente na interlocução com pesquisadores especializados que a visitaram e se prontificaram a ouvir seus relatos. O estatuto de saber histórico não é, portanto, dado, mas construído em um processo dialógico que leva da memória à história:

> Essa passagem, no caso do Mocambo, implicou em um trabalho social de reinvestimento de significados sobre a memória local, primeiramente rompendo com o silêncio a que ela havia sido relegada, por motivos de sobrevivência, depois, investindo de forma produtiva sobre ela, a fim de ganhar, progressivamente, o estatuto de história [Arruti, 2006:201].

O autor deste capítulo, que estudou a comunidade de Morro Alto entre os inícios da década de 2000 (quando se realizava o estudo de reconhecimento comunitário) e os princípios da de 2010 (trabalho de campo de sua pesquisa de doutorado), também se apresenta como um mediador da passagem entre memória e história. No período em questão, tive contato com seus moradores, que me contaram histórias do tempo da escravidão e da vida após a Abolição, mas também foram estimulados para tal e viram seus relatos valorizados. Um desses foi o senhor Wilson Marques da Rosa, presidente da Associação Comunitária Rosa Osório Marques.[2]

Wilson tinha 51 anos em janeiro de 2010, mas já completava mais de 10 anos de engajamento nos embates territoriais pela recuperação de terras coletivas em Morro Alto. Neste capítulo, analiso as falas que conectam passado e presente na entrevista que ele me deu para a realização da minha tese de doutoramento, sem-

---

[2] O nome da associação comunitária foi tomado de empréstimo a uma senhora escravista que doou terras para 24 escravos em testamento de 1886.

pre tendo como horizonte a relação entre memória e política, "origem comum" e "destinos compartilhados", "usos do passado" e atuação no presente.

O quilombo do Morro Alto é um dos maiores do Rio Grande do Sul. A dimensão inicialmente reivindicada extrapolava 4 mil hectares, mas posteriormente a área de pleito foi ampliada por opção da comunidade. O tamanho dos conflitos fundiários envolvidos é diretamente proporcional, não apenas em virtude da extensão, mas também por interesses poderosos ali representados. Daquelas terras extraem-se pedras e areia que suportam a sempre crescente construção civil nas praias de veraneio do Rio Grande do Sul, e muitas delas foram apropriadas por indivíduos com fortes contatos nas altas rodas de Brasília. Tais atividades econômicas foram suficientemente lucrativas para despertar a cobiça de uma série de pessoas. Efetivamente, a história oral da região é pródiga — muito pródiga — em relatos de processos de expropriação, seja pela intimidação ou violência física, seja pelo "avanço de cercas" na calada da noite.

Morro Alto situa-se na divisa entre os municípios de Maquiné e Osório, no litoral norte do Rio Grande do Sul. Dista 125 quilômetros da capital, Porto Alegre, e seu núcleo encontra-se no entroncamento entre um braço morto da rodovia BR-101 e a RS-407. A comunidade maior, conhecida como Morro Alto, é englobante de diversas outras localidades menores, como Aguapés, Barranceiras, Faxinal do Morro Alto, Ramalhete, Ribeirão do Morro Alto, Despraiado, Borba e Prainha. Em virtude do complexo sistema lagunar que se espraia pelo litoral norte gaúcho, as lagoas dos Quadros, Pinguela, Palmital e Malvas podem ser apontadas como limites hidrográficos naturais, e as lagoas Negra e do Ramalhete encontram-se em seu interior. O que unifica toda essa extensão é o compartilhamento de vínculos de parentesco e compadrio, de tradições culturais e religiosas e, sobretudo, os projetos políticos comuns supramencionados.

Durante o período escravista, a região produzia cana-de-açúcar e aguardente, certamente para o abastecimento do tráfico atlântico. Além disso, criava-se gado. Assim, era elevada a concentração de população escrava. A partir de 1850, as terras litorâneas foram paulatinamente abandonadas pela família senhorial Marques em prol daquelas em cima da serra. Contudo, a maior parte do território de Morro Alto continuou sendo ocupada pelos escravos e seus descendentes, seja por meio de testamento conferido por uma integrante da família senhorial, seja por meio de posse, seja por meio de aquisição de terrenos. Ao longo dos anos, formou--se ali uma territorialidade negra organizada por parentelas associadas a segmentos territoriais, mas profundamente ligadas entre si por vínculos de parentesco e compadrio, troca de cônjuges, além de práticas culturais e laços de vizinhança. No entanto, conforme mencionado anteriormente, a partir de meados do século XX, foram inúmeras as tentativas de expropriação. Esse período coincide aproximadamente com a época de vida do entrevistado analisado, e suas falas repercutem essa experiência.

Na abordagem apresentada neste texto, descartam-se as leituras utilitaristas,[3] nas quais o uso do passado resultaria de mera instrumentalização a partir de necessidades políticas ditadas pelo presente.[4] Pelo contrário, entende-se que determinadas demandas e identidades político-jurídicas, tal como "remanescentes de quilombos", só se tornam possíveis quando embasadas em um sólido fundamento de experiências históricas acumuladas e memórias sociais compartilhadas (Chagas, 2005b; Salaini, 2012). É nessa chave que se dá minha reflexão sobre "cultura histórica[5] e usos do passado", e "movimentos sociais e produção de identidades".

Proponho-me aqui analisar de que modo a comunidade negra do Morro Alto apropriou-se de seu passado a fim de sustentar, sim, uma demanda política presente — seu reconhecimento e titulação como "comunidade remanescente de quilombos" —, mas pensar a relação entre política e memória de uma forma atenta às sutilezas da cultura e dos vínculos simbólicos com o passado. Embora a satisfação de demandas materiais seja uma motivação, ela só pode ser entendida quando imersa em um caldo cultural muito específico, que oferece profícuas grelhas de análise da motivação dos comportamentos políticos (Bernstein, 1998). Dessa forma, a noção de cultura política[6] oferece uma via de acesso à relação estabelecida por esse movimento social entre cultura histórica e produção de identidades.

Como presidente da associação de moradores de Morro Alto, junto com outros integrantes da diretoria desta ou de moradores da comunidade que compuseram

---

[3] Entende-se aqui utilitarismo, nos termos propostos por Marshall Sahlins (1979:7), como a abordagem para a qual "a cultura deriva da atividade racional dos indivíduos na perseguição dos seus melhores interesses. Este é o 'utilitarismo' propriamente dito; sua lógica é a maximização das relações meios-fins". O autor opõe a essa abordagem uma atenção às motivações simbólicas da ação humana, e é nestes últimos termos que procuro estudar as demandas da comunidade quilombola enfocada.

[4] Um exemplo de abordagem dessa natureza encontra-se em Müller (2006), que abordou a adesão dos integrantes do grupo ao que chamou de "identidade jurídico-política".

[5] A expressão "cultura histórica" está empregada de forma a denotar a relação estabelecida por uma sociedade com seu passado (Le Goff, 2003:48). Dessa maneira, portanto, não me limito ao saber produzido por historiadores de ofício. Quando quiser me referir a este, assim especificarei.

[6] Cultura política é definida como "uma espécie de código e de um conjunto de referentes, formalizados no seio de um partido ou, mais largamente, difundidos no seio de uma família ou de uma tradição políticas". Nela, adquirem relevância representações que extrapolam a dimensão das ideologias e definem a identidade de grandes famílias políticas (Bernstein, 1998:350). O autor refere-se a agregados políticos mais amplos — a exemplo do trabalhismo. Alguns elementos analíticos da noção de cultura política, porém, em particular a importância das representações e da memória, são férteis para a discussão aqui proposta em relação à atuação política comunitária.

uma espécie de "vanguarda" dessa luta, Wilson Marques da Rosa protagonizou passo a passo uma peleia que se desenrola há mais de década. Por seus vínculos institucionais — Wilson trabalha na Assembleia Legislativa do Estado do Rio Grande do Sul e faz parte do Partido Democrático Trabalhista (PDT) —, ele pôde realizar a interlocução entre sua comunidade, partidos, governos, instituições e outros movimentos sociais.[7] A análise de seu discurso, conforme veremos, evidencia que não se luta, tão somente, pela obtenção de recursos econômicos, mas que essa disputa se ampara em sentimentos de justiça e percepções morais do que é considerado legítimo ou ilegítimo.

Dessa maneira, adquire relevo a discussão apresentada por Honneth (2003), para quem, em lutas coletivas por reconhecimento, está em jogo, mais do que a disputa por bens escassos, uma lógica moral que define as motivações das partes em conflito, amparada em experiências subjetivas de desrespeito.

> Diferentemente de todos os modelos explicativos utilitaristas, ele [o conceito de luta social proposto pelo autor] sugere a concepção segundo a qual os motivos da resistência social e da rebelião se formam no quadro de experiências morais que procedem da infração de expectativas de reconhecimento profundamente arraigadas [Honneth, 2003:258].

As pessoas não lutam apenas para ver atingidos seus interesses materiais, mas também por fazer prevalecer o que consideram moralmente correto.[8] Assim, a memória do cativeiro remete a esse período como uma época de ausência de direitos (Barcellos et al., 2004:359-370; Chagas, 2005b:171-180), que, na concepção contemporânea de justiça, cabe recuperar.

Foram diversos os temas propostos na entrevista (pelo entrevistador e pelo entrevistado): trajetória de vida, histórias contadas por sua avó, origem da demanda como remanescente de quilombos, demandas fundiárias prévias à reivindicação por reconhecimento, humilhações impostas pelos brancos à população negra da região, emergência do qualificativo "quilombo", o papel do laudo realizado pela equipe originária da universidade, visando ao reconhecimento da comunidade como remanescente de quilombos. A revisão desses aspectos, aproximadamente 10

---

[7] A comunidade em questão, particularmente o ramo familiar a que Wilson pretence, integra uma vigorosa tradição política trabalhista, que remete a conflitos fundiários ocorridos na década de 1960. Ver Barcellos et al. (2004) e Weimer (2013).

[8] Isso não deveria ser novidade para os historiadores desde que E. P. Thompson (1998) ressaltou a importância da investigação de motivações morais de lutas sociais aparentemente motivadas, sem mediações, pela necessidade. Honneth (2003:262-263) reconheceu ser sua filosofia tributária dessa historiografia.

anos após o início da mobilização, possibilitou ao entrevistado uma oportunidade de reflexão sobre sua própria trajetória, e ao entrevistador, uma abordagem menos ingênua das relações entre "cultura histórica", "usos do passado", "movimentos sociais" e "produção de identidades".

Wilson Marques da Rosa lembra as narrativas de sua avó Rosalina — filha da cativa Felisberta — sobre o tempo da escravidão: quilombos em Torres, Morro Alto e Palmares, a fuga de negros de um navio encalhado no Capão da Canoa, a resistência negra em uma revolução no "Capão da Negrada". Mas o mais importante era instar seu neto a empreender uma luta pela recuperação das terras doadas pela senhora escravista Rosa Osório Marques, que, assim, é apresentada como um legado familiar e assumida como uma missão de vida. Tal constatação corrobora a observação de Dutra (2002:26-27) de que a memória é uma instância de socialização da cultura política, ao codificar e transmitir representações coletivas sobre passado, presente e futuro. O presidente da associação, principalmente, reconhece o compromisso assumido com sua avó.

> Wilson: *Me falava essa questão da terra, que era tudo nosso, que eles nunca tinham entregado, que de vez em quando tinham que fazer essa luta pra pedir devolução desse nosso território [...]. Mas, assim, o que ela, o que ela batia mesmo era na questão da terra.* Das fazendas que a Rosa deixou, a Rosa Osório Marques deixam [*sic*] pra ela, pra eles, né, e o... [...] Por isso que ela batia... ela batia muito nisso, né, *que quando eu crescesse que tinha que fazer essa luta, que tinha que ir atrás desse território*.[9]

É necessário precisar o local de locução da fala de Wilson. Na condição de presidente da associação comunitária, seu relato enfatiza a resistência negra na região, na qual o atual processo se ampara e da qual se apresenta como continuidade. A luta pela terra aparece como designação de sua avó. Em uma conjuntura favorável à emergência de uma memória coletiva marginalizada (Pollak, 1989:8), a luta política encontra fundamento ao redescobrir, reviver e dar expressão jurídica a uma perspectiva histórica a respeito dos quilombos, como assinala Chagas (2005b:103-111).

Na narrativa biográfica de Wilson, a luta pela terra aparece como destino manifesto e missão pessoal. A ele cabia empreendê-la, a partir da determinação dada por sua avó e das instruções conferidas por Romildo Bolzan, líder político do PDT (antes, do MDB, Movimento Democrático Brasileiro), a quem sua família era muito

---

[9] Entrevista com Wilson Marques da Rosa, em 20 de janeiro de 2010, em Capão da Canoa. Wilson tinha 51 anos na ocasião da entrevista. Grifos nossos.

ligada e com quem Wilson foi trabalhar, em Porto Alegre, na Assembleia Legislativa do Estado do Rio Grande do Sul. Ele teria lhe dado o caminho das pedras para a demanda contemporânea.[10] Na entrevista, Wilson reproduziu mentalmente um diálogo entre sua mãe e Bolzan, no qual ele foi solicitado a ir a Porto Alegre ajudá--lo e só aceitou com a condição de que a ida para a capital concretizasse a luta territorial com a qual se comprometera com Rosalina.

> Wilson: Preta, Pretinha, ele chamava a mãe de Pretinha... se eu me eleger vou levar um de teus meninos pra lá comigo, se eu me eleger deputado. Aí ele se elege e volta. Aí, a mãe diz, ah, tem que... tem que ir tu, Wilson, tem que ir. *Ah, eu só vou pra Porto Alegre se for pra fazer a luta da terra.*[11]

A partida e a inserção nos meios políticos urbanos viabilizaram o posterior engajamento na luta pelo reconhecimento de Morro Alto como remanescente de quilombos. Wilson ajudou a proporcionar as primeiras discussões sobre a questão na Assembleia Legislativa e foi o responsável pela inclusão de Morro Alto entre as comunidades que receberiam laudos antropológicos durante o governo Olívio Dutra (PT, Partido dos Trabalhadores). Quando ocorreu a entrada em campo de uma equipe de antropólogos e historiadores (2001), houve um forte apelo à recuperação do passado daquela comunidade.

A politização da memória do cativeiro em um momento de luta fundiária, contudo, só foi possível por ter sido lida à luz de experiências prévias de desrespeito social. Em diversas ocasiões,[12] Wilson Marques da Rosa repartiu em três momentos a ocupação de terras na região, três camadas sobrepostas de historicidades negras instituintes de direitos territoriais: quilombo — e aqui ele parece remeter à concepção histórica tradicional —, testamento, e aquisições de terras — "feitas no braço", conforme depôs para Chagas (2005b:164). Ele relata que nenhuma das modalidades de acesso à terra foi respeitada, evidenciando uma percepção de desrespeito social sofrido. A existência de direitos ultrajados eviden-

---

[10] Na entrevista, Wilson relatou que Romildo Bolzan o instruíra a aguardar 10 anos após a Constituição de 1988 para dar encaminhamento à demanda fundiária de Morro Alto. Esse prazo teria sido necessário para que uma lei transitória adquirisse poder de lei ordinária. Ele teria, ainda, indicado que ingressasse com a demanda pelo Ministério Público, e não por intermédio de um advogado particular: "Se pegar advogado eles compram, entra pelo Ministério Público, eles são obrigados a recorrer o território de vocês".

[11] Entrevista com Wilson Marques da Rosa, em 20 de janeiro de 2010, em Capão da Canoa. Grifo nosso.

[12] A exemplo da entrevista com dona Ercília Marques da Rosa e Wilson Marques da Rosa, em 13 de setembro de 2002, em Porto Alegre. Realizada por Claudia Fonseca, Miriam Chagas e Rodrigo de Azevedo Weimer.

ciou-se por diversos momentos nas pesquisas realizadas na comunidade de Morro Alto, a exemplo do relato de terras herdadas jamais entregues (Barcellos et al., 2004; Chagas, 2005b). Cumpre observar que as entrevistas realizadas por Chagas em que ficaram sublinhadas as experiências de desrespeito social *precedem* a instrução normativa de 2008 que procurou regulamentar o art. 68 por meio, entre outros aspectos, da "resistência à opressão histórica sofrida" (Moreira, 2009:247). Há, portanto, sutilezas históricas que independem do estímulo das oportunidades oferecidas pelo Estado.

Entre as experiências de desrespeito social inventariadas por Honneth, encontram-se as "experiências de rebaixamento que afetam seu autorrespeito moral: isso se refere aos modos de desrespeito pessoal, infligidos a um sujeito pelo fato de ele permanecer *estruturalmente excluído da posse de determinados direitos no interior de uma sociedade*" (Honneth, 2003:216; grifo nosso). Narrativas de injustiça, traduzidas na subtração a direitos — nesse caso, de propriedade —, se fazem presentes na entrevista realizada: ganham relevo, sobretudo, nos relatos de expropriação sobre o terreno adquirido por seu bisavô Manoel Inácio para sua descendência, na localidade do Espraiado. Parte significativa da entrevista debruçou-se sobre a contenda entre seu pai, Júlio Eloy da Rosa, e um fazendeiro branco, Fabinho Souza, que, apoiado pela Brigada Militar,[13] avançou sobre o terreno herdado daquele ancestral.

Tratava-se da época da ditadura civil-militar de 1964-1985, que teria favorecido a expropriação de terras. Após demorada e atribulada luta judicial, sua família conseguiu recuperar parte do terreno invadido, mas acabou por ser uma vitória de Pirro: tiveram de vender as terras recuperadas judicialmente para o custeio do pagamento dos advogados. O entrevistado observou que isso aconteceu porque os negros "não tinham a quem recorrer", sem deixar de destacar o papel do governo estadual, por meio da Brigada Militar, na expropriação de terras. Há, portanto, um recorte racial na restrição ao acesso à justiça.

Outro tipo de denegação do reconhecimento mútuo consiste, segundo Honneth, não na negação de direitos, mas de estima social:

[...] se agora essa hierarquia social de valores se constitui de modo que ela degrada algumas formas de vida ou modos de crença, considerando-as de menor valor ou deficientes, ela tira dos sujeitos atingidos toda a possibilidade de atribuir um valor social às suas próprias capacidades. A degradação valorativa de determinados padrões de autorrealização tem para seus portadores a consequência de eles não po-

---

[13] Polícia Militar.

derem se referir à condução de sua vida como a algo a que caberia um significado positivo no interior de uma coletividade; por isso, para o indivíduo, vai de par com a experiência de uma tal desvalorização social, de maneira típica, uma perda de autoestima pessoal, ou seja, uma perda de possibilidade de se entender a si próprio como um ser estimado por suas propriedades e capacidades características [Honneth, 2003:217-218].

Episódios de racismo salientam muito bem as situações de ultraje à estima social caracterizadas por Honneth no excerto e têm presença constante na fala do entrevistado. Por exemplo, Ercília Marques da Rosa, mãe de Wilson, não foi aceita como professora em razão de sua tez ao chegar à localidade de Bananeiras. Ela apelou ao presidente da República, Getúlio Vargas, que acolheu seu pedido e a autorizou a dar aulas. Ainda assim, sofreu represálias da prefeitura por "pular a hierarquia" e buscar uma interlocução direta com Getúlio. Vale destacar que, nesse caso, "não ter a quem recorrer" foi substituído pelo apelo à figura benevolente de Vargas, reconhecido, em diversos estudos com comunidades negras rurais, como instituinte de direitos (Mattos, 2004:63, 2005:54-55; Dezemone, 2004:125-135). Esse exemplo dá fortes subsídios para a compreensão do vigor da cultura política trabalhista verificada na comunidade em questão.

Porém, o relato que evidencia melhor o caráter racial da violência sofrida é aquele relativo ao incêndio de ranchos de camponeses negros por parte de fazendeiros brancos no Morro Alto. Relatado com indignação pelo depoente, o racismo intrínseco ao episódio narrado vem à tona. Novamente, fica clara a ideia de não se ter a quem recorrer:

> Wilson: Mas eles judiavam muito dos negão ali, judiavam, botavam fogo nos ranchos, não tinham pra quem... No Morro Alto os Goldani, por exemplo, assim, as terras dos Goldani, os negros saíam pra trabalhar, quando chegavam nos ranchinhos que eram uns ranchos de coqueiro, de palha, tavam tudo queimado, eles botavam fogo e *tu não tinha pra quem recorrer*. Isso é... é... tinha depoimento, testemunha que morreu agora, há poucos dias, que era o José Belisário, ele tinha um problema de paralisia, é padrinho do Renato, meu irmão; eu me lembro que uma vez eu levei dois jornalistas, lá, que ele deu esse depoimento, diz, ó nós íamos pro morro, quando chegavam os nossos ranchos tavam queimados e se nós reclamássemos eles passavam [a soiteira (sic)].[14]

---

[14] Entrevista com Wilson Marques da Rosa, em 20 de janeiro de 2010, em Capão da Canoa. Grifo nosso.

Se o art. 68 permitiu a assunção de uma identidade quilombola, isso foi possível por haver um solo fértil para tal. Nos relatos mencionados, aparece com clareza a associação entre a condição de negros, a ausência de direitos e a carência desse "a quem recorrer". Chagas (2005b) relata os cuidados e avaliações — mesmo desconfianças — dessa comunidade ao verificar se o dispositivo constitucional poderia atender a suas demandas. Nesse sentido, parece que adotar o art. 68 como estratégia de luta comunitária representou a busca de um recurso de que se pudessem valer diante das injustiças, recurso esse do qual se viram historicamente despojados. Algo comparável ao varguismo, ainda que concretizado em um expediente constitucional, e não em uma figura benevolente.

Uma forma encontrada para suscitar no entrevistado uma reflexão sobre a constituição da identidade quilombola foi indagar se, antes da mobilização comunitária étnica, já eram utilizados os termos "quilombo" e "quilombola". Arruti (2006:39) observa que a autoidentificação das comunidades como tal é um fenômeno recente, não por isso menos relevante. Historicizando as reapropriações político-simbólicas do quilombo, ele aponta posições que se *desentendem* na compreensão do significado do termo: há aquela *primordialista*, que se aproxima de um uso do quilombo como ícone de resistência, consciência e cultura negras, e outra *ressemantizadora*, que concebe os quilombos em termos de emergência étnica e de autoatribuição (Arruti, 2006:100-101). O autor assinalou, ainda, a relevância de fugir a abordagens que percebem fenômenos de etnogênese de forma binária: ora *invenção de tradições*, ora *tomada de consciência de uma realidade histórica essencializada* (Arruti, 2009:250).

A fala de Wilson transita por duas posições. Por um lado, ele conta que "o Morro Alto *sempre* foi considerado uma área de quilombo", associando às histórias de sua avó sobre a resistência negra no litoral norte. Com isso, destaca a ancestralidade do território étnico pleiteado. Assumir uma postura primordialista — ancorando a demanda presente nos *primórdios*, no *sempre* — é uma maneira de demonstrar que o pleito em questão escapa à demanda fundiária recente e de remetê-lo a uma origem comum presumida. Trata-se de uma resposta àqueles que querem reduzi-lo a uma "tradição inventada".

Por outro lado, ele não deseja ignorar as modificações identitárias trazidas pelo processo étnico contemporâneo. Pelo contrário, são caras em seu discurso as referências às melhorias de vida e autoestima trazidas para aquela comunidade pela inserção em uma luta política pelas garantias constitucionais asseguradas pelo art. 68.[15] Assumir-se — e Arruti (2006:207) observa que assunção é descoberta — qui-

---

[15] Em parte porque os frutos destacados de tal luta resultam do esforço coletivo do qual é liderança.

lombola é um ponto de inflexão para humilhações a que usualmente aquela comunidade vinha sendo submetida:

> Wilson: Então, essa identidade tá sendo construída por nós, né, é uma identidade assim que a gente... que até então negro aqui não existia, era tido como... como cachorro, eram... eram... eram desprezados, eram humilhados, é... é... todo o povo negro. Nós lá não, porque a gente, assim, sempre tava... o pai foi um cara muito de luta, sempre de resistência, eles nunca conseguiram dominar o velho. [...]
> Rodrigo: E quando é que parou essa humilhação?
> Wilson: *Isso para a partir do momento do nosso movimento, a partir de quando a universidade entra, que a gente entra com o processo.*
> Rodrigo: E foi aí que começou a chamar de quilombo?
> Wilson: E aí que a gente começa a chamar de quilombo e aí que eles começam... é, no primeiro momento, assim, eles acham que é uma loucura, que a gente tá... tava inventando, né, eles diziam, ah, isso aqui nunca foi terra de quilombo, isso aqui nunca foi, nunca foi terra de quilombo, isso foi terra de fazendeiro, não, então a partir daí começa uma relação a ser modificada, de tratamento, muitos começam a dizer... a puxar o saco da gente.[16]

A noção de identidade — termo que, bem como "construção", é importante ressaltar, apareceu de forma espontânea na entrevista —, aqui, remete a um sentimento de pertencimento coletivo que, todavia, não é automático, mas resulta de um trabalho de "construção a partir do momento que a gente entra com o processo". A identidade, pois, decorre de uma dinâmica ativa da qual a própria comunidade é protagonista, como se pode ver na primeira frase do excerto, suscitado pela minha pergunta de quem a estaria construindo. Mais do que espelho de um passado em comum, a identidade advém de uma postura ativa da comunidade em questão na construção de si. Por outro lado, o tempo pretérito não pode ser ignorado, já que encontra sua inflexão a partir do momento da autopercepção quilombola. Da mesma forma, oferece os anseios por justiça aos quais a nova identificação dá resposta.

Chagas (2005b:134) destaca que, no processo de reconhecimento de Morro Alto como remanescente de quilombos, os integrantes da comunidade acreditavam que o laudo escrito poderia ser veículo de vinculação ao universo da "oficialidade". Wilson dissera que o documento era "uma justificativa, uma prova, uma prova de nossa história". O estudo era entendido e valorizado como testemunho. Conhecer

---

[16] Entrevista com Wilson Marques da Rosa, em 20 de janeiro de 2010, em Capão da Canoa. Grifo nosso.

o passado sugeria o percurso de um caminho para atingir direitos (Chagas, 2005b, cap. 4 e p. 313-321). Dez anos após a pesquisa para o relatório, sua fala permite avaliar até que ponto essas expectativas se confirmaram.

Wilson entende que o estudo histórico-antropológico sistematizou falas que estavam "todas elas soltas" e conferiu credibilidade a saberes tradicionais que vinham sendo menosprezados — considerados "abobrinha". Ele afirma que o laudo apresentou a comunidade ao mundo, amplificando o alcance de sua fala:

> Que antes eu só tinha minha fala e a minha fala num horizonte como, como o mundo é muito pequenininha, né, e a universidade, *o trabalho de vocês amplia essa fala pro mundo*, é [...] o laudo retrata isso, ele retrata essa fala, ele é um documento assim importante, é... é... como uma referência histórica, como uma fala... *uma fala maior nossa*, entendeste? É a visão que eu tenho![17]

O nó da questão, parece-me, é que, como Wilson aponta, é necessária a intervenção, a mediação acadêmica, a fim de validar a legitimidade do saber tradicional. Em outros termos, a liderança comunitária valoriza estudos fruto de um saber universitário. Se eles contribuíram para a melhora da vida dos habitantes de Morro Alto, é irônico observar que, sem sua intercessão, os saberes tradicionais provavelmente teriam continuado a ser considerados "abobrinha" por aqueles que os menosprezavam.[18] O laudo, como produto de uma cultura histórica oriunda da universidade, foi capaz, portanto, de reunir elementos "soltos" de uma cultura histórica local, amparada na memória e na oralidade.

Wilson assinala que a cultura histórica tradicional não encontrava condições de audição e nem de credibilidade enquanto não obteve recepção em saberes produzidos por historiadores de ofício e antropólogos, que, assim, aparecem como *mediadores cognitivos*:

> [...] a própria história é uma espécie de mediador cognitivo (tanto quanto os produtores desta história são os mediadores simbólicos) nestes processos de conversão identitária, tanto porque ela oferece ferramentas narrativas novas e estranhas às memórias locais, capazes de superar os obstáculos da descontinuidade

---

[17] Entrevista com Wilson Marques da Rosa, em 20 de janeiro de 2010, em Capão da Canoa. Grifos nossos. Falas similares dessa liderança em relação ao papel desempenhado pela escrita do laudo foram registradas por Chagas (2005a:72).

[18] Chega-se, aqui, a problema similar ao anteriormente destacado em Moreira (2009): os limites do reconhecimento estatal ao autorreconhecimento das comunidades, quando a estas é demandada uma série de pré-requisitos atestatórios ou a palavra de terceiros asseverando uma percepção que supostamente deveria bastar *per se*.

social por meio da continuidade documental e cronológica, quanto porque ela ocupa um lugar legítimo no conjunto de dispositivos de verdade que sustentam os discursos jurídicos e administrativos e que é negado à memória [Arruti, 2009:270].

Levados a apresentar "sua história" como peça fundamental de uma demanda por direitos étnicos, sobretudo os mais jovens — que não tinham memória tão precisa a respeito do passado escravista, das gerações que os precederam, das genealogias e trajetórias familiares — passaram a "buscar" sua história (Weimer, 2013).[19] Por outro lado, as falas assinaladas da liderança comunitária apontam para o fato de que a busca dessa história é mediada por sentimentos de justiça decorrentes de experiências históricas de desvalorização. É apenas sob esse prisma que a presença de pesquisadores adquire sentido: profissionais qualificados, capazes de dar visibilidade, publicizar sua voz e apresentar um espaço socialmente legitimado de audição. Todavia, isso se dá sob o esteio de uma compreensão do passado mediada culturalmente pela percepção de injustiças históricas sofridas.

O Estado brasileiro ainda passa por uma série de ambiguidades na relação estabelecida com as comunidades tradicionais. Ao mesmo tempo que se consagra o princípio da autodefinição, é feita uma série de exigências comprobatórias, de tal maneira que a voz dos quilombolas necessita passar por crivos que, se lhe conferem legitimidade, limitam sua autonomia. Em suma, esse passado, que "lhe pertence" e que ampara uma luta, precisa ser apropriado por terceiros. Isso, certamente, é bom para o conhecimento histórico. Contudo, a natureza do passado, como definido pela identidade étnica, é distinta daquele histórico, por comportar a dimensão do mito (Poutignat e Streiff-Fenart, 1998:160-166).

À guisa de conclusão, podemos assinalar, com Weber (2004), que a orientação rumo ao passado é uma característica fundamental da identidade definida como étnica. Quando se fala em seu "uso", não se tem em mente um sentido instrumental. No caso analisado, verifica-se uma tensão criativa entre historicidade e inovação. Os sentimentos de justiça resultam desse embate e, ao mesmo tempo, fazem sua mediação. Todavia, isso não significa que aqueles que presumem um passado compartilhado não empreendam projetos para o futuro amparados nas condições vivenciadas pelos pais e avós. Esses projetos, no diálogo dos tempos, são processados de acordo com um legado comum.

---

[19] Destaco que, para Chagas (2005b), nessa comunidade o direito resulta de uma *busca*.

Referências

ARRUTI, J. M. A. *Mocambo*: antropologia e história do processo de formação quilombola. Bauru: Edusc, 2006.

_____. Da memória cabocla à história indígena: o processo de mediação entre conflito e reconhecimento étnico. In: SOIHET, R. et al. *Mitos, projetos e práticas políticas*: memória e historiografia. Rio de Janeiro: Civilização Brasileira, 2009.

BARCELLOS, D. M.; CHAGAS, M. de F.; FERNANDES, M. B.; FUJIMOTO, N. S.; MOREIRA, P. R. S.; MÜLLER, C. B.; VIANNA, M.; WEIMER, R. de A. *Comunidade negra de Morro Alto*: historicidade, identidade e direitos constitucionais. Porto Alegre: UFRGS, 2004.

BERNSTEIN, S. A cultura política. In: RIOUX, J.-P.; SIRINELLI, J.-F. *Para uma história cultural*. Lisboa: Estampa, 1998. p. 349-363.

CHAGAS, M. de F. Estudos antropológicos nas "comunidades remanescentes de quilombos": sinais que amplificam a luta por uma vida histórica, vida jurídica. In: LEITE, I. B. *Laudos periciais antropológicos em debate*. Florianópolis: Nuer/ABA, 2005a.

_____. *Reconhecimento de direitos face aos (des)dobramentos da história*: um estudo antropológico sobre territórios de quilombos. Tese (doutorado em antropologia social), UFRGS, 2005b.

DEZEMONE, M. A. de O. *Memória camponesa*: identidades e conflitos em terras de café (1888-1987). Fazenda Santo Inácio, Trajano de Moraes — RJ. Dissertação (mestrado), Programa de Pós-Graduação em História, UFF, 2004.

DUTRA, E. de F. História e culturas políticas: definições, usos, genealogias. *Varia Historia*, Belo Horizonte, UFMG, n. 28, p. 13-28, dez. 2002.

HONNETH, A. *Luta por reconhecimento*: a gramática moral dos conflitos sociais. São Paulo: Ed. 34, 2003.

LE GOFF, J. *História e memória*. Campinas: Unicamp, 2003.

MATTOS, H. *Marcas da escravidão*: biografia, racialização e memória do cativeiro na história do Brasil. Tese (professor titular), UFF, 2004.

_____. Memórias do cativeiro: narrativa e identidade negra no antigo Sudeste cafeeiro. In: RIOS, A.; MATTOS, H. *Memórias do cativeiro*: família, trabalho e cidadania no pós-Abolição. Rio de Janeiro: Civilização Brasileira, 2005. p. 35-136.

MOREIRA, V. M. L. Usos do passado: a questão quilombola entre a história, a memória e a política. In: SOIHET, R. et al. *Mitos, projetos e práticas políticas*: memória e historiografia. Rio de Janeiro: Civilização Brasileira, 2009. p. 231-248.

MÜLLER, C. B. *Comunidade remanescente de quilombos de Morro Alto*: uma análise etnográfica dos campos de disputa em torno da construção do significado da identidade jurídico-política de "remanescentes de quilombos". Tese (doutorado), Programa de Pós-Graduação de Antropologia Social, UFRGS, 2006.

O'DWYER, E. C. Os quilombos e a prática profissional dos antropólogos. In: *Quilombos*: identidade étnica e territorialidade. Rio de Janeiro: ABA/FGV, 2002. p. 13-42.

POLLAK, M. Memória, esquecimento, silêncio. *Estudos Históricos*, Rio de Janeiro, v. 2, n. 3, p. 3-15, 1989.

POUTIGNAT, P.; STREIFF-FENART, J. *Teorias da etnicidade*. São Paulo: Unesp, 1998.

SAHLINS, M. *Cultura e razão prática*. Rio de Janeiro: Zahar, 1979.

SALAINI, C. J. *A "janela" do relatório técnico*: variabilidade, criatividade e reconhecimento social em contextos de perícia antropológica. Tese (doutorado em antropologia social), UFRGS, 2012.

THOMPSON, E. P. A economia moral da multidão inglesa no século XVIII. In: *Costumes em comum*: estudos sobre a cultura popular tradicional. São Paulo: Companhia das Letras, 1998. p. 150-202.

WEBER, M. *Economia e sociedade*: fundamentos da sociologia compreensiva. Brasília: UnB; São Paulo: Imprensa Oficial do Estado de São Paulo, 2004.

WEIMER, R. de A. *A gente da Felisberta*: consciência histórica, história e memória de uma família negra no litoral rio-grandense no pós-emancipação (c. 1847 — tempo presente). Tese (doutorado em história), UFF, 2013.

REGISTROS PAROQUIAIS
E FLUXOS MIGRATÓRIOS

Maria Izabel Mazini do Carmo

É INDISCUTÍVEL A IMPORTÂNCIA QUE OS IMIGRANTES TIVERAM NA CIDADE DO RIO DE Janeiro, em fins do século XIX e início do XX. Ainda que alguns tenham protagonizado iniciativas empresariais, no setor de comércio, indústrias e de serviços, a grande maioria, juntamente a brasileiros e negros recém-libertos, engrossou as fileiras do proletariado durante o fim do Império e o início da República.

Diversas são as fontes a que se pode recorrer com vias a desenvolver a pesquisa acerca de tais atores históricos, como registros dos vapores, no Arquivo Nacional, recenseamentos do IBGE, relatórios ministeriais e documentos dos órgãos ligados à imigração, documentação provincial e municipal, fotografias e literatura de época, bem como reportagens em jornais e revistas. Todos esses itens vêm sendo ultimamente explorados por pesquisadores, objetivando compreender melhor o fenômeno imigratório e também a história da cidade do Rio de Janeiro — Corte e, posteriormente, capital federal nos referidos anos.

Todos os exemplos supracitados são importantes, pois nos permitem apreender o perfil socioeconômico dos imigrantes, além de identificar sua inserção na malha urbana, precisando, inclusive, seus ofícios e locais de residência.

Porém, um dos mais preciosos corpos documentais para o historiador da imigração — cabe ressaltar, pouquíssimo trabalhado no campo dos estudos migratórios — são os registros paroquiais, como os de batismo, óbito e casamento. Tais fontes reforçam algumas das informações já apresentadas, como local de residência, formas de sociabilidade e os países estrangeiros ou estados brasileiros de origem.

Destacam-se, porém, os registros matrimoniais em razão da minuciosa descrição sobre a *procedência* de tais imigrantes, o que, em geral, é omitido nas demais fontes eclesiásticas e outros corpos documentais, como as listagens de vapores, que geralmente mencionam apenas o país de origem e, em poucos casos, a região.

Assim, os registros de casamento identificam as cidades e/ou vilas e povoados de origem dos imigrantes, bem como os laços entre patrícios e a miscigenação.[1]

Os italianos, a partir do Recenseamento de 1890, depois dos portugueses, constituíam o maior grupo de estrangeiros na então capital federal. A tabela 1 ilustra o número de imigrantes na composição demográfica da cidade, evidenciando a crescente participação dos europeus, sobretudo portugueses, italianos e espanhóis.

Tabela 1 | Estrangeiros no Rio de Janeiro

	1872	1906	1920
Portugueses	55.933	133.393	172.338
Africanos	18.065	702	352
Italianos	1.738	25.557	21.929
Espanhóis	1.451	20.699	18.221
Franceses	2.884	3.474	3.538
Total de estrangeiros	84.279	210.515	239.131
População total	274.972	811.443	1.157.840

Fonte: Recenseamentos do IBGE, anos 1872, 1906 e 1920.

O decréscimo de 14,2% do número de italianos, de 1906 a 1920, pode ser explicado pela ocorrência da Primeira Guerra Mundial, além da mobilidade intermunicipal e interestadual, já que a maioria desses imigrantes era jovem, masculina e solteira, o que facilitava os fluxos migratórios. Ademais, a política de valorização do café, no período, propiciou a expansão dessa cultura no noroeste fluminense, Espírito Santo e Minas Gerais, criando uma conjuntura favorável para a absorção dos *oriundi* do Rio de Janeiro.

No meio urbano, os italianos, como outros imigrantes, esforçavam-se por localizar-se próximo ao Centro, facultando melhor acesso aos locais de trabalho. No

---

[1] Apesar do Decreto nº 5.604, de 25 de abril de 1874, que regularizava os registros civis, a documentação paroquial — até então imbuída de valor probante/civil — não perdeu sua relevância, considerando a religiosidade dos imigrantes e migrantes nacionais no período.

Rio de Janeiro, a região central era constituída por seis distritos: Candelária, São José, Sacramento, Santo Antônio, Santa Rita, Sant'Anna e, posteriormente, Gamboa.[2] Maioria absoluta em todas as freguesias do Rio de Janeiro, os lusos constituíram uma forte colônia na freguesia da Candelária, onde eram quase 80% do total de estrangeiros no final do século XIX. Quanto aos demais, os italianos concentravam-se em Sant'Anna, os espanhóis, em Santa Rita, enquanto em Sacramento destacavam-se os *turco-árabes*.[3]

A pesquisa em diferentes corpos documentais evidenciou que o distrito majoritariamente italiano, desde 1872, foi Sant'Anna. Em segundo lugar, aparecem Santo Antônio e São José e, a partir de 1906, a Gamboa — correspondente ao antigo segundo distrito de Sant'Anna — e o Espírito Santo surgem com destaque.

O mapa 1 revela a dimensão do antigo distrito de Sant'Anna. Destaca-se, no limite à esquerda, próximo à região do Sacramento, a praça da República. Sant'Anna compreendia toda a região que corresponde à avenida Presidente Vargas, à Central do Brasil, à Cidade Nova e a parte do Estácio. Na parte superior, nota-se o limite com a região de Santo Antônio, que hoje equivale a uma porção do Centro e da Lapa, e também do Espírito Santo, abrangendo parte do Estácio, o Catumbi e o Rio Comprido. Na parte inferior, localiza-se o porto, região da Gamboa.

Uma das principais vantagens de Sant'Anna em relação a outros bairros residia na proximidade ao porto, que, à época, era o mais importante do país e oferecia inúmeras opções de trabalho, que, tradicionalmente ocupadas por negros e portugueses pobres, passariam a ser disputadas por outros imigrantes. Ademais, o fácil acesso a outros bairros criava oportunidades para os trabalhadores domésticos e de ofícios, além de favorecer a circulação dos ambulantes — exercício laborioso, em que os italianos tiveram considerável participação.

Em Sant'Anna, os imigrantes conviviam ativamente com os negros e migrantes internos, de diferentes regiões do país, sobretudo os nordestinos, como baianos e pernambucanos, mas também com aqueles provenientes de diferentes localidades da província, e depois estado do Rio de Janeiro. José Murilo de Carvalho (2000:17), por exemplo, afirma que, em 1891, apenas 45% da população da cidade era nascida no próprio Rio de Janeiro.

---

[2] O bairro de Sant'Anna dividiu-se em dois distritos em 1866. Dessa forma, o primeiro distrito corresponderia à região de Sant'Anna, e o segundo, à da Gamboa (Arquivo Geral da Cidade do Rio de Janeiro. Biblioteca. Código de Posturas. REF: 35 (815.41)"1838/1970" (094.4)::352.075.31 R85, p. 137.

[3] Ver Recenseamentos do Rio de Janeiro (IBGE) dos anos 1872, 1890, 1906 e 1920.

Mapa 1 | Região central, destacando-se Sant'Anna, em 1906

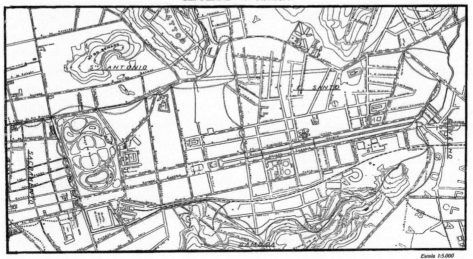

Fonte: Recenseamento de 1906, p. 317.

Assim, do imenso conjunto que compõe o citado fundo documental, construiu-se significativa amostra, que contempla cerca de 3 mil registros de casamento, entre os anos 1870 e 1910,[4] nas paróquias de Sant'Anna, Santo Antônio dos Pobres, Santo Cristo dos Milagres e São José, situadas naqueles bairros.

Os migrantes internos, cujos números começam a aparecer nos censos, assumem nomes e sobrenomes nos registros paroquiais. Assim, os registros de casamento fornecem, além dos dados individuais, a procedência ou origem dos envolvidos, permitindo uma avaliação desse fluxo. Por exemplo, na amostra estudada, 34 cidades/municípios do Rio de Janeiro foram identificados nas listagens matrimoniais somente da paróquia de Sant'Anna. Da mesma forma, o mesmo fundo documental registra nubentes de 15 diferentes províncias/estados, a maioria do Nordeste do país.

Apesar de a pesquisa nos arquivos paroquiais ter se iniciado nos registros de casamento datados de 1870, os primeiros enlaces envolvendo italianos, encontrados na paróquia de Sant'Anna, datam de 1874, ano em que foram celebrados oito casamentos envolvendo imigrantes daquela origem.

O primeiro registro realizado na *Matriz de Sant'Anna*, transcrito a seguir, revela um casamento entre italianos, ambos moradores da mesma freguesia e originários

---

[4] Os anos contemplados foram 1870, 1871, 1872, 1873, 1874, 1875, 1890, 1904, 1905, 1906 e 1910. O marco inicial corresponde ao início da Grande Imigração, e os demais foram selecionados porque dialogam com os anos dos recenseamentos do IBGE.

da mesma região — Salerno, na Campânia, sul da Itália. Tal registro aponta no sentido das relações de sociabilidade no interior do grupo, reforçando, pelo casamento, os vínculos com a terra de origem.

> Aos dezessete de Julho de mil oitocentos setenta e quatro, nesta Matriz, pelas quatro horas da tarde, em prezença do Reverendo Coadjutor Jose Calvona e das testemunhas Bras Caruzo e Geraldo Bruno de Provisão do Reverendo Vigário Geral, na forma do Conc. Trid. Const. do Bisp. Leis do Império receberão-se em Matrimonio por palavras de prezente tomados os depoimentos verbaes João Nicolau, filho legitimo de Pascoal Nicolau e Rosalia Peluzo, natural e baptisado na Freguesia de São João, Bispado de Policastro,[5] na Italia: Com Alexandrina [Forrula], filha legitima de Jose [Forrula] e Maria Ângela, natural e baptisada na Freguesia de [?], Província de Salerno, na Italia e moradores na freguesia de Sant'Anna e forão abençoados, de que fis este termo. O Vigário Pedro de Mello [Abanforado]

Entretanto, é interessante observar que o primeiro registro de casamento envolvendo italiano, identificado na pesquisa, *no arquivo da paróquia de Sant'Anna*, transcrito a seguir, refere-se a um enlace matrimonial de moradores dessa região, realizado, no entanto, em Botafogo, na capela do colégio São Pedro de Alcântara, com o devido reconhecimento do vigário da paróquia de Sant'Anna. Levanta-se a hipótese de um dos nubentes ter relações de trabalho, do tipo doméstico, por exemplo, em Botafogo.

Chama a atenção, nesse documento, o fato de ser um casamento fora do grupo de italianos, uma vez que a nubente é brasileira. Ressalta ainda sua condição de filha natural e originária da freguesia da Candelária, devendo provir dos estratos pobres da sociedade, já que sua mãe ostenta o sobrenome "do Amor Divino", e não um de família.

> Aos nove de maio de mil oitocentos e setenta e quatro de minha licença na Capella do colégio de São Pedro de Alcântara na Praia de Bota-Fogo número setenta e quatro, em prezença do Reverendo Cônego José Mendes de Paiva e das Thestemunhas o Reverendo Antonio Mendes Fernandes de Paiva, Domenico Filipponi e D. Benedicta Filipponi de Provisão do Reverendo Monsenhor Felix Maria de Freitas e Albuquerque, na forma do Sagrado Concilio Tridentino Const. De Bisp. e Leis de Império, receberão-se em Matrimonio por palavras de prezente, tomados os depoimentos verbais Attilio Baselli, filho legitimo de Julio Baselli e Margarida [Vrangia] Baselli, natural e baptisado na Freguesia de Volta, Província de Mântua, na Lombardia, Itália: Com Luiza Firmina da Cunha Pinheiro, filha natural de Maria Felícia do Amor Divino, natural e baptisada na freguesia de Candellaria e ambos moradores na de Sant'Anna

---

[5] Embora não mencionado, Policastro é comuna da província de Salerno.

nesta Corte e foram abençoados, com Certidão; de que lavrei este termo e declaro que o acto teve lugar às onze horas da manhã. O Vigário Pedro de Mello [Abanforado]

Os registros consultados exibiram um dado relevante: a maioria esmagadora dos italianos não era apenas da Calábria — como aventam alguns historiadores —, mas especificamente de Cosenza, uma *província* da região em questão. Além disso, mais duas províncias do sul se destacavam como zonas de procedência: Salerno, na Campânia, e Potenza, na Basilicata (também conhecida como Lucânia).[6] O mapa 2 exibe as regiões do sul da Itália, bem como as três províncias mencionadas.

Nos registros matrimoniais examinados, foram encontrados 276 indivíduos italianos, desse contingente, apenas 19 encontram-se sem identificação de província e comuna de origem. Do restante, somente nove não indicam a comuna, mas referem-se à província e, consequentemente, à região. Esse dado já justifica a relevância da fonte, uma vez que tal detalhamento não é encontrado de forma tão sistematizada em outros documentos.

Do norte da Itália, apenas 12 indivíduos foram localizados, e da mesma forma é pequena a participação da região central: somente seis italianos, conforme a tabela 2.

Mapa 2 | Regiões e províncias do sul da Itália

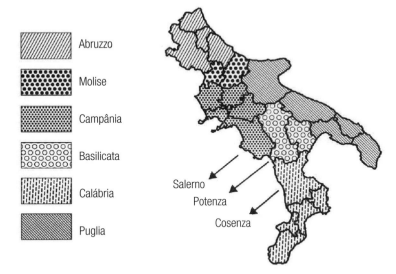

Fonte: Da própria autora.

---

[6] Ângelo Trento (1989) já havia apresentado que as principais províncias de origem eram Cosenza, Potenza e Salerno, sem, no entanto, apresentar números ou detalhes acerca das comunas de origem.

Tabela 2 | Origem dos imigrantes da Itália setentrional e central

Regiões	Províncias	Comunas localizadas
Ligúria: 1	Gênova: 1	Gênova: 1
Piemonte: 2	Novara: 1	
	Turim: 1	Turim: 1
Lombardia: 3	Bréscia: 1	
	Cremona: 1	Cremona: 1
	Mântua: 1	Volta Mantovana: 1
Vêneto: 3	Pádua: 2	Campodarsego: 1
	Rovigo: 1	Lendinara: 1
Emília-Romanha: 3	Bolonha: 1	Bolonha: 1
	Ferrara: 2	
Toscana: 2	Groesetto: 1	Follonica: 1
	Lucca: 1	Lucca: 1
Marcas: 1	Ancona: 1	Osimo: 1
Lácio: 3	Roma: 3	Roma: 4

Fonte: Registros de casamento das paróquias de Santana, Santo Antônio dos Pobres, Santo Cristo dos Milagres e São José entre os anos 1870 e 1910.

Por outro lado, os 239 provenientes das partes meridional e insular apresentam-se como maioria esmagadora, se comparados aos 18 das regiões supramencionadas. Algumas dessas regiões se destacaram, apresentando forte concentração em determinadas províncias, tal como a Campânia — da qual 82,76% eram oriundos da província de Salerno — e a Basilicata, em que 100% vinham de Potenza, como mostra a tabela 3.

Tabela 3 | Origem dos italianos da Campânia e da Basilicata

Regiões	Províncias	Comunas localizadas
Campânia: 29	Nápoles: 2	Nápoles: 2
	Benevento: 1	Regia: 1
	Caserta: 2	
	Salerno: 24	Salerno: 1
		Agropoli: 3
		Bucino: 1
		Casalbuono: 1
		Centolla: 1
		Montano Antilia: 1
		Policarpo Bussentino (Santa Maria): 2
		Vallo della Lucania: 3
Basilicata: 22	Potenza: 22	Potenza: 2
		Brienza: 2
		Casteluccio: 1
		Casteluccio Superiore: 4
		Latronico: 2
		Maratea: 1
		Moliterno: 1
		Rionero in Vulture: 1
		San Severino di Lucano: 3
		Satriano di Lucania: 3
		Saponara (Grumento Nova): 1
		Tito: 1
		Tolvi: 1
		Tramutola: 1
		Viggiano: 1

Fonte: Registros de casamento das paróquias de Santana, Santo Antônio dos Pobres, Santo Cristo dos Milagres e São José entre os anos 1870 e 1910.

Ainda na parte meridional, releva-se, particularmente, a região da Calábria — responsável pela maioria absoluta dos *oriundi* —, onde se constata que 97,78% de seus emigrantes eram naturais da província de Cosenza. A essa concentração superpõe-se a da grande incidência de italianos das comunas de Paola, Fuscaldo e San Lucido (tabela 4).

Tabela 4 | Origem dos italianos da Calábria

Região	Províncias	Comunas localizadas
	Catanzaro: 1	
	Crotone: 1	Petilia Policarpo: 1
	Vibo Valentia: 1	Pizzo: 1
		Cosenza: 5
		Acquappesa: 1
		Aieta: 1
		Belmonte Calabro: 1
		Belverde Marittimo: 2
		Besignaro: 1
		Cassano allo Ionico: 2
		Castrovillari: 1
		Cerzeto: 1
		Falconara Albanese: 2
		Fiumefreddo Bruzio: 2
		Fuscaldo: 29
		Lungro: 1
Calábria: 180	Cosenza: 177	Luzzi: 4
		Malvito: 1
		Mongrassano: 1
		Paola: 70
		Roggiano Gravina: 3
		Rossano: 1
		Rotagrega: 3
		San Fili: 1
		San Giorgio Albanese: 2
		San Giovanni in Fiori: 1
		San Lucido: 19
		San Marco Argento: 1
		Santa Maria del Cedro: 3
		Torrano Castello: 2

Fonte: Registros de casamento das paróquias de Santana, Santo Antônio dos Pobres, Santo Cristo dos Milagres e São José entre os anos 1870 e 1910.

Com uma fração menos significativa, mas digna de ser levada em conta, também se instalaram no Rio de Janeiro italianos de outras regiões do sul, incluindo as duas ilhas — Sicília e Sardenha —, como mostra a tabela 5.

Tabela 5 | Origem dos italianos das demais regiões do sul

Regiões	Províncias	Comunas localizadas
Abruzzo: 3	Áquila: 3	
	Chieti: 2	Vasto: 1
Puglia: 1	Bari: 1	Barletta: 1
Sicília: 3	Caltanissetta: 1	San Cataldo: 1
	Messina: 1	Milazzo: 1
	Siracusa: 1	Siracusa: 1
Sardenha: 1	Sassari: 1	Alghero: 1

Fonte: Registros de casamento das paróquias de Santana, Santo Antônio dos Pobres, Santo Cristo dos Milagres e São José entre os anos 1870 e 1910.

Os registros de casamento constituem-se em documentação expressiva para contribuir para a compreensão das estratégias de socialização do grupo. Evidencia-se que, casando entre si, buscavam consolidar os laços de origem, fortalecendo, assim, a colônia.

Muitas vezes, tais patrícios eram nascidos, batizados na mesma cidade da Itália e moradores no mesmo bairro, no Brasil, o que possibilita pensar que teriam se conhecido mesmo no além-mar. Dois exemplos, entre muitos, é o de Eugenio Martyr e Assumpta Strino, em Sant'Anna, e o de Bras Antono Lauria e Gemma Polina, em Santo Antônio. No último caso, ressalta-se um vínculo a mais, de condição social, uma vez que ambos os nubentes apresentam a condição de "filhos naturais".

Aos quatorze de maio de mil novecentos e quatro nesta Matriz de Provisão do Rev. Vigário Geral em minha presença e das testemunhas Lívio Valboneti e José Paruno em minha presença, digo, na forma do Con. Trid. receberão-se em matrimonio *Eugenio Martyr e Assumpta Strino* elle filho legitimo de Salvador Martyr e de Rosa Gentil *nascido e baptisado na Egreja Matriz de São Lucido Província de Cozenza, no Reino da Itália* e ella filha legitima de Salvador Strino e de Felomenda Chiaro *nascida e baptisada na Egreja Matriz de São Lucido Província de Cozenza, no Reino da Itália. Os contratantes são am-*

bos moradores nesta freguesia de Sant'Anna de que se fez este termo. O Vigário Antonio Lopes de Araujo.[7]

Aos cinco dias do mês de Março de mil novecentos e quatro, nesta Matriz de Santo Antonio, perante as testemunhas Doutor Oscar Nerval de Gouvêa, João Pinto Vasconcellos Barreto e Guilhermina Nerval de Gouvêa, em virtude de Provisão do Execellentissimo Monsenhor Vigário Geral e observando as prescripções do estylo, o Reverendo Padre Joaquim Martins Teixeira, de minha licença assisto ao Matrimonio que celebram *Bras Antonio Lauria e Gemma Polina*; elle filho natural de Maria Regina Palermo; *nascido no Reino de Italia onde foi baptisado na Egreja Matriz de São Severino, Província de Lucania, no mesmo Reino*; ella filha natural da finada Maria Domenica Carleone, *nascida no Reino de Italia, onde foi baptisada na Egreja Matriz de São Severino, Província de Lucania, do mesmo Reino. Ambos moradores nesta Freguesia de Santo Antonio*. Para constar, lavrou-se este termo que assigno. O Vigário Monsenhor Eurípedes Calmon Nogueira da Gama Pedrinha.[8]

Existem, ainda, casamentos entre supostos primos, afinal têm o mesmo sobrenome, como é o caso de Antonio Spagnnolo e Theresina Spagnnolo, cujos sobrenomes dos pais são iguais e também o são os das mães.

Aos vinte e dois de Outubro de mil novecentos e quatro, nesta Matriz de Provisão de Sua Ex.a e Reverendo Senhor Arcebispo, dispensando, no impedimento de consanguinidade em segundo gráo igual da linha lateral duplicada em minha presença e das testemunhas Pedro [Mitiduno] Miguel Latancio e Antonio Loureiro, na forma do Conc. Trid. receberão-se em matrimonio *Antonio Spagnnolo e Theresina Spagnnolo; elle filho legitimo de Antonio Spagnnolo e de Theresa Cantasani, nascido e baptisado na Freguesia de Brienza, no Bispado de Potenza, na Italia e ella filha legitima de Victor Donato Spagnnolo e de Marianna Cantasani, nascida e baptisada na Freguesia de Lairia Superior no Bispado de Polycastro, na Italia e moradores na Freguesia de Sant'Anna* desta cidade; de que para constar se fez este termo. O Vigário Antonio Lopes de Araujo.[9]

No conjunto examinado, encontramos diversos sobrenomes repetidos. Exemplos são os Aló, Bruno, Calvano, Cataldo, de Biase, Panno e Santoro, entre outros. É difícil saber se os indivíduos pertenciam às mesmas famílias, já que a tradição

---

[7] Arquivo Paroquial da Igreja de Santana. Registros de Casamentos. Ano 1904.
[8] Arquivo Paroquial da Igreja de Santo Antônio dos Pobres. Registros de Casamentos. Ano 1904.
[9] Arquivo Paroquial da Igreja de Santana. Registros de Casamentos. Ano 1904.

italiana é de ter apenas um sobrenome, tornando o cruzamento de informações mais complicado.

Ainda que a maioria de enlaces ocorresse entre os patrícios — italianos natos ou seus descendentes —, verificaram-se, também, casamentos mistos, já que o número de homens excedia consideravelmente o de mulheres. Registram-se uniões com brasileiros, alguns dos quais de outros estados. É exemplo o matrimônio de Silvio Scordino, italiano de Potenza, e de Maria Edwiges do Nascimento, brasileira do Rio Grande do Norte, ocorrido em 13 de agosto de 1904 na paróquia de Santo Antônio dos Pobres.[10]

Referências sobre miscigenação, utilizando como fonte os registros policiais ligados a Sant'Anna, reforçam as evidências mencionadas. Tal é o caso do texto de Lerice de Castro Garzoni (Azevedo, Cano, Cunha e Chalhoub, 2009) em que a autora apresenta, nos registros policias pesquisados em Sant'Anna, dois casos de italianos ligados a mulheres referenciadas como "pretas". O primeiro envolve Maria Gomes — preta, de Pernambuco —, presa por embriaguez e desordem, e Braz Marizi — italiano —, preso por manifestar-se contra a prisão da brasileira.[11] Já o segundo registro envolve a jovem Dejanira Viera Gentil — preta, de Minas Gerais —, que tentara se suicidar ingerindo creolina após ter sido abandonada pelo marido, o italiano Guilherme Gentil.[12]

Além disso, localizam-se matrimônios entres italianos e portugueses, como o de Manoel Clemente — natural de Faro — e Rosa Bufone, natural de Catanzaro, em 10 de setembro de 1904, na paróquia de Santana;[13] e de italianos com espanhóis, tal é o exemplo do casamento entre Vicente Gilio — italiano de Paola, Cosenza — e Mercedes Bruno — espanhola —, realizado em 3 de setembro de 1904, na mesma paróquia.[14]

Da mesma forma, é particularmente interessante a união encontrada entre um italiano de Turim, na região do Piemonte, e uma francesa, de Paris, transcrita a seguir, pois a colônia italiana não apresentava significativa proximidade com a francesa, diferentemente do que ocorria com a portuguesa e a espanhola. Ressalta-se que o nubente era originário do norte da Itália, região de onde vieram poucos imigrantes.

---

[10] Arquivo Paroquial da Igreja de Santo Antônio dos Pobres. Registros de Casamentos. Ano 1904.

[11] Garzoni apud Azevedo, Cano, Cunha e Chalhoub (2009:171-172). Referência da autora: Cecult. Livro de Ocorrências da 9ª Delegacia Urbana, livro nº 8.589, p. 1999.

[12] Ibid., p. 2013.

[13] Arquivo Paroquial da Igreja de Santana. Registros de Casamentos. Ano 1904.

[14] Ibid.

Aos seis dias do Mês de Agosto de mil novecentos e quatro, na Egreja Matriz do Santíssimo Sacramento desta cidade do Rio de Janeiro, perante as testemunhas Pio Felice Gasco e Eugenio [Malsieu] em virtude do despacho do Excellentissimo Monsenhor Vigario Geral e observadas as prescripções do estylo, o Reverendo Senhor Congo Manoel Marques de Gouvêa, de minha licença, assistio ao Matrimonio que celebraram *Victor Falcom e Alice Trachez*; elle filho legitimo de Francisco Falcom e Luiza Sereno, *nascido e baptizado na cidade de Turim, Bispado do mesmo nome, na Italia*; ella filha legitima de Frederico Trachez e Marie Mugeoret, *nascida e baptisada na Freguesia de Trindande da cidade de Paris, em França; ambos são moradores nesta Freguesia do Santo Antonio*. Para constar, lavrou-se este termo que assigno. Padre Joaquim Martins Teixeira. Encarregado da Parochia.[15]

Concluindo, pode-se afirmar que os registros matrimoniais destacam-se como fonte primordial para a compreensão dos vínculos socioculturais, bem como para melhor entendimento das correntes de imigrantes que cruzaram os oceanos e aportaram no Rio de Janeiro. O adensamento da pesquisa nesse tipo de fonte permitirá aos historiadores aprofundar os estudos sobre a temática da imigração, apreender as estratégias matrimoniais e formas de sociabilidade, assim como a territorialização dos diversos grupos, além de contribuir, de modo geral, para o enriquecimento da historiografia da cidade do Rio de Janeiro.

Referências

ABREU, M. de A. *Evolução urbana no Rio de Janeiro*. Rio de Janeiro: Zahar, 1987.

AZEVEDO, E.; CANO, J.; CUNHA, M. C. P.; CHALHOUB, S. *Trabalhadores na cidade*. Campinas: Unicamp, 2009.

CARLOS, A. F. A. *O espaço urbano*: novos escritos sobre a cidade. São Paulo: Contexto, 2004.

CARMO, M. I. M. de. *Nelle vie della città*: os italianos no Rio de Janeiro (1870-1930). Dissertação (mestrado em história social), UFF, 2012.

CARVALHO, J. M. de. *Os bestializados*: o Rio de Janeiro e a República que não foi. São Paulo: Companhia das Letras, 2000.

CARVALHO, L. de A. *Contribuição ao estudo das habitações populares*: Rio de Janeiro, 1886-1906. Rio de Janeiro: Secretaria Municipal de Cultura, 1986.

CENNI, F. *Italianos no Brasil*. São Paulo: Edusp, 1975.

CHALHOUB, S. *Trabalho, lar e botequim*: o cotidiano dos trabalhadores no Rio de Janeiro da *Belle Époque*. Campinas: Unicamp, 2001.

---

[15] Arquivo Paroquial da Igreja de Santo Antônio dos Pobres. Registros de Casamentos. Ano 1904.

COSTA, E. V. da. *Da Monarquia à República*: momentos decisivos. São Paulo: Universidade Estadual de São Paulo, 2007.

FAUSTO, B. (Org.). *Fazer a América*: a imigração em massa para a América Latina. São Paulo: USP, 2000.

LESSA, C. *O Rio de todos os Brasis*: uma reflexão em busca da autoestima. Rio de Janeiro: Record, 2005.

LOBO, E. M. L. *História do Rio de Janeiro*: do capital comercial ao industrial e financeiro. Rio de Janeiro: Instituto Brasileiro de Mercados de Capitais, 1978.

MARTINS, I. de L. A presença italiana no Rio de Janeiro. In: MARTINS, I. de L.; HECKER, A. (Org.). *E/Imigrações*: histórias, culturas, trajetórias. São Paulo: Expressão e Arte, 2010.

MATTOS, M. B. *Trabalhadores e sindicatos no Brasil*. Rio de Janeiro: Vício de Leitura, 2002.

MENEZES, L. M. *Os indesejáveis*. Rio de Janeiro: Uerj, 1996.

ROCHA, O. P. *A era das demolições*: cidade do Rio de Janeiro, 1870-1920. Rio de Janeiro: Secretaria Municipal de Cultura, 1986.

ROIO, J. L. del (Org.). *Trabalhadores do Brasil*: imigração e industrialização. São Paulo: USP, 1990.

ROLNIK, R. *O que é cidade?*. São Paulo: Brasiliense, 1995.

TRENTO, A. *Do outro lado do Atlântico*: um século de imigração no Brasil. São Paulo: Nobel, 1989.

VANNI, J. C. *Italianos no Rio de Janeiro*: a história do desenvolvimento do Brasil partindo da influência dos italianos na capital do Império. Niterói: Comunità, 2000.

WEYRAUCH, C. S. *Deus abençoe esta bagunça*: imigrantes italianos na cidade do Rio de Janeiro. Niterói: Comunità, 2009.

_____; FONTES, M. A. R.; AVELLA, A. Â. *Travessias Brasil Itália*. Rio de Janeiro: Eduerj, 2007.

MEMÓRIA E IDENTIDADE
PELOS CAMINHOS DO SAL FLUMINENSE

João Christovão

> *D'água nasce*
> *N'água cresce*
> *Se botar n'água*
> *Desaparece*[1]

O SAL FOI DURANTE MAIS DE UM SÉCULO A PRINCIPAL ATIVIDADE ECONÔMICA DA REGIÃO do entorno da lagoa de Araruama. Além da importância econômica que tinha para a região como um todo e para a sociedade cabo-friense em particular, a atividade salineira deixou marcas com as quais seus moradores se identificam e pelas quais a cidade é, ou melhor era, identificada. Marcas deixadas, entre outras, a partir da paisagem formada pelos moinhos e pelas pirâmides de sal curando ao sol, símbolos daquela cultura.

Buscamos, neste breve capítulo, identificar elementos que permitam iniciar uma discussão sobre as formas pelas quais dada memória sobre o sal prevaleceu sobre tantas outras e como essa memória constituiu-se em elemento fundamental da identidade de uma região. Outrossim, considerando que a identidade criada se altera a partir de dado momento, propomos uma reflexão sobre o que Margareth Rago chamou de desidentificação no prefácio de "A invenção do Nordeste" (Al-

---

[1] Quadrinha popular.

buquerque Jr., 2009). Rago, ao analisar a elaboração da obra de Durval Muniz, afirma que suas contribuições

> Obrigam a nos darmos conta de que vivemos um movimento de desidentificação com a memória nacional e regional, como diria Pierre Nora, uma profunda sensação de perda e de estranhamento diante de uma tradição em que já não nos reconhecemos, que já não nos diz, que deixou de ser transmitida naturalmente e da qual não nos sentimos mais portadores [Rago, M., apud Albuquerque Jr., 2009:17].

Para tanto, optamos por realizar uma descrição dos caminhos trilhados pelo sal fluminense ao longo do século passado com o intuito de evidenciar a estreita relação desse produto com aquela comunidade, mostrando como a presença da indústria salineira, somada ao relativo isolamento vivido pela comunidade, pode ter contribuído para a construção da identidade que aqui apresentamos. Ao mesmo tempo, mas em sentido contrário, a partir do momento em que o sal perde sua importância e a cidade se abre para uma nova atividade econômica, essa identidade se dilui e se transforma. O processo de identificação, bem como o de desidentificação, que ocorre em Cabo Frio com relação ao sal só é possível ser observado e identificado hoje quando grande parte de seu curso já foi percorrido. Uma vez que as mudanças não são instantâneas, um distanciamento temporal mínimo é necessário para perceber as alterações que estão se processando.

Sal, memória e identidade

Sendo um produto de fundamental importância para a manutenção da vida — só encontrando paralelo na água —, o sal era importante não só para a cidade de Cabo Frio e para a região, mas para todo o território brasileiro. Apesar dessa importância, ou antes exatamente por ela, o sal esteve proibido de ser produzido no Estado do Brasil — não se aplicando ao Maranhão e ao Pará — desde o alvará que estabeleceu o estanco em 4 de agosto de 1631 até 1801. Segundo Myriam Ellis (1955:48), "antes do estabelecimento do estanque, era livre o comércio do sal para os portos do Brasil [que] era frequentemente transportado como lastro das embarcações que vinham de Portugal, em busca do açúcar e de outros gêneros de exportação".[2]

---

[2] Sobre a importância do sal para a manutenção da vida e os diversos significados atribuídos a ele, ver Carneiro (1952:3). Ver também Dias (2005:339-348) e Chevalier e Gheerbrant (1996).

A proibição tinha o mesmo sentido de outros monopólios e visava proteger os interesses dos produtores e comerciantes do Reino, sendo claros seus efeitos sobre as áreas salíferas do Brasil. Apesar disso, o sal produzido no Brasil foi de fundamental importância para o estabelecimento e desenvolvimento das diversas empresas que aqui tiveram lugar, mesmo durante a vigência do estanco. Contrariando os interesses oficiais, havia no território brasileiro, desde sempre, dois lugares altamente salíferos onde o sal cristalizava naturalmente sem a necessidade da ação humana: a região dos municípios de Areia Branca e Macau, no atual estado do Rio Grande do Norte, e a região da lagoa de Araruama, no estado do Rio de Janeiro.[3] Sobre os efeitos do contrato, Varnhagen (1959:268-269; grifo nosso) afirma que o governo português

> proibiu que as águas salgadas se fizessem secar, para com isso obter o sal, em prejuízo das marinhas de Setúbal, da Alverca ou da Figueira! [...] havendo Jaques Granate arrematado o contrato do sal para o Brasil, ficava neste país proibida a factura dele, e até o aproveitar-se do que a natureza produzisse, coalhando-o em salinas ou lagoas. O contrato era tão lesivo aos povos que de meia pataca o alqueire, conforme se pagava antes, havia depois dele subido até a cruzado, o que era enorme, ainda tendo em conta a depreciação de valor operada no numerário. O resultado foi abrir-se mão dessa indústria, tão natural para o Brasil (*por demandar poucos braços e muito sol*) que em alguns sítios, como em Cabo Frio, se apresenta ele fabricado por si mesmo. E o Brasil ficou até hoje consumindo de fora cargas de sal, que pode melhor obter dos próprios mares.[4]

No caso de Cabo Frio — a partir do fim do estanco —, a utilização das águas da Araruama fez com que a região obtivesse um papel de destaque nas demandas internas pelo sal em função de sua proximidade com os principais centros consumidores e pelo alto custo enfrentado pelo sal potiguar no que tange ao embarque e transporte do produto.[5]

Do início da produção formal no Império ao desenvolvimento da indústria no século XX, o sal cristalizou-se como principal produto e símbolo da região. José Marcelo Giffoni (2000) traça um perfil bastante detalhado do processo de ocupação das terras de marinha e do estabelecimento das salinas na região desde 1811, até

---

[3] Sobre a salinidade na lagoa de Araruama, ver Bidegain (2002).

[4] Nesse trecho, o autor afirma que "as primeiras proibições dataram já de 1665", nada informando sobre o alvará de 4 de agosto de 1631, que estabeleceu o estanco.

[5] Sobre os problemas enfrentados pelo sal potiguar com relação ao embarque e transporte, ver Sousa (1988), Christovão (2011) e Femenick (1957).

chegar ao estudo de caso que analisa — a concessão feita a Luís Lindenberg em 22 de maio de 1824 (Giffoni, 2000:48). Como nos mostra Giffoni (2000:28, 57), Lindenberg morreu rico, em grande parte graças a suas salinas; contudo, a elas só foi dado um sistema eficaz de produção a partir de 1901.[6] Deixemos, pois, as salinas do Império para trás fazendo delas o uso que nos dá Giffoni e vamos em busca dos rastros dessa sociedade que teve sua formação imbricada com a produção do sal.

A pujança do sal nos alvores da República

O orçamento da Câmara Municipal de Cabo Frio para o exercício de 1896[7] nos mostra que a principal fonte de receitas do município era o Imposto sobre Indústrias e Profissões.[8] Da análise do lançamento do referido imposto no ano 1896[9] podemos observar que dos 162 estabelecimentos e profissões sujeitos à cobrança do imposto na cidade apenas nove eram salinas, sendo todas localizadas no primeiro distrito da cidade. Apesar de representar apenas 5,5% dos estabelecimentos/atividades tributáveis, as salinas já respondiam por aproximadamente 20% (906$500) das receitas do referido imposto (5:024$416), percentual que iria subir significativamente ao longo do século XX.

Com cerca de 9 mil habitantes,[10] a economia da cidade já se encontrava fortemente vinculada às salinas, e se estas ainda não eram as maiores contribuintes municipais, certamente apresentavam o maior potencial de crescimento econômico da região. De nove salinas contribuintes em 1896, o número já havia saltado para 13

---

[6] O grande problema enfrentado pelas salinas da região era a infiltração das águas no solo. A solução encontrada foi a utilização de uma argila típica da restinga, a tabatinga, que impermeabilizava o solo e resolvia o problema.

[7] *Orçamento da receita e despeza da Câmara Municipal de Cabo Frio para o exercício de 1896.* Rio de Janeiro: Typ. Jeronymo Silva & C., 1896. p. 3. Esse documento é um dos poucos da Câmara que foram impressos nesse período. Arquivo Histórico da Câmara Municipal de Cabo Frio, Fundo CDA, Documentos Ancestrais, n. 063.

[8] *Regulamento do imposto de indústrias e profissões da Câmara Municipal da cidade de Cabo Frio.* Arquivo Histórico da Câmara Municipal de Cabo Frio, Fundo CDA, Documentos Ancestrais, n. 021. O referido imposto foi aprovado em 20 de outubro de 1892.

[9] *Lançamentos dos impostos de indústrias e profissões organisado pela commissão de Fazenda para o anno de 1896, approvado pela Câmara em sessão de 6 de janeiro de 1896 e definitivamente pela Assembleia Municipal em sessão de 10 do mesmo mez e anno.* Arquivo Histórico da Câmara Municipal de Cabo Frio, Fundo CDA, Documentos Ancestrais, n. 041.

[10] Livre estimativa a partir do decréscimo populacional entre 1890 e 1900 de 10.382 para 8.791 habitantes. Ver as tabelas 1 e 5 (Anexo A) e a análise dos dados demográficos de Cabo Frio em Christovão (2011).

em 1899,[11] muito em função do fato de que, além da pesca, Cabo Frio não oferecia muitas oportunidades econômicas que pudessem vir a ser desenvolvidas nesse período. Se no século XIX a grande dificuldade com relação às salinas foi desenvolver um sistema eficaz de produção e estabelecer a indústria como tal, no século XX as questões que se impuseram foram outras: a ampliação da área de produção, a qualidade do produto e o transporte do sal produzido para fora da região.

Os dados demográficos sobre Cabo Frio mostram que, a partir do fim do século XIX, há uma variação bastante significativa no quantitativo populacional do município. Isso ocorre na virada do século XIX para o XX e também nas primeiras décadas do XX. Somente a partir da década de 1960 passa-se a registrar um crescimento sistemático e vigoroso da população, que acreditamos dever-se, em grande parte, à instalação da Álcalis.[12]

Essa variação irregular do número de habitantes ao longo de quase um século requer uma análise detalhada para tentarmos entender seus motivos. Apesar de não termos elementos suficientes para afirmar categoricamente o porquê de tamanha variação, os dados que possuímos nos permitem levantar hipóteses sobre os fatores que teriam influenciado a dinâmica populacional local, levando-nos a acreditar que tanto o decréscimo populacional quanto os momentos de grande crescimento tinham relação direta com a produção de sal.

A diminuição do número de habitantes na virada do século XIX para o XX estaria diretamente relacionada com a falta de opções numa cidade como Cabo Frio, que, além de ser muito pequena, tinha acesso relativamente difícil à época. Esse é um período em que as salinas ainda estavam se estabelecendo, buscando um processo de produção mais eficiente, e não havia como oferecer mais oportunidades de emprego à população.

Já o período entre 1900 e 1920, quando a população da cidade quase dobra de tamanho, coincide com o primeiro momento de expansão salineira. Nessa época, as salinas já haviam solucionado o problema de infiltração da água no solo e começavam a se expandir.[13] Ainda que utilizassem pouca mão de obra,[14] a grande expansão das áreas de cristalização requeriam, naquele momento, um número

---

[11] Arquivo Histórico da Câmara Municipal de Cabo Frio, Fundo CDA, Documentos Ancestrais, n. 301.

[12] A Cia. Nacional de Álcalis foi criada pelo Decreto-lei n⁰ 5.648, de 20 de julho de 1943, e inaugurada em 1958.

[13] Ver solicitações de aforamento de terras para a ampliação das salinas feitas à Câmara Municipal no período em questão. AHCM, Fundo CDA. Entre 1900 e 1920, a população varia de 8.791 para 16.475 habitantes.

[14] Ver nota 4.

crescente de trabalhadores. Isso pode explicar, ao menos em parte, o crescimento populacional no período.

De 1920 a 1940, quando a população volta a diminuir, temos um período de crise na produção de sal.[15] Se juntarmos à crise salineira desse período o fato de as salinas utilizarem um contingente muito reduzido de trabalhadores — como já dito —, teremos, ao menos parcialmente, uma explicação para esse novo decréscimo. Com a crise na produção de sal e a manutenção de poucas alternativas econômicas à época, Cabo Frio não se constituía em um grande atrativo para as pessoas da região e nem mesmo para seus habitantes, que migravam em busca de outras oportunidades. Evandro Barbiéri (1975:23-24) faz uma análise comparativa entre a área de produção do sal potiguar e a fluminense que nos ajuda a refletir sobre essa questão:

> Em termos competitivos, quando comparadas à região salineira do Nordeste, as salinas do Estado do Rio apresentam uma redução de produtividade tanto quantitativa quanto qualitativamente, não só em função das dimensões reduzidas da área do parque salineiro, mas, principalmente, em razão das condições climáticas menos favoráveis, as quais, além de determinar menor produção por hectare, se responsabilizam pela qualidade algo inferior do produto. Enquanto no Nordeste a área do parque salineiro atinge a 233.100.000 metros quadrados, no Estado do Rio a área utilizada pelas salinas é de apenas 22.210.837 metros quadrados, excluindo as que funcionam como refinarias e que ocupam 15.192.081 metros quadrados.

Os dados apresentados por Barbiéri em 1975 referem-se ao período entre 1961 e 1972,[16] mas não há motivos para supor que essa situação fosse diferente nas primeiras décadas do século XX e que o parque salineiro fluminense fosse maior a ponto de estimular um fluxo maior e mais constante de pessoas para a região. Na verdade, mesmo quando a produção de sal apresentava uma curva ascendente e com as salinas ampliando suas áreas de cristalização nas primeiras décadas do século passado, o modo pelo qual elas funcionavam continuava a demandar um número muito pequeno de trabalhadores.[17] Por sua característica sazonal, a quantidade de braços aumentava no período da colheita da safra, mas era muito pequena na

---

[15] *Estudos sobre o sal*, material organizado pela Comissão Executiva do Sal. Biblioteca Nacional, Seção de Obras Gerais: VI-86,7, 16, n. 4; ver também Christovão (2011). Entre 1920 e 1940, o Censo registra um decréscimo populacional de 16.475 para 14.948 habitantes.

[16] Nesse período, mesmo com a presença da Álcalis, o sal fluminense apresentava limitações, posto que boa parte das salinas não atendia às exigências da empresa. Ver Christovão (2011).

[17] Conforme nota 14.

maior parte do tempo. Marcel Jules Thiéblot (1979:39) afirma: "Em tempo de colheita, aos trinta ou mais empregados fixos da salina, vêm agregar-se de 100 a 150 trabalhadores de fora". Além disso, sempre que houve alguma inovação,[18] esta era exatamente no sentido de diminuir ainda mais a mão de obra utilizada.

De qualquer maneira, ainda que não atraísse mais pessoas para a região, a identificação da cidade com a atividade salineira e a importância desta para a economia local já era bastante significativa. Como também era a necessidade de melhores meios de transporte que facilitassem o fluxo de pessoas e o escoamento da produção.

> Terra que tanto contribue, pela sua producção, para as rendas federaes, é de lamentar não tenha encontrado, no Parlamento Nacional, quem, pela sua sorte, se interessasse, propondo medidas tendentes á melhorar os transportes. [...] Que admirável estação balneária seria Cabo Frio, — que a 120 kilometros de Niteroy, pode ser alcançada por trem de ferro, em menos de duas horas, tanto mais quanto o terreno, a percorrer, é de fácil trajecto, quase todo elle plano e enxuto. E dizer-se que o Estado, em varias administrações, tem feito concessões, algumas vezes onerosas para a construcção de estradas de ferro, sem que houvesse compellido, qualquer das companhias existentes, a levar, realmente, as suas linhas á mais velha das cidades fluminenses, ao município de Cabo Frio, cuja produção representa, em peso, *quase vinte por cento de toda a producção do Estado* [Vasconcelos, 1922; grifo nosso].[19]

Ainda sobre o período que vai até 1940, o *Estudos sobre o sal* afirma que o país teria atravessado um período de escassez do produto e, em função dessa escassez, "o Brasil começou a importar sal, situação que teria durado até a criação do Instituto Nacional do Sal em 1940".[20] A queda na produção de sal aí apontada também foi acompanhada por uma queda no valor em função da qualidade do produto, o que agravava mais ainda a crise.

> O sal não tem, infelizmente, melhor cotação talvez por não se apresentar, na concorrência, em condições de grande pureza. Comprehendendo isso, os activos salineiros de Cabo Frio procuram beneficiar o producto, que, em breve tempo,

---

[18] Registre-se que as salinas fluminenses, ao contrário das potiguares, pouco tiveram de inovação tecnológica e pouco alteraram o modo de produção ao longo de toda a sua história.

[19] Foi mantida a grafia original do texto.

[20] *Estudos sobre o sal*, op. cit. Na verdade, crises de produção ou de abastecimento sempre existiram, da mesma forma que a importação do produto foi feita sempre que houve a necessidade. Isso ocorreu antes, durante e após o estanque do sal, bem como no Império, nos primeiros anos da República e, inclusive, após a criação do INS, pelos mais diversos motivos.

retomará, no mercado, a primazia na procura, que cresce de anno para anno, necessário que é elle, a varias industrias [Vasconcelos, 1922].[21]

Apesar de o sal de Cabo Frio ser sabidamente inferior em qualidade ao sal do Nordeste, isso não era admitido em tempo algum pelos produtores, até porque, se não tinha as mesmas características do sal nordestino, ainda assim o produto fluminense era muito bom e se prestava a todos os usos até então. Também os moradores da cidade, por uma questão de orgulho, não admitiam em hipótese alguma a possibilidade de o produto local ser de alguma forma inferior a qualquer outro (Beranger, 1993). Mesmo em épocas de crise de baixa produção ou queda nos preços, o sal continuava a ser responsável por grande parte da economia cabo-friense, que em torno dele girava. Isso acabava dando ao sal uma dupla característica: ele era, ao mesmo tempo, principal produto e símbolo daquela comunidade.

Hilton Massa (1980:132), memorialista da cidade, ao registrar a crise salineira do início da década de 1920, afirma:

A cidade atravessava um período de crise salineira, tanto que iam à hasta pública cerca de dois mil sacos de sal, a mil réis o saco e penhorados a alguns salineiros, em ação executiva movida pela firma Percy James Mac-Kellen. A receita municipal, por exemplo, estimou-se em 91 contos de réis, para uma despesa igual, com um saldo de apenas 122 mil réis para o exercício seguinte [...].[22]

É compreensível que, por não haver outras alternativas econômicas que pudessem atrair as pessoas a Cabo Frio, encontrando-se sua principal indústria em crise, e dadas as dificuldades de acesso à cidade até o final da década de 1930, o crescimento populacional se mantivesse estagnado e até se reduzisse. Isso concorria para que tanto a estrutura urbana quanto os costumes e as características peculiares locais se mantivessem quase que inalterados, fazendo com que Cabo Frio — a mais velha cidade fluminense — fosse considerada, até então, uma vila de pescadores e salineiros. Pedro Guedes Alcoforado (1936:15) ratifica esse isolamento:

É própria a expressão "casualmente", porque, com a falta, até hoje irremediável, de transporte e com a lamentável indiferença dos habitantes no que diz respeito à propaganda, ainda mesmo os mais interessados e de mais responsabilidade no

---

[21] Foi mantida a grafia original do texto.
[22] O ano a que o autor se refere é 1923.

município, tornam essa região desconhecida do resto do Brasil e só casualmente ali aporta um estranho.[23]

Num artigo intitulado "Como se fabrica o sal", a revista *Raios de Luz*[24] apresenta "as nossas grandes indústrias", que, como não podia deixar de ser, têm suas atividades relacionadas de alguma forma com a produção de sal. São elas as caieiras e os estaleiros, além, é claro, das próprias salinas "a nossa maior indústria". Os estaleiros, em particular, tinham papel fundamental para a indústria salineira, pois eram eles que fabricavam as lanchas de sal.[25] Essas lanchas eram embarcações a vela responsáveis por transportar o sal das salinas, localizadas no interior da lagoa de Araruama, até o porto em Cabo Frio, de onde, então, o sal era embarcado para diversos destinos no Brasil. Elas eram as únicas capazes de fazer esse trajeto em função de seu baixo calado, que permitia a navegação dentro do canal e nos baixios da lagoa. Elísio Gomes Filho (1993:247) afirma:

Na década de 40, o total de lanchas distribuídas nos municípios produtores de sal chegava a cerca de 300 unidades. Geralmente estas embarcações, construídas especialmente para navegarem na laguna, pertenciam aos donos das salinas. Eram também conhecidas como lanchões ou, na gíria, "barcos de fundo de prato". […] Eles traziam o sal dos locais mais longínquos, como por exemplo, do lugar conhecido como Ponta do Capim, situado no final da laguna, em Araruama.

---

[23] Tendo chegado a Iguaba Grande em 1913, o último trecho da estrada de ferro Maricá, ligando Iguaba Grande, distrito de São Pedro da Aldeia, a Cabo Frio, só foi inaugurado em 1937. Até essa data, só se chegava ou saía de Cabo Frio de barco, pelo mar ou pela lagoa de Araruama. O decreto que aprovou os estudos definitivos para o prolongamento dos últimos 24,76 km do ramal foi assinado em 6 de outubro de 1926 sob o número 17.456. A via rodoviária até Iguaba era bastante precária, e a via marítima continuava sendo a principal alternativa até então, o que dificultava o acesso de seus moradores e do sal ali produzido à capital do estado e às demais regiões. Sobre a chegada do trem a Cabo Frio, ver Rodriguez (2004) e Santos (2004).
[24] A revista *Raios de Luz* foi editada nas primeiras décadas do século XX por Pedro Guedes Alcoforado, que, além dessa revista, gerenciou o jornal O *Itajuru* (1917), de propriedade de Alfredo Santa Rosa & Filho, fundou o jornal O *Arauto* (1918) e publicou O *Sal Fluminense* (1936). O exemplar da revista aqui utilizado é uma cópia sem data que se encontra no AHCM de Cabo Frio, Fundo CDA 1125 (documentos avulsos sobre o sal). Pelos elementos presentes na revista, acreditamos que sua data seja entre 1918 e o início de 1920.
[25] A revista *Raios de Luz* citada traz na sexta página da matéria "Como se fabrica o sal", logo abaixo da foto do estaleiro de propriedade do sr. Sérgio J. de Sousa, a seguinte legenda: "De 1911 a esta data foram construídas neste Estaleiro 25 embarcações distinadas [*sic*] ao transporte do sal, no valor de 125:000$000".

As lanchas na lagoa eram parte da paisagem da cidade, contudo desapareceram bem antes dos moinhos, graças à chegada da rodovia, que mudaria completamente o sistema de transporte do sal na região. "Com o desenvolvimento do sistema rodoviário [...] as Lanchas do Sal foram perdendo sua utilidade. As últimas mantiveram esta função até os anos 50".[26]

Figura 1. Lanchas de sal ancoradas no cais do canal do Itajuru. É possível perceber entre as velas das lanchas a capela de Nossa Senhora da Guia no alto do morro da Guia. Ao fundo, à direita, a ponte Feliciano Sodré (inaugurada em 1926) completa a paisagem repleta de signos daquela comunidade (foto: Wolney, 1935).[27]

---

[26] Serviço de Documentação da Marinha: Setor de Modelismo Naval, Rio de Janeiro, Lancha do Sal.
[27] As imagens presentes neste capítulo foram gentilmente cedidas por Warley Sobrosa, herdeiro e curador do Arquivo Wolney. Essas imagens são protegidas por direitos autorais, e é expressamente proibida sua reprodução.

Figura 2. Nesta imagem, é possível perceber a colheita realizada por um grande número de trabalhadores. Durante a safra, o número de trabalhadores nas salinas crescia sensivelmente (foto: Wolney, 1948).[28]

Figura 3. Aqui, é possível perceber dois dos principais elementos responsáveis pela identificação da cidade e seus habitantes com o sal: as eiras — grandes pirâmides de sal — e os cata-ventos, que, expostos à visão de todos, constituíam símbolos da região (foto: Wolney, 1950).

---

[28] O quadro "Produção de sal no Brasil nos anos calendários de 1948 a 1951" confirma a "sensação de abundância" transmitida nessa imagem. A análise do quadro mostra que todo o período foi de grande produção, tendo sido de 80.309 toneladas a safra de 1948, superando em cerca de 18 mil toneladas a produção de 1949 e em cerca de 30 mil toneladas a produção de 1950. Em 1951, houve uma safra excepcional, alcançando 118.651 toneladas. Fonte: Instituto Nacional do Sal. Arquivo Nacional, Fundo INS/IBS, caixa 3.

É importante perceber que a paisagem criada tanto pelas lanchas quanto pelas eiras e moinhos é muito mais que um mero detalhe, é uma marca daquela sociedade, algo que a identifica por ser o cenário em que vivem seu cotidiano. As lanchas não serviam apenas para tornar mais bucólica a vista do canal, ou como mero elemento de composição para cartões-postais daqueles que sabiam, e podiam, delas fazer um registro fotográfico. Nesse sentido, Augustin Berque (1998:84-85) afirma:

A paisagem é uma marca, porque exprime uma civilização, mas também é uma matriz, porque participa de esquemas de percepção, de concepção e de ação — isto é, da cultura — que canalizam, em um certo sentido, a relação de uma sociedade com o espaço e com a natureza, em outras palavras, com a paisagem de seu ecúmeno.

A partir da década de 1950, a indústria salineira ganha novo impulso com a construção de duas refinarias[29] e a inauguração da Álcalis, em 1958. Com esses incrementos e a demanda crescente pelo produto no Brasil, a produção de sal atinge seu auge na década seguinte. Até então, mesmo com as primeiras transformações decorrentes da atividade turística que se iniciava, as salinas continuavam a constituir o cenário de quase todo o município. Massa, em 1967, num comentário acerca das salinas de Bento José Ribeiro (influente industrial e comerciante da cidade), nos dá a dimensão da importância delas para aquela sociedade:

As salinas que construíra multiplicaram-se extraordinariamente por toda parte. Se lhe fosse dado contemplar, hoje, do alto do Morro da Guia, as sentinelas brancas de montículos de sal, postadas em todas as direções, a perder de vista, sentiria, por certo, a emoção indescritível dos que concorrem, com uma parcela do seu trabalho, para o bem-estar da coletividade [Massa, 1996:92].[30]

Valendo-nos desse registro, poderíamos intuir que os trabalhadores do sal, bem como seus familiares e demais habitantes do local, também se identificavam com essa paisagem, ainda que a partir de outro ponto de vista. Na verdade, é isso que as diversas fontes sobre a indústria salineira fluminense deixam entrever, ou seja, uma série de elementos que contribuíram para a construção de uma memória sobre essa

---

[29] A Refinaria Nacional do Sal, inaugurada em 1951, e a Companhia Salinas Perynas, modernizada em 1953.

[30] O morro da Guia é a principal elevação da parte central da cidade de Cabo Frio e está localizado às margens do canal do Itajuru; à época, era possível avistar do alto do morro toda a região central da cidade, o distrito de Arraial do Cabo e a lagoa de Araruama.

atividade que valoriza um aspecto muito peculiar do produto e que não está ligado a seu caráter econômico, ainda que se valha dele para ressaltar-lhe a importância e atribuir-lhe uma dimensão monumental. Seja em publicações oficiais, como o Álbum do Centenário, sejam os cronistas da época, como Alcoforado, sejam os memorialistas, como Hilton Massa ou as fotografias do Wolney,[31] a indústria salineira é sempre retratada como algo extraordinário, admirável, único. Não há espaço para os aspectos negativos dessa atividade na crônica da época, tampouco nos relatos memorialistas ou nas fotos dos trabalhadores.[32] Não há questionamentos acerca dos destinos dados às fortunas construídas com o sal, nem reflexos dessa riqueza na estrutura e no desenvolvimento urbano do município, que só começa a sofrer alterações expressivas a partir do advento do turismo e diretamente ligadas a essa nova atividade. Com raras exceções, não há menção ao árduo trabalho desenvolvido nas quadras de sal pelo "trabalhador moribundo que [...] vendeu suas forças uma vida inteira e miserável" (Pinheiro, 1969:73-74).[33]

O aspecto que é ressaltado da atividade salineira e permanentemente repetido como um mantra é aquele que está diretamente ligado a seu lado imponente e majestoso. É esse o aspecto responsável pela construção de uma memória que conforma uma identidade para a região e que confere ao trabalhador da salina denominação igual à do dono dela — SALINEIRO. É algo que está diretamente associado a um sentimento de pertença a um tempo de glória e distinção, ao orgulho de quem sente "a emoção indescritível dos que concorrem, com uma parcela do seu trabalho, para o bem-estar da coletividade".[34]

Decerto, não pretendemos aqui questionar a validade dessa memória — isso não faria sentido —, mas, ao recuperar algumas memórias bloqueadas, interditas,[35] pretendemos nesse confronto identificar os processos pelos quais dada memória prevaleceu sobre outras e como dessa forma ela foi capaz de produzir dada iden-

---

[31] Wolney Teixeira de Sousa foi o primeiro fotógrafo da região e produziu um acervo de mais de 10 mil imagens de Cabo Frio e da região entre as décadas de 1930 e 1980.

[32] O que sobressai nas fotos dos trabalhadores das salinas não é o sofrimento, a dor ou a exploração por eles sofrida, mas sim o trabalho como signo de cidadania e dignidade. O que se destaca é a capacidade daqueles homens embrutecidos de resistir e de produzir "a alva brancura das salinas"; nelas, "o salineiro é antes de tudo um forte".

[33] Lamego (1946 [2007]:182-183) faz uma análise precisa da ação danosa dos produtores e comerciantes de sal em relação aos trabalhadores e à sociedade que gravitava em torno dessa indústria. Registre-se também a matéria da revista *Primavera em Flor* (ano X, n. 6, p. 18-22, jul./ ago. 1963), que apresenta um tom dissonante das demais revistas que retratavam a cidade e suas atividades econômicas.

[34] Ver a citação de Hilton Massa na nota 30, na qual este deixa transparecer esse sentimento.

[35] Referimo-nos aqui sobretudo à memória dos trabalhadores das salinas, que, ainda que contem com orgulho o tempo de trabalho nas salinas, não se furtam de descrever as dificuldades enfrentadas e o abandono muito semelhante ao descrito no poema de Ofir Pinheiro.

tidade. São os elementos constitutivos dessa memória que aqui nos interessam, os mesmos que ajudaram a construí-la e que hoje se dissolvem como sal na água e levam os habitantes da cidade a olhar para si e para o entorno em busca de identificação.

Durante a década de 1970, quando as salinas ainda eram a principal atividade econômica da cidade, uma nova atividade surgida na década de 1950 se intensificava: o turismo. No processo de transição da economia do sal para a economia do turismo, o ano de 1974 apresenta-se de modo emblemático. Ele marca, além da inauguração do porto Ilha,[36] a inauguração da ponte Presidente Costa e Silva, mais conhecida como ponte Rio-Niterói.[37] Ainda que distantes, ambos são ícones de trajetórias distintas que se cruzam em sentidos contrários, deixando profundas marcas na comunidade local. Enquanto o sal atinge o auge e anuncia seu fim, o turismo apresenta-se e impõe-se de forma irreversível, iniciando um processo de transformação da cidade, com a ocupação de tradicionais áreas de salina, que vão gradativamente cedendo espaço a empreendimentos imobiliários e ganhando novas funções ao longo desse pequeno período. Não é só a economia que está em transição aí, também as identidades começam a ser forjadas a partir de novos moldes, ainda que as transformações destas só passem a ser percebidas muito tempo depois das mudanças econômicas.

Ainda que nem a economia nem as identidades aí presentes se alterem de um único golpe, o ano de 1974 distingue-se como marco simbólico nas mudanças que se processam em Cabo Frio. A ruptura de espaços presentes nas trajetórias distintas citadas anteriormente tem papel fundamental nessa transição. A "destruição dos suportes materiais da memória" (Chaui, 1994:19)[38] que tem lugar nas modificações que a cidade passa a sofrer representa a perda de referências de toda uma vida, ou melhor, para além de suas próprias vidas, referências de seus antepassados e motivo de orgulho de um povo, reflexos diretos nas identidades e memórias ali presentes. Seu Mica, salineiro da Figueira, em um emocionante depoimento, afirma:

---

[36] O porto Ilha, oficialmente denominado Termisa — Terminal Salineiro de Areia Branca —, foi a solução para os problemas de transporte do sal potiguar, resolvendo um problema que perdurava há mais de um século e ferindo de morte a indústria salineira fluminense, que tinha no alto preço de transporte do concorrente um de seus principais trunfos. Ver Christovão (2011).
[37] Uma das marcas da política dos governos militares, sobretudo durante o período do "milagre econômico", eram as grandes obras, que tinham, também, a função de legitimar o regime. Ver Mendonça e Fontes (2006). A construção da ponte diminuiu o tempo de deslocamento rodoviário até Cabo Frio, a partir da cidade do Rio de Janeiro, em ao menos uma hora de viagem, propiciando o aumento do turismo de final de semana, o que incentivaria a aquisição de imóveis na cidade por uma classe média carioca em ascensão a partir do período do milagre econômico (1968-1973).
[38] Texto de apresentação da obra de Bosi.

Em termo, em termo, foi ruim e por outro lado foi bom. Dá [saudade], dá, dá, dá, dá sim, dá sim porque… é igual naquela vez que nós fomos lá em Massambaba, lá na Massambaba, lá, lá, tá quase que tudo extinto. Você olhar, você vê, você sentir dó do que você conheceu, o que era e o que você vê hoje… não existe mais, não existe mais, não existe mais… Olha a gente se sente assim é…, como é que vai se dizer, a gente se sente triste. Você vê o que era antigamente e você vê o que hoje tá existindo aí. A salina vai ser extinta definitivamente. […] Progresso chegando e as salinas sendo desativadas.[39]

Ao discutir aspectos ligados à memória e à construção de uma história da memória, Henry Rousso (2006) traz elementos que nos auxiliam nessa reflexão. Segundo o autor:

A memória […] é uma reconstrução psíquica e intelectual que acarreta de fato uma representação seletiva do passado, um passado que nunca é aquele do indivíduo somente, mas de um indivíduo inserido num contexto familiar, social, nacional. Portanto toda memória é, por definição, "coletiva", como sugeriu Maurice Halbwachs. Seu atributo mais imediato é garantir a continuidade do tempo e permitir resistir à alteridade, ao "tempo que muda", às rupturas que são o destino de toda vida humana.

Uma vez que nem a memória nem a identidade são conceitos absolutos, estáticos, e considerando que ambos estão diretamente ligados à própria dinâmica social, parece-nos lícito afirmar que a transição econômica em Cabo Frio é acompanhada de uma transição identitária. Assim, a exuberância da indústria salineira contribuiu diretamente para a construção de dada memória que serviu de base para o desenvolvimento da identidade do povo cabo-friense. Da mesma forma, o fim da indústria salineira e a destruição dos espaços de produção daquela riqueza destruíram os suportes materiais que remetiam ao sentimento de pertencimento. A própria dinâmica social encarregou-se de trazer à cena novos personagens e novos espaços que antes não estavam presentes e que são responsáveis por novas relações, pelo surgimento de novas memórias e pela criação de novas formas de identidade, que ainda estão para serem devidamente analisadas e compreendidas.

Conforme afirmou Wachtel (1986:216-217 apud Valencia, 2005:99-119), a memória coletiva está "inscrita na lógica de um sistema […] as memórias se confron-

---

[39] Depoimento concedido por seu Almir, o Mica, ao autor em 21 de agosto de 2010.

102 | Identidades, memórias e projetos políticos

tam mutuamente, se mesclam, se fundem ou desaparecem conforme o destino das sociedades cuja identidade ajudam a definir".

Assim como a quadrinha popular que serve de epígrafe a este texto, a identidade do sal nasce, cresce e desaparece na água que o produz; ao menos até que outras se constituam.

Referências

ALBUQUERQUE JR., D. M. de. *A invenção do Nordeste e outras artes*. São Paulo: Cortez, 2009.

ALCOFORADO, P. G. *O sal fluminense*. Niterói: Serviço Technico de Publicidade, 1936.

BARBIÉRI, E. B. Ritmo climático e extração do sal em Cabo Frio. Separata de: *Revista Brasileira de Geografia*, IBGE, ano 37, n. 4, p. 23-24, 1975.

BERANGER, A. F. *Dados históricos de Cabo Frio*. 2. ed. Cabo Frio: Procaf, 1993.

BERQUE, A. Paisagem-marca, paisagem-matriz: elementos da problemática para uma geografia cultural. In: CORRÊA, R. L.; ROSENDAHL, Z. (Org.). *Paisagem, tempo e cultura*. Rio de Janeiro: Eduerj, 1998.

BIDEGAIN, P. *Lagoa de Araruama*: perfil ambiental do maior ecossistema lagunar hipersalino do mundo. Rio de Janeiro: Semads, 2002.

CARNEIRO, R. *Notas breves sobre o sal*. Rio de Janeiro: Instituto Nacional do Sal, 1952.

CHAUI, M. de S. Os trabalhos da memória. In: BOSI, E. *Memória e sociedade*: lembrança de velhos. São Paulo: Companhia das Letras, 1994.

CHEVALIER, J.; GHEERBRANT, A. *Dicionário de símbolos (mitos, sonhos, costumes, gestos, formas, figuras, cores, números)*. Rio de Janeiro: José Olympio, 1996.

CHRISTOVÃO, J. H. de O. *Do sal ao sol*: a construção social da imagem do turismo em Cabo Frio. Dissertação (mestrado), FFP, Uerj, 2011.

DIAS, G. J. A. C. O sal e sua ambivalente dimensão: sabor da comida e símbolo de preservação religiosa. In: I SEMINÁRIO INTERNACIONAL SOBRE O SAL PORTUGUÊS. *Anais...* Instituto de História Moderna da Universidade do Porto, 2005. p. 339-348.

ELLIS, M. *O monopólio do sal no Estado do Brasil (1631-1801)*. São Paulo: Seção Gráfica da Faculdade de Filosofia, Ciências e Letras da USP, 1955.

FEMENICK, T. R. O sal nosso de cada dia IV: pesadelos e sonhos portuários. *Revista Brasil Salineiro*, Arquivo Nacional, Fundo INS/IBS, ano V, n. 13, caixa 1, set./out. 1957. Disponível em: <www.tomislav.com.br/o-sal-nosso-de-cada-dia-iv-pesadelo-e-sonhos--portuarios/>.

GIFFONI, J. M. *Sal*: um outro tempero ao Império (1801-1850). Rio de Janeiro: Arquivo Público do Estado do Rio de Janeiro, 2000.

GOMES FILHO, E. *Histórias de célebres naufrágios de Cabo Frio*. Rio de Janeiro: Texto e Arte, 1993.

LAMEGO, A. R. *O homem e a restinga*. Rio de Janeiro: Lidador, 1946 [edição fac-similar do IBGE, 2007].

MASSA, H. *Cabo Frio histórico político*. Rio de Janeiro: Gráfica Uma, 1980.

_____. *Cabo Frio*: nossa terra, nossa gente... 2. ed. Rio de Janeiro: Dinigraf, 1996.

MENDONÇA, S. R. de; FONTES, V. M. *História do Brasil recente — 1964-1992*. 5. ed. São Paulo: Ática, 2006.

PINHEIRO, O. Socorro, há dor nas salinas In: PACHECO, J. *Paisagens fluminenses*. Rio de Janeiro: Imprensa Oficial, 1969.

REVISTA Primavera em Flor, ano X, n. 6, jul./ago. 1963.

RODRIGUEZ, H. S. *A formação das estradas de ferro no Rio de Janeiro*: o resgate da sua memória. Rio de Janeiro: Open Plus, 2004.

ROUSSO, H. A memória não é mais o que era. In: FERREIRA, M. de M.; AMADO, J. (Org.). *Usos e abusos da história oral*. Rio de Janeiro: FGV, 2006.

SÁ, C. P de (Org.). *Memória, imaginário e representações sociais*. Rio de Janeiro: Museu da República, 2005.

SANTOS, S. F. dos. *Estação do sal*: o trem de ferro em Cabo Frio. Monografia (TCC de história), UVA, Rio de Janeiro, 2004.

SOUSA, M. M. L. de. *A política econômica salineira e o Rio Grande do Norte*: 1965-1974. Dissertação (mestrado), Departamento de História, PUC-SP, 1988.

THIÉBLOT, M. J. *Os homens do sal no Brasil*. São Paulo: Conselho Estadual de Artes e Ciências Humanas, 1979.

VALENCIA, J. F. Representações sociais e memória social; vicissitudes de um objeto em busca de uma teoria. In: SÁ, C. P. de (Org.). *Memória, imaginário e representações sociais*. Rio de Janeiro: Museu da República, 2005.

VARNHAGEN, F. A. *História geral do Brasil*: desde o tratado de 1681 até o de aliança em 1703. 6. ed. integral, 7. do t. I. São Paulo: Melhoramentos, 1959. t. III, seção XXXVII.

VASCONCELOS, C. R. de (Org.). *Álbum do estado do Rio de Janeiro, 1922*. Fotografias de Daniel Ribeiro. Niterói: [S.n.,], 1922. [s.p.]. Publicação comemorativa do Centenário da Independência.

LIÇÕES DE HISTÓRIA:
o passado brasileiro narrado nos guias de museus

Carina Martins Costa

OS MUSEUS HISTÓRICOS BRASILEIROS, EM ESPECIAL OS CONSIDERADOS NACIONAIS, investiram na produção de guias e catálogos para seus visitantes e, dessa forma, materializaram uma escrita da história, o que contribuiu decisivamente para a invenção e a consolidação de uma nova forma de educar a partir da especificidade museal, que privilegia documentos tridimensionais e sua biografia. Assim, a análise dos materiais pedagógicos produzidos pelos museus possibilita perceber, em perspectiva comparada, as múltiplas possibilidades de educação histórica em museus.

Mikhail Bakhtin (2003 [1929]:113) afirma que "a palavra é uma espécie de ponte lançada entre mim e os outros", o que pressupõe uma projeção de auditório social intrínseca ao processo de enunciação de qualquer discurso. Sob esse ponto de vista, os guias também são fontes importantes para acessar as concepções pedagógicas que embasam sua produção, na medida em que há sempre um público imaginado, ou seja, uma antecipação de um tipo de padrão de comportamento modelar do visitante, seja ele presencial ou não.

Um recorte sobre a educação em museus históricos, portanto, incita a pensar no processo de constituição de práticas e valores, visando à construção de um código disciplinar para o ensino de história cujo suporte era o objeto tridimensional. Por isso, torna-se necessário historicizar os discursos produzidos pelos museus históricos e seus agentes para que seja possível refletir sobre os sentidos de passado, nação, memória e, também, de povo, visitante e educação que estão presentes nos materiais então publicados.

No Brasil, há pesquisas sobre educação em museus que analisam os materiais pedagógicos utilizados pelas instituições.[1] Não obstante, esses estudos ainda são escassos, sobretudo quando comparados com as pesquisas sobre educação escolar. As pesquisas de ensino de história têm se debruçado intensamente na análise de materiais didáticos como fontes reveladoras de concepções de conhecimento e de ensino-aprendizagem de história. O objeto de estudo prioritário, nesse caso, é o livro didático, analisado a partir de múltiplos olhares que acentuam, sobretudo, quatro aspectos, a saber: como veículo difusor de ideologias; como objeto cultural; como currículo prescrito; e, finalmente, como produto de um mercado editorial especializado.

Hebe Mattos (2007:215) ressalta que os manuais didáticos são lugares privilegiados para refletir sobre as interseções entre história e memória, pois permitem perceber as pressões políticas e a influência da história científica na escrita da "história ensinável". Essa chave analítica é interessante, ressaltando-se que o saber histórico escolar não é a simples transposição do conhecimento histórico, e sim fruto de uma complexa teia de relações e, portanto, outro tipo de saber. Tal perspectiva auxilia na compreensão dos guias dos museus, percebidos como produtos de negociações entre saberes e poderes em determinada época.

Assim, a fim de perceber as práticas de escrita da história em museus, serão analisados quatro guias publicados pelos museus históricos brasileiros à época, a saber: o do Museu Paulista (1937), o do Museu Histórico Nacional (1955) e os do Museu Imperial (1950 e 1959).[2] Produzidos em espaços/tempos diferentes, mas publicados, em sua maioria, nos anos 1950, eles dialogam com a produção da ciência de referência, a história, mas também com iniciativas no campo museal e educativo.

Ainda que os guias sejam um marco importante de um momento de invenção de estratégias e tradições para a educação em museus históricos, eles se inserem em um processo muito mais amplo, que é o da própria constituição da leitura como prática social no Brasil. Perceber as tensões entre o predomínio da palavra escrita e a tentativa de mobilizar os objetos e as imagens para a educação de um povo, em sua maioria analfabeto e, na concepção dos autores do guia, alheio à memória

---

[1] A esse respeito, consultar os trabalhos de Vera Alencar (1987), Ana Brefe (2005), Carina Costa (2005) e Francisco Régis Ramos e Aline Magalhães (2010).

[2] A pesquisa localizou outros guias publicados no período, como *Guia do Museu Nacional de Belas Artes* (MES, 1945), *Guia do Museu Republicano Convenção de Itu* (Affonso de E. Taunay, 1946) e *Museu da Inconfidência, Guia do visitante* (MEC, 1964). Tais achados reforçam a preocupação das instituições com a publicação desses materiais. Atualmente, estes são de difícil acesso devido à reduzida tiragem e à dispersão nos arquivos institucionais.

nacional, pode ser um interessante caminho de análise. Como indicam Ramos e Magalhães (2010), há uma preponderância da escrita na indicação e consolidação de sentidos do objeto, em que a palavra procura suprir a carência da memória ou da experiência compartilhada. Além disso, projetam-se em outros espaços-tempos, eternizando, por meio da objetificação, determinadas escritas do museu. Da mesma forma, na impossibilidade de uma visita presencial, o guia se torna importante amplificador da ação comunicativa do museu, "transportando" a exposição, desta feita, por via do suporte papel.

A própria denominação "guia", encontrada em todas as produções analisadas, envolve a compreensão do papel da escrita como norteadora de determinada interpretação do museu e de sua exposição. Por outro lado, o guia reforça o sentido disciplinador dos museus em relação a seus públicos com o intuito de orientar e conformar padrões de comportamento.[3] Dessa forma, é possível afirmar que houve a construção de uma tradição que utilizou a palavra escrita como âncora de sentidos numa tentativa de delimitação semântica do universo museal. Tal perspectiva envolveu, ainda, uma projeção do uso do material e, portanto, do visitante/leitor ideal, que deveria ser guiado no mundo dos objetos pelas palavras, em uma proposta de tutela na qual o museu se encarregava, ao mesmo tempo, de propor uma leitura — considerada objetiva e científica — e de orientar o leitor inexperiente.

As narrativas dos guias são estruturadas a partir de paradigmas do conhecimento e do ofício do historiador, em graus de aproximação e distanciamentos distintos, mas em diálogo com diferentes tradições que podem, inclusive, coexistir. É possível perceber, ainda, imbuídas nos discursos museológicos, as interpretações de Brasil e de seu povo, em um momento de grande produção acadêmica e literária. Os guias são, portanto, acessos importantes para uma forma de "dar a ver" uma escrita nacional, específica em sua linguagem, produção e difusão.

Os guias mostram uma estrutura editorial bastante semelhante: uma apresentação; a história do museu; informações sobre a visitação pública;[4] a descrição das salas, entremeada por fotografias em preto e branco; e a planta baixa do circuito expositivo.[5] O guia do Museu Imperial, de 1950, diferencia-se dos demais por possuir vários capítulos originais, como um destinado ao parque; outro sobre a visitação, com fotografias e depoimentos de visitantes ilustres; e, por fim, a reprodução integral de seu regimento. Apenas os guias do Museu Paulista e do Museu Imperial

---

[3] O *Guia do Museu Imperial*, nesse sentido, é explícito: "Para a visita, siga o roteiro" (1959:19).

[4] No caso do *Guia da Seção Histórica do Museu Paulista*, essas informações são disponibilizadas ao final, "Algumas notas mais sobre o Museu Paulista". O museu apresenta a peculiaridade de não ser aberto em caso de chuva, como descrito.

[5] O único guia que não apresenta planta baixa é o do *Museu Imperial*, de Alcindo Sodré.

Lições de história | 107

têm índices, apresentados no final, mas nenhum deles tem bibliografia. Ou seja, os textos são uma escrita legitimada pela própria instituição que os publica, não precisando ser sustentada por fontes primárias ou por referências, o que explica, em parte, sua absoluta ausência.

Os guias procuram ainda demarcar a importância e a especificidade do museu em tela, com um texto fortemente adjetivado. O *Guia do visitante* do Museu Histórico Nacional, por exemplo, reafirma, constantemente, sua importância nacional para o estudo e a divulgação de qualquer tema histórico. Segundo ele, "os que não querem documentar qualquer episódio histórico sem ouvir, previamente, a opinião dos estudiosos do assunto" (1955:9) recorreriam inexoravelmente ao MHN, que se configura como espaço de legitimação do saber histórico. Já o argumento utilizado pelos diretores do Museu Imperial para a importância de seu guia decorre de sua localização no único imóvel construído para a residência de um chefe de Estado (1950:30; 1959:9). Além disso, também o fato de reunir o maior acervo sobre a Monarquia brasileira, com arquivo e biblioteca especializados na temática. Reunir objetos originais pertencentes à Monarquia, em um espaço sacralizado como o Palácio Imperial de Petrópolis, é o argumento central de sua especificidade e valor. O *Guia do Museu Paulista* salienta, mais do que as funções desempenhadas pelo museu, o acervo e o lugar de memória que era o sítio do Ipiranga. Em direção semelhante ao do Museu Imperial, a publicação era "capaz de difundir pelo País e o Universo a realidade dos belos ambientes do palácio do Ipiranga e da valia do acervo nele conservado" (1937:4).

Após a demarcação da importância e da especificidade das instituições, em tom grandiloquente, inicia-se o convite para percorrê-lo. Após a apresentação de um breve histórico do museu, seguido pelos dados de sua visitação, chega-se ao detalhamento da exposição. No conjunto, o guia do Museu Imperial é o único a dialogar diretamente com o leitor, de forma enfática e cerimoniosa: "Quereis conhecer o mais belo patrimônio de tradição brasileira? Visitai o Museu Imperial" (1950:29).

No que se refere ao discurso histórico museal, é importante frisar que a organização linear e cronológica dominante nos livros e manuais didáticos escolares não é reproduzida de forma rigorosa, ainda que seus princípios norteadores, principalmente o sentido de progresso e de evolução histórico-social do Brasil, possam ser também marcantes. Isso não significa que um critério como o da organização político-administrativa da história brasileira — Colônia, Império e República — tenha sido minimizado. Ao contrário, ele continua a ser um importante organizador do espaço museal, conforme demonstram os guias. Mesmo assim, outras temporalidades são consideradas, principalmente no caso de salas organizadas por tipologia de objetos, que submetiam a cronologia a outra lógica, dominada por questões da cultura material e/ou estética.

O primeiro guia analisado foi o *Guia da Secção Histórica do Museu Paulista*, de 1937, assinado por Affonso Taunay, então diretor da instituição e responsável pela reestruturação do Museu Paulista com viés histórico. Robusto, é composto por 120 páginas e 46 fotografias, o que explicita sua importância política e pedagógica. O *Guia do Museu Paulista* tem o formato de um livro, dividido em duas partes. A primeira é composta pela apresentação, por um detalhado histórico sobre o Ipiranga e pela discussão do local exato do Grito da Independência e do próprio museu. A segunda apresenta o guia propriamente dito das salas da seção de história. O predomínio da descrição é percebido em todo o conjunto, embora o *Guia do Museu Paulista* tenha a peculiaridade de apresentar uma primeira parte eminentemente dissertativa, com o objetivo de historicizar a construção do Museu do Ipiranga a partir do mito de origem do "Grito da Independência".

O leitor projetado é o visitante não erudito, mas interessado em aprender algo valioso sobre os significados do espaço no qual o museu se situa e conhecer sua exposição. Embora não erudito, o visitante necessariamente deveria ser um leitor alfabetizado e experiente pela quantidade de informações, argumentos e linguagens existentes. O oferecimento de informações não implicava uma simplificação da linguagem ou do argumento; ao contrário, fortalecia a perspectiva pedagógica e memorialística do guia. Na abordagem do Peristilo, por exemplo, elaborado sob planejamento direto de Taunay, afirma-se:

> Vencida a escadaria monumental, que dá acesso ao Museu, e ao penetrar no peristilo do edifício, tem o visitante, à direita e à esquerda, duas grandes estátuas de mármore [...]. Simbolizam dois grandes ciclos bandeirantes: o da caça ao índio e devassa do sertão, representado por Antonio Raposo Tavares, e o do ouro e pedras preciosas, por Fernão Dias Paes. [...] [Os quatro painéis] relembram os vultos essenciais do quinhentismo paulista: o Rei povoador e seu grande delegado americano da colonização inicial, os patriarcas europeu e americano dos mais velhos troncos vicentinos [Taunay, 1937:57].

O Museu Paulista apresenta sua exposição intercalando, em suas salas, a história de São Paulo com a história nacional, em diferentes temporalidades e sem grande rigor cronológico. De toda forma, o início da narrativa é o período colonial, aliás, fartamente abordado, embora o monumento arquitetônico tenha sido erguido para celebrar a Independência. Nele, as denominações das salas e das galerias obedecem a uma lógica cartográfica, fruto de um sistema de coordenadas, com salas intituladas A-19 e galeria A de Oeste, por exemplo. As exceções são as salas que designam as funções espaciais, como Peristilo, *Hall*, Escadaria Monumental e

Salão de Honra. As salas, assim, são nomeadas não pelo que expõem ou por quem homenageiam, mas pela localização no espaço do edifício.

No caso do Museu Paulista, organiza-se a história nacional a partir dos marcos paulistas, o que, entretanto, não deve ser naturalizado. Trata-se, como ressaltou Ana Brefe (2005), de narrar a história da nação brasileira do ponto de vista de São Paulo, construindo-se, concomitantemente, a noção de um protagonismo paulista desde os primórdios da colonização. O Museu Histórico Nacional, como será visto adiante, por sua vez, enfrentava o desafio de conciliar as homenagens aos doadores à narrativa cronológica da história do Brasil, com ênfase no Império, mas como fruto da herança portuguesa, que caberia à República (re)conhecer. Nessa narrativa, o caráter histórico da nação advinha da continuidade sustentada pelo museu e sua exposição entre Colônia, Império e República, bem como entre Portugal e Brasil.

A relação entre a escrita da história nos guias dos museus e o conhecimento histórico usado como referência também é estabelecida de diferentes formas. No exemplo do guia do Museu Paulista, as fontes são tratadas com uma dupla preocupação, a saber, demonstrar a origem dos documentos expostos no museu e historicizar sua produção. Assim, procura aprofundar as grandes descrições, com a abordagem do percurso de alguns objetos ou mesmo de sua simbologia. Em alguns casos, a produção de quadros encomendados é apresentada ao leitor, como a tela "Independência ou Morte". Em ambos os procedimentos, o que está em jogo é a autenticidade dos objetos e, portanto, a veracidade da narrativa apresentada pelo museu. Contudo, o guia também discute a questão da reprodutibilidade das pinturas históricas, procedimento percebido com positividade, visto que auxiliaria a divulgação/popularização da história em um país de dimensões continentais e com um povo majoritariamente analfabeto.

Ao contrário dos demais guias, aqui os personagens retratados são apresentados/explicados ao leitor, o que contribui para que este não naturalize as seleções do museu. Pode-se afirmar, assim, que o *Guia do Museu Paulista* é pioneiro e original, já que coloca em diálogo o discurso do museu e o discurso científico da história, aproximando critérios, preocupações teóricas e procedimentos metodológicos.

O *Guia do Museu Paulista* permite vislumbrar múltiplas formas de atribuir valor ao objeto museológico. A adjetivação é a mais frequente delas e permeia toda a escrita. O argumento central é o papel de São Paulo na construção do Brasil, e, assim, as cidades paulistas e seus habitantes são musealizados por meio de pinturas históricas, inclusive reproduções, e documentos textuais originais, além de objetos. Outro recurso retórico utilizado é a comparação desmesurada, como pode ser observado em frases como "a escadaria [...] é uma das mais belas coisas do Brasil, se não da América do Sul" (Taunay, 1937:3), ou em "vasto e belo salão, um dos mais ricos existentes no Brasil" (1937:63).

Decorre do excesso de adjetivação e da construção do pioneirismo paulista em, praticamente, todas as temáticas brasileiras o apelo à antiguidade dos objetos. O Museu Paulista teria "as primeiras representações monumentais de sertanistas que se fizeram no Brasil" ou "a mais velha inscrição conhecida no Brasil". O potencial evocativo dos objetos também é sublinhado, com destaque para aqueles pertencentes à elite paulista, como o leito no qual faleceu Diogo Feijó, que tinha "alto significado histórico porque pertenceu ao grande regente" (1937:87). Alguns objetos adquirem *status* de relíquia, também pelo pertencimento, como a madeixa de cabelo de d. Leopoldina, a "excelsa imperatriz" (1937:64-65). Outra forma de atribuição de valor refere-se à universalidade de alguns objetos, que reforçariam uma ideia específica de civilização, compreendida como ápice de uma cultura e referenciada na Europa. É o caso de um termo de vereança municipal que promulgava o calendário gregoriano em São Paulo, apresentado no guia como um "curiosíssimo documento de evocatividade universal" (1937:76).

O guia aposta ainda nas personalidades do Estado, com destaque para aquelas que atingiram, posteriormente, importância nacional, sejam padres coloniais, líderes bandeirantes, fazendeiros, políticos ou inventores. Outrossim, os considerados vultos da Independência também são homenageados, independentemente de sua origem. São cerca de 45 personalidades destacadas, 22 das quais consideradas "grandes vultos da Independência", e dois outros, Tiradentes e Domingos Martins, como os representantes de "anseios coloniais de Independência". É interessante observar como as cidades são transformadas em personagens, como nos casos de Santos, Itu e, claro, São Paulo. Em relação aos doadores, são poucos os nomes assinalados, uma especificidade do Museu Paulista, que, por meio de recursos públicos generosos em sua montagem, prescindiu de um apelo mais forte à doação.

Considerando-se o conjunto de guias examinado, foi o único a criar um lugar específico para o índio em função da saga bandeirante. A partir do bandeirantismo paulista, o cacique Tibiriçá é apresentado como "patriarca indígena dos mais velhos troncos vicentinos" ou "pequenino mameluco" (1937:1). Na qualidade de chefe, integraria uma linhagem de fundadores; entretanto, em geral, os índios compõem a iconografia das bandeiras, ou como objeto de caça ou de catequização. Ainda, de acordo com o guia, "apesar do volumoso material de que dispõe a Seção de História, em sua subseção de etnografia, não foi possível conceder-se às suas coleções [...] mais do que uma sala" (1937:103).

Em relação aos negros, o guia do Museu Paulista apenas menciona uma "coleção curiosa e valiosa [...] de objetos dos cultos fetichistas africanos, modificados na

Lições de história | 111

Bahia pelo contato com o catolicismo" (1937:116). A coleção foi exposta na Sala de Miscelânea (Sala TC 5), que é justamente o local das curiosidades e do exotismo, ficando claro que não havia um espaço específico e relevante para a abordagem do papel dos negros na história do Brasil e na história do estado de São Paulo, o grande produtor de café do Brasil.

Já o *Guia do visitante* foi publicado em 1955, sem autoria. Porém, é geralmente atribuído a Gustavo Barroso, então diretor do Museu Histórico Nacional. Já em 1924, dois anos após sua inauguração, esse museu havia publicado um catálogo descritivo de sua coleção, com fotografias de algumas salas.[6] A demanda pela realização de um guia de divulgação para visitantes, expressa nos relatórios administrativos de Gustavo Barroso, foi postergada por falta de verbas e concretizada apenas no final de sua gestão e de sua vida. O guia foi produzido em um material de baixa qualidade gráfica, mas com formato de fácil manuseio, o que pode apontar tanto para as dificuldades orçamentárias do museu quanto para a intenção de uso e divulgação mais alargados. Composto por 35 páginas, sendo 18 delas ocupadas inteiramente por fotografias em preto e branco, o guia foi patrocinado pelo Ministério da Educação e Cultura (MEC). A intenção era "melhor orientar os visitantes, e para efeito de propaganda".[7] É importante destacar que, naquele ano, o Museu Histórico Nacional havia sido reaberto após um longo período de obras, e, de acordo com Barroso, o funcionamento era precário, por turnos, pela ausência de funcionários.[8] Assim, a intenção de divulgar o museu se explicava também pelo difícil, mas auspicioso, momento institucional, em que era preciso reforçar a visitação.

O texto é fortemente descritivo. Observa-se, ainda, que o guia fornece informações sintéticas sobre os objetos e a exposição, limitando-se, em muitos casos, a fornecer apenas o nome das salas. É possível pensar, sob o ângulo proposto por Gustavo Barroso, na proposta de compartilhar informações mínimas para o leitor. Nesse caso, o público projetado passa a ser não somente o "erudito", como delineado anteriormente, mas também o desinformado, que levaria para a casa um conjunto de informações consideradas imprescindíveis para o aprendizado de história

---

[6] Na pesquisa dos relatórios administrativos, não foi encontrada menção a esse catálogo, muito embora justamente o relatório de 1924 estivesse incompleto. Não há também menção a ele nos demais, o que pode indicar seu uso restrito ou mesmo interno. O catálogo descritivo de 1924 foi fonte importante de pesquisa para as teses de Chagas (2003) e Magalhães (2010).

[7] MHN. *Relatório administrativo*, p. 8. AI/MNH, 1955.

[8] De acordo com os relatórios, o Museu Histórico Nacional ficou fechado para o público no período compreendido entre 1º de junho de 1954 e 9 de março de 1955, quando foi reinaugurado com a presença do presidente da República Café Filho e do embaixador de Portugal, que plantaram, na ocasião, duas palmeiras imperiais descendentes de uma espécie supostamente pertencente a d. João VI.

em museus. Em todo caso, os relatórios fragilizam essa hipótese, pois não é relatada nenhuma prática de distribuição e de uso dos guias entre o público, o que sugere uma pequena circulação deles.

O Museu Histórico Nacional inicia seu relato no Pátio de Minerva e na Arcada dos Descobridores, com uma abordagem sobre a colonização do Brasil, e termina na Sala Getúlio Vargas, que havia se suicidado um ano antes da publicação do guia. Assim, há um sentido cronológico estrutural na organização da exposição, o que não impede a irrupção de outras temporalidades ao longo da narrativa, já que essa forma de organização espaçotemporal não é a única. Ao contrário, percebem-se diferentes modos de expor as relações entre tempo e espaço.[9]

O guia do Museu Histórico Nacional enumera rapidamente suas salas, algumas em poucas linhas, sem preocupação com qualquer questão teórico-metodológica. O foco é descrever a coleção, e não a exposição. Diferentemente do Museu Paulista e do Museu Imperial, seu *status* como edificação é lugar de memória frágil, pois decorre de um uso militar colonial. Não foi, portanto, residência de nenhum personagem histórico importante, muito menos palco de um grande evento nacional. Nesse sentido, lidar com o passado bélico do forte (e ainda com a coabitação com Ministério da Guerra e de outras repartições públicas) é uma questão ignorada pelo narrador do guia, que apenas aponta, sucintamente, tais fatos, dada a dificuldade em exaltá-los. Em relação ao uso das fontes, a eleição das peças importantes é despida de preocupações, como a explicitação dos critérios de seleção e de uma abordagem de sua história. Elas são importantes por si só e pela distinção promovida pelo guia, que hierarquiza as peças a serem observadas pelos visitantes.

O guia tem uma estratégia discursiva bem simplificada no que se refere à valoração de seus objetos. A mais utilizada, sem dúvida, é a adjetivação pura e simples: "maravilhoso acervo de móveis" (MEC, 1955:27), "rica mobília", "valioso quadro de Delarive" (1955:31), sem explicar os critérios de tais avaliações. A comparação é o recurso para distinguir o museu, como o fato de possuir "uma das maiores coleções sacras da América do Sul" (1955:27).

---

[9] Por exemplo, após as salas dedicadas ao período colonial brasileiro, há a Sala da Música Brasileira, dedicada às relíquias de Carlos Gomes (1836-1896), e a dos padres músicos da época colonial, como José Maurício (1767-1830) e Francisco Braga (sem dados). Logo na sequência, há a Sala 24 de Agosto, com o mobiliário de Getúlio Vargas, seguida por salas temáticas (Leques e Imprensa) e pela Sala Anita Garibaldi, também voltada para uma personalidade. Assim, os séculos XVIII, XIX e XX são superpostos não somente por uma abordagem temática — como no caso da Sala de Música —, mas também nas salas relativas a acontecimentos, em que o suicídio de Vargas (1954) é seguido pela Revolução dos Farrapos. A leitura da planta baixa mostra que são pequenas saletas, o que indica esforço em usufruir ao máximo o espaço físico do museu e, talvez por isso, abandone-se uma macroabordagem cronológica.

O pertencimento é igualmente importante, o que, nesse caso, é ainda mais notável pela necessidade de prestigiar os doadores, fontes principais para a construção do acervo do Museu Histórico Nacional. Assim, ele teria "relíquias do grande militar" General Osório (1955:27) e os objetos que pertenceram ao duque de Caxias (1955:29). O valor evocativo dos objetos também aparece atrelado às ações militares, como "as bandeiras que tremularam em muitas batalhas" (1955:29). Essa ênfase notável nos objetos militares pode ser compreendida pelo fato de o núcleo original do acervo ter sido recolhido nos museus militares então existentes, mas igualmente por uma interpretação da história do Brasil pautada pelo heroísmo e pelo protagonismo das forças armadas, compatíveis com um pensador autoritário como Gustavo Barroso.

O valor histórico no guia do Museu Histórico Nacional decorre praticamente do critério de pertencimento, a exemplo da caneta de ouro, brilhantes e esmeraldas oferecida à princesa Isabel para a assinatura da Lei Áurea (1955:27). Embora o valor material do objeto possa ser mensurado por sua descrição, reforça-se, no texto, o valor histórico/simbólico e a evocatividade da caneta, que remetia ao fim da escravidão. O guia apresenta uma descrição muito breve dos objetos, muitos sem sua procedência identificada. Há pouca ou nenhuma informação sobre datas, inclusive a das telas. Os objetos são utilizados, de forma geral, para ilustrar a história do Brasil, a ser lida com o coração, como defendia Barroso, e não, como no Museu Paulista, para comprovar um argumento que quer ser "racional", para além de emocional, e é central na exposição ou projeto do museu.

No *Guia do visitante*, à exceção dos personagens relacionados com a história desse museu, predomina a listagem de nomes sem a explicação de sua função ou importância, o que parece pressupor o conhecimento do leitor. Ao contrário do *Guia do Museu Paulista*, que procura detalhar o papel atribuído a cada personagem, aqui predomina uma escrita pormenorizada da história do Brasil, com nomes advindos principalmente da nobreza portuguesa e brasileira, além dos militares. Esse guia dirige-se, assim, a um visitante capaz de relacionar o nome de suas salas com a interpretação proposta pelo museu e com a sequência temporal construída pela exposição. Em poucas páginas, são arrolados cerca de 50 nomes, sendo poucos apresentados ao leitor.[10] O guia do Museu Histórico Nacional, até por seu caráter

---

[10] Entre eles, estão o conde de Bobadela, governador que criou o Arsenal de Guerra; mestre Valentim, fabricante do primeiro bronze no Brasil; conde de Linhares, que inaugurou a Real Academia Militar; marechal Hermes da Fonseca, ministro de Guerra de Afonso Pena (não há menção à presidência); o rei d. Manuel, "o Venturoso"; e o general Osório, "grande militar que comandou o Exército Imperial na guerra do Paraguai" (MEC, 1955:22). Os destaques, no entanto, são para Epitácio Pessoa, presidente da República que criou o museu e foi responsável por sua inauguração, e para Gustavo Barroso, "primeiro e atual diretor" (1955:7). No mais,

descritivo, restringe-se a apontar os feitos heroicos de uma pequena elite. A exposição parece não ter abordado quaisquer objetos e/ou imagens relativos aos indígenas e aos negros, o que pode indicar uma interpretação de que não seriam dignos de figurar em um museu histórico, até porque Gustavo Barroso defendia a criação de um museu ergológico destinado às "culturas populares".

O Museu Imperial publicou dois guias, com distinções importantes entre eles. O primeiro deles, *Museu Imperial*, foi escrito pelo criador e então diretor Alcindo Sodré, em 1950, e publicado pelo Departamento de Imprensa Nacional. É um livro cuidadosamente editado, com capa em aquarela colorida e letras capitulares no início dos capítulos. Composto por 205 páginas com 81 fotografias, três reproduções de documentos e duas tabelas, indica um investimento técnico importante e bastante diferenciado dos demais. O segundo, *Guia do Museu Imperial*, foi publicado em 1959 pelo MEC. Sem identificação de autoria, possui 96 páginas e 54 fotografias, todas em preto e branco, tendo sido boa parte dos textos adaptada da versão anterior.

Ambos os guias são indícios da centralidade da instituição criada pelo Instituto do Patrimônio Histórico e Artístico Nacional (Sphan), com forte influência de Vargas, em 1940, no Estado Novo. Aberto ao público somente em 1943, o Museu Imperial precisava garantir a visibilidade de seu projeto e, já em 1950, o diretor Alcindo Sodré publicou seu livro sobre a instituição. Nesse sentido, a diretoria do museu compreendeu rapidamente a necessidade de ter uma produção escrita para legitimar e ampliar sua exposição, além, é claro, de atrair turistas/visitantes para o novo empreendimento.

Museu Imperial, de 1950, tem linguagem um pouco mais dialógica e tenta cativar o leitor para o detalhamento da história do museu e de alguns objetos por ele selecionados. Trata-se de uma narrativa polifônica, ainda que com forte delineamento do diretor. Inclui, por exemplo, depoimentos de visitantes contemporâneos e também de viajantes de séculos anteriores. O "olhar do outro" aparece na escrita, mesmo aquele que destoa da narrativa apresentada pelo guia, como o que atesta a simplicidade do palacete. Contudo, tal fala é ressignificada de modo a sublimar essa modéstia arquitetônica pelo argumento de ter sido, supostamente, o local de consolidação da erudição, do moral e do caráter de d. Pedro II. Desse modo, o narrador inverte o sinal da fala, pois a modéstia passa a ser valor e indício de elevados princípios. São incluídos, ainda, documentos históricos que atestam a predileção de d. Pedro II pela residência, argumento central para a defesa da importância e da

---

inúmeros titulares do Império nomeiam as salas, sem menção a suas ações ou doações. Aliás, apenas três doadores são explicitamente citados: barão de Cotegipe (1955:21), Miguel Calmon (1955:25) e ninguém menos que Getúlio Vargas (1955:35).

especificidade da instituição. Essa estratégia argumentativa perpassa todo o guia, que busca valorizar o museu não pelo luxo e pela ostentação, mas por seu caráter excepcional de única residência construída para ser sede oficial do Segundo Império e pela exemplaridade de seu proprietário.

Já o *Guia do Museu Imperial*, de 1959, é destinado a um leitor que necessitaria, supostamente, de descrição detalhada das coleções para a compreensão da exposição, funcionando quase como uma grande reunião das etiquetas dos objetos, sem apresentar ao visitante informações adicionais. O uso projetado para os guias parece ser a consulta detalhada de informações da exposição, a confirmação de datas de produção, autorias e doadores. A visita seria quase que prescindível, já que não há convites para a reflexão, para a observação atenta e mesmo para a admiração do museu, tal como ocorre no *Guia do Museu Paulista*.

O Museu Imperial, por exemplo, trata o século XIX já na perspectiva de um museu-casa, que procura reconstituir os ambientes do antigo Paço Imperial de Petrópolis. Todos os objetos e as salas remetem ao Segundo Reinado, ainda que haja esforços episódicos para abordar o período joanino e o Primeiro Reinado. De qualquer forma, o tempo privilegiado é o século XIX, ainda que não de forma ordenada cronologicamente, e sim com predominância temática e tipológica. Por exemplo, há a Sala de Porcelanas Imperiais, organizada a partir de vitrines que expunham as peças, ou a Sala de Baile e Música, cuja funcionalidade do espaço original é destacada, além, é claro, do tema.

Tanto o guia do Museu Imperial quanto o do Museu Histórico Nacional estabelecem as relações entre espaço e temas. No primeiro caso, com ênfase nas homenagens aos doadores e aos personagens eleitos como heróis e, no segundo, nas funções originais do espaço físico de uma casa. Mas, em todos os guias dos museus examinados, algumas salas são destacadas pela coleção de objetos que abrigam, como a Sala A-10, de cartografia colonial e documentos antigos, do Museu Paulista; a Sala dos Leques, do Museu Histórico Nacional; e a Sala das Pratas, do Museu Imperial. São, portanto, salas temáticas, que podem abordar, inclusive, diferentes temporalidades pela reunião de objetos que realizam.

Cabe ressaltar que a narrativa apresentada pelo Museu Imperial ignora o período colonial e o republicano, o que é interessante, pois é claramente um projeto estado-novista. Alcindo Sodré, ao abordar a história da instituição, comenta o desafio de focar, exclusivamente, o período monárquico. De acordo com ele, o projeto de transformar o Paço de Petrópolis em "grande museu nacional", apresentado à Câmara ainda em 1922, não encontrara clima adequado: "Fazer um museu 'monarquista'?, e ainda por cima expulsando um educandário do prédio?" (Sodré, 1950:7). As objeções só foram eliminadas, de acordo com o autor, com a iminência do centenário de Petrópolis, quando foi criado o Museu Histórico no local do Palácio de Cristal e também pelo interesse de Getúlio Vargas de criar um museu federal (Sodré, 1950:16).

Todavia, é preciso demarcar que as comemorações do centenário da Independência já incluíam a construção do Museu Histórico Nacional, investimento de envergadura. E construir dois museus era inadequado sob qualquer ponto de vista. O lugar de comemoração da Independência deveria ser a capital do Brasil, o projeto era de Barroso e, definitivamente, naquele momento, outro museu histórico nacional não seria oportuno, pois era preciso considerar que esse também foi um grande momento do Museu Paulista, como não poderia deixar de ser.

Dessa forma, o guia do Museu Imperial centra-se no século XIX e seu sentido nacional decorre do fato de abrigar, na arquitetura e nos objetos, a herança do Império brasileiro, concebido pelo autor como o período de consolidação da identidade nacional. Embora esse tratamento não seja abordado no guia, o sentido pedagógico e a direção do projeto cívico do museu foram bem expressos pelo diretor:

> [...] o Brasileiro, ao penetrar os umbrais dessa casa, não vai satisfazer uma simples curiosidade de ver como era um palácio imperial, mas receber e guardar a indelével impressão educativa de se sentir contemplado por um passado que soube cumprir bem alto a sua missão no serviço da Pátria [Sodré, 1950:36].

De forma semelhante ao guia do Museu Histórico Nacional, o *Guia do Museu Imperial*, de 1959, funcionou como um catálogo ilustrado da exposição, ainda que mais completo do que ele, mas sem preocupação em apontar ou hierarquizar quais eram as peças principais. Em alguns casos, a fotografia foi o recurso para produzir o efeito da distinção, mas o texto não fornecia elementos para a compreensão dessa seleção.

O guia de 1950 apresentava a construção do projeto do Museu Imperial, recorrendo a fontes primárias para narrar as dificuldades encontradas e as negociações encetadas. Decretos e reformas efetuadas para a transformação em museu também eram mencionados. Tal procedimento auxilia na compreensão das opções para a "apresentação" do passado imperial feita pelo museu, o que o autor faz questão de frisar: "[...] deve-se dizer que não se poderia pensar na restauração pura e simples do que fora o antigo Palácio" (Sodré, 1950:21). O diretor então explicava que muitos ornamentos originais eram simples e despidos de sinal de seus proprietários, no caso a família imperial. Por outro lado, seria necessário reproduzir cômodos que não pertenciam originalmente àquele palácio, como a Sala do Trono e a Sala dos Embaixadores. Reforçava-se a intenção de construir no Museu Imperial não tanto como "a" casa de Pedro II, mas um ambiente que encena uma lição visual da exemplaridade da família imperial e, portanto, da Monarquia brasileira.[11]

Mesmo assim, ao contrário do Museu Paulista, que procurava na reprodução de peças históricas uma forma de divulgar imagens e valores do passado, as diretrizes do Museu Imperial são contrárias a qualquer tipo de cópia. De acordo com Sodré (1950:22), "a criação de museus especializados deve abandonar a rotina de receberem […] [de] modo geral, peças que constituem duplicata, desmerecendo desse modo a importância e o significado de suas coleções". Portanto, o guia destacava a autenticidade e o pertencimento dos objetos a vultos históricos para conferir aura ao espaço, à instituição e à coleção. Se o "ambiente" era uma recriação, o que ele continha tinha valor original, transferindo-lhe ou garantindo-lhe sua aura.

A mesma tendência retórica do guia do Museu Histórico Nacional pode ser observada naqueles do Museu Imperial. A adjetivação específica é utilizada para realçar a predileção e o amor de d. Pedro II por aquela residência. Obviamente, o pertencimento é acionado em quase todos os objetos para lhes atribuir valor histórico, bem como aura à exposição. O fato de pertencerem ao Palácio de Verão é bastante destacado, como no caso de um móvel que "sempre esteve no saguão" do prédio. A compra de objetos em leilões também é apresentada como estratégia para reunir objetos autênticos da monarquia no museu (MEC, 1959:25-26). Aqui, mais do que em qualquer outro, a procedência europeia das peças é destacada como forma de atribuir à família imperial uma ação civilizatória no Brasil. Outra especificidade na atribuição de valor aos objetos expostos é o fato de serem doados, o que é fartamente documentado. Talvez por isso a listagem de doadores é incomparavelmente maior do que a de personalidades históricas.[12] Já em relação aos personagens históricos, há total foco na família imperial, com destaque para d. Pedro II. Há também menção ao major Koeler, um dos criadores da cidade de Petrópolis, além de Alcindo Sodré, primeiro diretor do museu, e de Getúlio Vargas, seu criador. A grande exceção, é bom lembrar, seria Vargas, cujo grande feito, no caso, era o próprio museu.

---

[11] A respeito da discussão sobre as intenções pedagógicas da exemplaridade da família imperial, ver a dissertação de Alda Heizer (1994).

[12] São quase 90 doadores de peças únicas, acrescidos de cerca de 40 doadores de objetos, como leques e porcelanas, sinais de distinção de famílias outrora abastadas. Destaca-se a família Guinle, particularmente Guilherme Guinle, responsável pela doação, entre outros objetos, do estojo de costura da imperatriz Teresa Cristina e de telas em óleo da família imperial. Os descendentes do conde de Paranaguá merecem também lugar de destaque, bem como os membros da família Orleans. Os nomes dos doadores são apresentados, em ambos os guias, após a descrição do objeto, o que confere *status* e confirma o circuito de trocas simbólicas existente.

Ainda que a escravidão seja um fato incontornável do Império, bem como a difusão da representação do índio romântico, tais questões não têm espaço no museu. Apenas no guia de 1950 há menção à seção da discoteca, que teria "gravações de saborosas músicas afro-brasileiras, tais como congadas, maracatus" (Sodré, 1950:138). Não há outras menções e, nesse sentido, mesmo a Abolição da escravidão, que seria atrelada à imagem da princesa Isabel, não era, naquele momento, abordada.

Como é possível observar, a zona de convergência das narrativas apresentadas nos guias pertence ao quadro político-administrativo ou militar do Brasil. A pauta mínima dos museus envolvia os reis portugueses, ao menos d. João VI, e os imperadores brasileiros e suas esposas. Mesmo a nobreza, que tem destaque em todos eles, é distinta em cada um, envolvendo um circuito particular de doações e homenagens. Em São Paulo, destacam-se os bandeirantes, os próceres da Independência e alguns políticos. No Museu Imperial, sublinham-se os antigos moradores da família imperial e os descendentes da nobreza, bem como a nova burguesia, representada por Guilherme Guinle. No Museu Histórico Nacional, a ênfase é dada aos militares, nobres e políticos, embora se ceda espaço para pessoas como Anita Garibaldi e se enfatizem, mais do que nos outros museus, surpreendentemente, figuras republicanas.

Apesar disso, a escrita da nação, mesmo que realizada com tintas específicas, necessitava, naquele período, enfrentar alguns temas em comum, como a representação do povo brasileiro, a construção de um panteão de heróis, a fabricação de uma memória imperial, tão recente e difundida em todo o país, além, é claro, do papel dos militares e da República. Assim, os guias, mesmo com suas especificidades, podem ser lidos como um conjunto de esforços políticos e/ou pedagógicos que culminaram na criação de um código disciplinar para o ensino de história em museus.

Referências

Fontes primárias

MINISTÉRIO DA EDUCAÇÃO E CULTURA (MEC). *Guia do visitante.* Rio de Janeiro, 1955.
_____. *Guia do Museu Imperial.* Petrópolis, 1959.
SODRÉ, A. *Museu Imperial.* Rio de Janeiro: Departamento de Imprensa Nacional, 1950.
TAUNAY, A. de. *Guia da Secção Histórica do Museu Paulista.* São Paulo: Imprensa Oficial do Estado de São Paulo, 1937.

Fontes secundárias

ALENCAR, V. M. A. de. *Museu-educação*: se faz caminho ao andar… Dissertação (mestrado em educação), PUC-Rio, 1987.

BAKHTIN, M. *Estética da criação verbal*. 4. ed. São Paulo: Martins Fontes, 2003 [1929].

BREFE, A. C. F. *O Museu Paulista*: Affonso de Taunay e a memória nacional. São Paulo: Unesp, 2005.

CHAGAS, M. *Imaginação museal*: museu, memória e poder em Gustavo Barroso, Gilberto Freyre e Darcy Ribeiro. Tese (doutorado em ciências sociais), Uerj, 2003.

COSTA, C. M. *Uma casa e seus segredos*: a formação de olhares sobre o Museu Mariano Procópio. Dissertação (mestrado em bens culturais e projetos sociais), FGV, Rio de Janeiro, 2005.

HEIZER, A. L. *Uma casa exemplar*: pedagogia, memória e identidade no Museu Imperial de Petrópolis (mestrado em educação), PUC-Rio, 1994.

MAGALHÃES, A. M. *Evocação do passado e entendimento da história no Museu Histórico Nacional*. 2010. Mimeogr.

MATTOS, H. O ensino de história e a luta contra a discriminação racial no Brasil. In: ABREU, M.; SOIHET, R. (Org.). *Ensino de história*: conceitos, temáticas e metodologia. Rio de Janeiro: Casa da Palavra, 2003.

_____. O herói negro no ensino de História do Brasil: representações e usos das figuras de Zumbi e Henrique Dias nos compêndios didáticos escolares brasileiros. In: ABREU, Martha; SOIHET, Rachel; GONTIJO, Rebeca (Org.). *Cultura política e leituras do passado*: historiografia e ensino de História. Rio de Janeiro: Civilização Brasileira, 2007.

RAMOS, F. R. L.; MAGALHÃES, A. M. *De objetos e palavras*: reflexões sobre curadoria de exposições em museus de história. 2010. Mimeogr.

UM COLECIONADOR, UMA COLEÇÃO E UMA HISTORIOGRAFIA:
o caso Gilberto Ferrez

Maria Isabel Ribeiro Lenzi

EXAMINAMOS NESTE CAPÍTULO A TRAJETÓRIA DO COLECIONADOR E HISTORIADOR Gilberto Ferrez com o objetivo de estudar seu caso como um exemplo de persistência da prática do antiquariado na historiografia brasileira do século XX. Procuramos mostrar que a historiografia produzida por eruditos como Ferrez apresenta uma afinidade com aquela empreendida pelos eruditos antiquários dos séculos XVI ao XVIII, para os quais a coleção era um meio para a aquisição de novos conhecimentos.

Além da coleção, a própria produção historiográfica, assim como o estilo de vida de Ferrez, nos aponta para uma ligação com o antiquariado, já que ele valorizava a raridade, o ineditismo, a cultura material. O antiquário renascentista estudava com afinco sua coleção, o que lhe permitia fazer observações "empíricas" a respeito de um tempo passado — as moedas, as estátuas e os manuscritos que o erudito renascentista colecionava lhe diziam muito mais sobre a época em que tinham sido confeccionados do que relatos filosóficos de historiadores, pois, "para uma moeda falsificada, há cem que são autênticas [...], mas como se poderia testar a veracidade do relato de uma batalha em Tucídides ou em Lívio, se esta era a única?" (Momigliano, 2004:89). Os trabalhos publicados por esses antiquários eram caracterizados por detalhes meticulosos do passado, pelo grande patriotismo, pela curiosidade a respeito de eventos pouco comuns e pela ostentação da erudição. Também era comum fazerem inventários de obras de arte e de documentos.

Paulo Knauss, em seu texto "O desafio de fazer história com imagens: arte e cultura visual" (2006), aponta para a importância do estudo das imagens para a compreensão das sociedades e lembra o papel dos antiquários eruditos no recolhimento dessas fontes. Knauss adverte que a noção de prova em nossa disciplina teve origem no antiquariado, quando Lorenzo da Valla descobre a falsidade do documento de Constantino. Ele afirma que "o método erudito vai ser o responsável por relacionar o estudo da história com a crítica das fontes, salientando a importância da análise da autenticidade do suporte de informação e da veracidade de seu conteúdo". Do mesmo modo que Momigliano, Knauss (2006:97-115) confirma a erudição do antiquário "que traduzia o conhecimento das fontes do passado" e diz que,

> especialmente, interessa ressaltar que o antiquariado tinha um horizonte aberto e se dirigia para o tratamento das coisas do homem, no sentido das *humanitas* que caracterizam o humanismo renascentista. [...] Incluíam-se não apenas textos escritos, mas também o mundo das imagens da antiguidade.

Paulo Knauss adverte para o fato de que, ainda hoje, encontramos, entre aqueles que estudam as fontes do passado, os procedimentos e a atitude dos antiquários eruditos — o método de pesquisa sistemático.

De acordo com Manoel Luís Salgado Guimarães (2007:25), diferentemente do historiador, o antiquário torna o passado em presença materializada nos objetos que o circundam; seu olhar

> parece aproximar o passado do presente, estabelecendo uma relação entre o visível e o invisível segundo determinados dispositivos, produz, para este mesmo passado, uma visibilidade segundo a qual não são os dispositivos de uma cronologia [...] que estabelecem os nexos entre o que se pode ver e aquilo que se torna, pelas mesmas razões, invisível.

Neste capítulo, vamos então apresentar a produção do colecionador Gilberto Ferrez como paradigma de um tipo de historiografia ainda recorrente no século XX, mas que tem suas bases no antiquariado erudito dos séculos XVI, XVII e XVIII.

Quando jovem, Gilberto não se furtava de entrar em contato com intelectuais consagrados e por ele admirados. Encontramos em sua correspondência uma carta enviada a Affonso Taunay em 1934, na qual pede um exemplar de seu livro sobre a Missão Artística Francesa, pois, em suas palavras, "adquiriria com a maior satisfação, tanto mais sendo eu bisneto de Marc e Zeferino Ferrez, este livro já valioso por todos os títulos, ainda mais para mim o seria. Há detalhes neste livro sobre minha família que muito me interessam, além de que ele viria aumentar a minha coleção".[1] Ferrez deixa clara a identidade entre eles: como Affonso Taunay, ele também descende de membro da "Missão Francesa", e cita sua coleção que o livro de Taunay iria aumentar, demonstrando para o diretor do Museu Paulista a qualidade de erudito que estava buscando.

Todavia, quem despertou a curiosidade de Gilberto Ferrez para as coisas do Brasil foi Francisco Marques dos Santos — importante colecionador, especialista em mobiliário, numismática e prataria brasileira, também produtor de uma historiografia ligada à cultura material e ao colecionismo. Em entrevista, Gilberto Ferrez disse que, logo que voltou da Europa, começou a estudar o Rio de Janeiro, tendo a história da cidade despertado seu interesse a ponto de acabar se apaixonando pelo tema.

Gilberto gostava de sair do trabalho e passar na rua Chile, na área do Centro da cidade do Rio de Janeiro, para ir à loja de antiguidades de seu amigo Francisco Marques dos Santos. Ali ocorriam encontros sociáveis com pessoas que tinham interesses em comum. O que desejavam era conversar, de preferência sobre o que mais os mobilizava, que era o passado do Brasil. Não um passado qualquer, mas aquele que estivesse representado nos objetos raros expostos naquela loja. A companhia daquelas pessoas nas condições de sociabilidade permitia abstrair, por alguns momentos, a realidade.

> Todo mundo que aparecia no Rio de Janeiro, ao invés de ir ao Instituto, ia à casa do Santos. Ficávamos lá batendo papo: Affonso Taunay, Clado Lessa, Hélio Viana, Américo Lacombe, José Mariano Filho, Magalhães Gouveia, Morales de los Rios, Mário Barata etc.[2]

O grupo que se reunia na loja de Santos era conhecido como "A Arca dos Jacarandás". Sobre essa "arca", diz o *Correio da Manhã* de 14 de janeiro de 1954:

> Não era nenhuma associação civil com estatutos registrados, mas uma tertúlia de amigos, que gostavam todos do Brasil antigo e sua arte, ou lhe estudavam a história. [...] Daí nasceu a "Arca": uma vez por ano almoçava-se em casa de um dos Jacarandás e plantava-se uma árvore dessa família. E cada tronco adquiria um nome

---

[1] Arquivo Nacional, FF-GF.2.0.01, cat. n. 154.
[2] Arquivo Nacional, FF-GF 2.0.04, cat. n. 20. Entrevista concedida a Solange Zuñiga, João Leite, Márcio Doctors e Paulo Estelita.

ilustre: o da casa de Clado Lessa chamava-se Vanhargen; Barão de Cotegipe, o da residência de Wanderley de Pinho. Nunca Marques dos Santos permitiu que a reunião degenerasse em academia. Mas dela saíram muitos estudos sobre o nosso passado e as revistas especializadas e os livros estão aí para documentá-lo.[3]

Os "Jacarandás" passaram a se encontrar a partir de 1929, quando da abertura da loja de Francisco Marques dos Santos, e pelo menos até 1954, ano em que a casa foi fechada e desapropriada pela prefeitura, esses encontros se mantiveram. O economista Carlos Lessa, no livro *Rio de todos os Brasis*, cita a Arca dos Jacarandás como uma das vertentes nacionalistas entre os intelectuais em finais dos anos 1920. A Primeira Guerra teria provocado a dissolução dos paradigmas europeus e provocado uma revalorização do colonial. Lessa (2000:276) aponta as reuniões na loja de Marques dos Santos como uma entre diversas manifestações nacionalistas que fora buscar no passado colonial e no Império a gênese da nação brasileira.

O termo "arca" lembra um conjunto, uma coleção, um tesouro perdido, e "jacarandá" é madeira nobre, abundante outrora no Brasil, porém em extinção. Uma arca guarda objetos concretos e preciosos. Os frequentadores da "Arca dos Jacarandás" eram todos, de certo modo, ligados ao colecionismo e, a julgar pelo termo com que se autodenominaram, se consideravam pessoas preciosas e raras e em vias de desaparecimento. Porém, sempre plantavam em seus quintais um jacarandá, destinado a crescer e perpetuar a espécie. As coleções acumuladas e estudadas por eles, como aquelas árvores plantadas nos quintais, garantiriam o conhecimento no futuro.

A afinidade de Gilberto Ferrez com os colecionadores tinha sua razão de ser. E não era fortuito seu interesse pela cultura material e pelas imagens. Aqui nos valemos da noção de *habitus* de Norbert Elias (1994 e 2001), que define o conceito como uma maneira não reflexiva de atuar no mundo, naturalizada pelo autocondicionamento psíquico exercido pela convivência e que vai se incorporar à estrutura da personalidade do indivíduo. Gilberto descendia de uma família ligada às artes havia, pelo menos, três gerações. Seu bisavô, Zeferino Ferrez, havia sido importante escultor especializado em medalhas. Seu tio-bisavô, Marc Ferrez, também havia sido escultor ativo entre os artistas franceses aqui desembarcados em 1816. O avô Marc Ferrez (homônimo do primeiro) era considerado o mais importante fotógrafo do Brasil no século XIX, além de, junto com seus filhos Julio e Luciano, ter sido um dos precursores do cinema em nosso país. Os artistas franceses que por aqui

---

[3] Arquivo Nacional, FF-GF.2.0.01, cat. n. 142. Recorte de jornal guardado por GF junto à correspondência de Francisco Marques dos Santos.

124 | Identidades, memórias e projetos políticos

aportaram na regência de d. João tinham familiaridade com o colecionismo, já que a prática era comum entre a elite europeia no século XVIII. O avô Marc Ferrez, inclusive, foi também colecionador — ele reunia selos, como nos atesta documento do Arquivo Família Ferrez. Encontramos nos papéis de Marc Ferrez algumas cartas de seu neto Gilberto, escritas em 1919 e 1920 — quando, portanto, Gilberto tinha 11 anos —, período em que Marc Ferrez esteve na Europa para tratamento de saúde. Destacamos este trecho:

Dia 14 de julho de 1919
Meu querido avô, Saudoso Abraço. [...]
Desejo que esta carta vos encontre em boa saúde e felicidade. Eu recebi a tua carta que me fez muito prazer, eu também recebi os selos, mas eu tinha eles todos. Quando o senhor voltar da França, peço que me arranje selos mais raros do que os que o senhor mandou.

Para o menino Gilberto, colecionar era um hábito, e desde pelo menos os 11 anos ele procurava pela raridade.

Em entrevista à Funarte, em 1982, perguntado sobre o sentido da coleção em sua vida, Gilberto Ferrez declarou:

Estudar. Gosto de saber. Então estudo tudo e não preciso sair daqui. Se eu não tiver, procuro lá fora e compro o livro. Não quero ficar dependendo de ir à biblioteca. Tenho tudo, estudo aqui na minha casa. [...] Na minha coleção, eu me guio pela parte histórica. Minha ênfase é a história. [...] O Marques dos Santos comprava qualquer coisa que fosse do Brasil, fosse o que fosse: leque, móveis, livro, documento, tudo. Ele estudava muito e era muito conhecido. [...] Eu comprava tudo. Em todo lugar que ia, eu pesquisava muito, pedia muito. Eu pesquisei todos os arquivos da Europa — Portugal, Espanha, França, Suíça, Alemanha e Inglaterra — e nos EUA.[4]

Pelas palavras de Ferrez, verificamos que sua coleção tinha uma função específica: trazer o conhecimento, instigar o colecionador ao estudo cada vez mais aprofundado. Podemos constatar também que, tanto para Ferrez quanto para Marques dos Santos, o conhecimento histórico se dava pelos objetos; porém não bastava estudá-los, era preciso possuí-los para tê-los sempre à mão na hora em que se desejasse. Sua filha Helena, em depoimento à *Revista do Patrimônio* (n. 28, p. 32), afirma

---

[4] Entrevista, em 1982, a Solange Zuñiga, João Leite, Márcio Doctors e Paulo Estelita.

que um dia perguntou ao pai o porquê do apego tão grande às imagens. Ele respondeu: "É porque é concreto e é como eu consigo trabalhar". Desse modo, a concretude de sua coleção garantia seu prazer intelectual, seu afã pelo conhecimento do passado. E cada novo objeto na coleção significaria algo mais para ele estudar. Como os eruditos antiquários, a coleção permitia a Gilberto Ferrez fazer observações empíricas a respeito do passado, era a prova daquele passado. A coleção foi o primeiro trabalho historiográfico de Ferrez.

As décadas de 1920 e 1930, período de sua formação e juventude, foram anos em que a intelectualidade buscou intensamente soluções que legitimassem o Brasil como uma unidade nacional. Assim, o ato de colecionar peças que "falassem" desse passado era valorizado por alguns intelectuais que viam nesses objetos documentos probatórios relevantes para a história do país. Algumas peças, repetidas em diversas localidades do território nacional, comprovavam certa unidade da nação. Intelectuais como Afonso Taunay, José Mariano Filho, Mário de Andrade, além de Francisco Marques dos Santos, valorizavam a coleta desses documentos materiais e iconográficos e, de certa forma, serviram de referência para Ferrez.

Gilberto Ferrez era comerciante. Sempre trabalhou com comércio e cinema. Enquanto as salas de cinemas da cidade lotavam, ele aumentava sua coleção, composta, sobretudo, de imagens do passado do Brasil. Havia o conjunto de fotografia, o de estampas (gravuras, aquarelas, desenhos, óleos), o de alfaia, o de santos (esculturas e impressos), o de folhetos e catálogos, o de livros, o de numismática. E os selos, que deram início ao colecionismo. O século XIX é o que está representado com o maior número de peças, pois, além de ser o século da fotografia, foi o período em que os artistas e viajantes europeus puderam explorar a América portuguesa legalmente. Desse modo, é muito mais farta a documentação visual na América portuguesa a partir dos Oitocentos. É evidente, na coleção, o interesse de Gilberto Ferrez pelas cidades, pelo desenvolvimento urbano brasileiro, tema da maior parte das imagens.

A fotografia é o maior conjunto, além de ser um dos núcleos iniciadores do ato de colecionar de Gilberto Ferrez, que, no final dos anos 1920, começou a se interessar pela história da cidade do Rio de Janeiro depois que voltou de um período na Europa e recebeu do pai as chapas fotográficas do avô, Marc Ferrez. Os semióforos[5] da coleção Gilberto Ferrez fazem a ligação com o passado do Brasil e também com seus ancestrais, que desembarcaram no Rio de Janeiro em 1817.

---

[5] Termo cunhado por K. Pomian (1987) para designar objetos — peças de coleção — que fazem conexão com o invisível, que pode ser o sagrado, o passado, a distância geográfica, o futuro, o além…

Se nos anos 1960 e 1970 assistimos ao esplendor da coleção, a partir de 1979 observamos o início de sua decadência. Na década de 1980, Ferrez ainda adquire alguma coisa, mas já começa a se desfazer de muitos livros raros e gravuras. Nos anos 1990, intensifica-se a dispersão da coleção num período de crise profunda nos negócios que sustentaram sua atividade como colecionador: os grandes cinemas da cidade estão fechando as portas e a loja que mantinha com seu irmão na rua da Quitanda também acaba. Em 1997, Ferrez coloca para ser leiloado na casa Leone seu óleo sobre madeira *Entrada do rio Soberbo*, de Facchinetti. Em 1998, parte da coleção de móveis, santos e alfaias é leiloada também na Casa Leone. Foram 56 peças a leilão. Muitas, como o ferro de passar em prata ou os balangandãs, não foram colocadas à venda.

O único conjunto de sua coleção que fez questão de manter na integridade foi o de fotografia. Em 9 de maio de 1998, o Instituto Moreira Salles (IMS) adquire o conjunto de suas fotografias e assina contrato que obriga a mantê-las sob a denominação "Coleção Gilberto Ferrez". Outra cláusula do contrato era a permanência da coleção no Rio de Janeiro. Desse modo, depois da venda das fotografias recolhidas ao IMS, aquele acervo reunido por Gilberto Ferrez passou a ser conhecido e difundido como uma coleção apenas de fotografia. São 15 mil itens, entre chapas de vidro e diversos processos de revelação. Muitos fotógrafos estão representados na coleção, mas os negativos em vidro são todos de Marc Ferrez.

O conjunto formado por essas fotografias é o que resta da coleção com acesso público. Foi nesse campo que Gilberto decidiu perpetuar seu nome: apesar de colecionar diversos tipos de imagens e objetos, ficou conhecido como historiador e colecionador de fotografia. Foi a única parte da coleção de que ele cuidou pessoalmente para que não se dispersasse nem saísse do Brasil depois de sua morte. Provavelmente em homenagem à memória de seu avô, Marc Ferrez, e à sua própria memória.

Além da coleção, encontramos em outros trabalhos historiográficos de Ferrez pontos em comum com o antiquariado. O mesmo afã que levara o colecionador a procurar, "caçar" nas lojas de antiquários e leilões pelo mundo afora peças para sua coleção fazia também com que ele frequentasse bibliotecas, arquivos e mesmo coleções particulares em todo o mundo à procura de material, sobretudo visual, sobre o Brasil para aqui publicar. São inúmeros os livros em que Gilberto Ferrez trabalha com a iconografia de viajantes no Brasil no século XIX: *O Brasil do Primeiro Reinado visto pelo botânico William John Burchell*; *O Brasil de Eduard Hildebrandt*; *Aquarelas de Richard Bate*; *Franz Frühbeck's Brazilian journey*; *O velho Rio de Janeiro através das gravuras de Thomas Ender*; *Desenhos antigos dos arredores do Rio de Janeiro de Benjamin Mary 1792-1846*; *O Brasil de Thomas Ender, 1817*; *Brasil antigo; oito quadros inéditos Louis Buvelot*;

Um colecionador, uma coleção e uma historiografia | 127

O sketchbook de Carlos Guilherme von Theremin; *O álbum de Luiz Schalappriz "Memória de Pernambuco".*

Ao analisarmos essas obras, percebemos que todas são como uma pequena coleção — de imagens — que evoca o invisível. Gilberto Ferrez estuda minuciosamente cada imagem incluída nesses livros para que possam trazer à luz o máximo possível de um tempo que já se foi. O autor lança mão de sua erudição para o estudo sistemático do acervo em que trabalha, além de estudar a biografia de cada artista. As imagens lhe dão notícias sobre diversos assuntos do dia a dia num tempo que já passou. Nota-se que a cronologia diz pouco na sua obra, porém tudo que se relacionava com a visualização do passado carioca ou do brasileiro e estrangeiro aqui residente importava muito para Gilberto Ferrez, que — como os antiquários renascentistas — não poupava esforços para obter uma informação, uma reprodução ou mesmo um original daquela imagem. Sua pesquisa sobre o acervo era minuciosa e, muitas vezes, demorada.

Outro conjunto importante na obra historiográfica de Gilberto Ferrez é aquele formado pelos catálogos. Ele inventariou diversos tipos de documentos relevantes para a história do Brasil, sendo sua obra maior a *Iconografia do Rio de Janeiro: catálogo analítico*, listagem que reúne 4.494 documentos iconográficos preciosos para o estudo da história da cidade e do Brasil. Destaca-se aqui outra característica comum ao antiquariado: a valorização de inventários e listagens exaustivas. Os séculos XVI, XVII, XVIII e XIX no Brasil desempenham na obra de Gilberto Ferrez o papel que a antiguidade representava para o erudito antiquário setecentista.

Foram 50 anos procurando e solicitando informações a seus amigos. A *Iconografia do Rio de Janeiro* demonstra que, na prática, sua empreitada significava, como para os eruditos renascentistas, um levantamento geral para o futuro. Suas pesquisas eram inesgotáveis, fazendo com que ele colecionasse também informações que serviriam, no futuro, para conhecimento sobre o Rio de Janeiro. O catálogo foi gestado durante boa parte de sua vida, tendo sido possível a publicação só após seu falecimento.

Na introdução da *Iconografia do Rio de Janeiro*, Gilberto Ferrez (2000:13; grifos nossos) afirma que

> o material arrolado não é, apenas, uma relação de estampas e mapas [...], mas verdadeiros documentos, de *imenso valor para o estudo correto e objetivo sobre os mais diversos aspectos de nossa história evolutiva*; graças a eles podemos aquilatar e compreender, dentro de um rigoroso critério histórico, o desenvolvimento da cidade de São Sebastião do Rio de Janeiro, desde os seus primórdios até o final do séc. XIX. Este rico acervo *torna visível e compreensível* o imenso labor do homem, drenando pântanos

e lagoas, retificando rios e modificando o perfil da orla marítima, saneando baixadas, cortando e arrasando morros [...]. Seguimos, paulatinamente, o crescimento da cidade e a evolução arquitetônica dos seus edifícios; a maneira de viver de seus habitantes; nas modificações dos trajes, dos usos e costumes e dos meios de transportes; as comemorações históricas e dias festivos; em suas tragédias, em sua vida [...] Muitas destas estampas *deslindam, dum relance, dúvidas que historiadores, dos mais argutos e honestos, tiveram muito que pesquisar, estudar e escrever para demonstrar em suas teses, tudo por desconhecimento destes documentos básicos.*

Podemos fazer algumas observações a partir desse texto: Gilberto Ferrez considera a fonte iconográfica a mais correta e de mais fácil apreensão, poupando trabalho "dos mais argutos e honestos historiadores, que tiveram muito que pesquisar, estudar, escrever, por desconhecimento destes documentos básicos". Notamos também que, como os antigos eruditos, Ferrez tem a preocupação de abraçar todos os aspectos da vida da cidade, tornando-os visíveis e compreensíveis — aqui percebemos um esforço para trazer o passado até o presente, de modo que se possa vê-lo, presenciá-lo. O catálogo é organizado,

dentro do possível, em ordem cronológica e pelo nome do artista pintor responsável, todo o material iconográfico (desenhos, pinturas, gravuras, litografias, xilogravuras, mapas principais e básicos etc.) relativos à cidade do Rio de Janeiro, existente no Brasil e no exterior, desde sua fundação até o ano de 1890 [Ferrez, 2000:16; grifo nosso].

As fotografias[6] ficaram de fora do catálogo, pois ele achava que, sendo numerosas, mereciam uma atenção específica. Cada item do catálogo compõe-se de: ano em que a obra foi executada ou do assunto representado; nome do artista, nacionalidade e ano de nascimento e morte; nome ou legenda da estampa; descrição sumária; informações complementares; coleção à qual pertence a obra e respectivo local. Quando a obra pertence a uma instituição, o código de referência é também citado. Observamos que é *dentro do possível* em ordem cronológica, pois Gilberto Ferrez, como os antigos antiquários, não sacrifica os assuntos e autores em detrimento da cronologia. O autor explica que, para obtenção de uma data,

---

[6] É extensa a bibliografia de Gilberto Ferrez sobre fotografia, porém não temos espaço neste capítulo para abordar o assunto.

tivemos, então, que estudar rigorosamente o desenho ou a estampa e, graças ao conhecimento das datas da construção ou remodelação de edifícios públicos, religiosos, militares e civis em maior evidência, assim como de obras públicas, pudemos descobrir as datas prováveis em que foram executadas com uma margem de erro bastante pequena [Ferrez, 2000:16].

Chamamos a atenção, então, para que, mais uma vez como os antiquários, a fim de obter informação correta, Gilberto Ferrez não poupa a pesquisa minuciosa.

O catálogo *Iconografia do Rio de Janeiro* é praticamente fruto da vida intelectual inteira do autor. Ali ele demonstra toda a sua erudição. Encontramos informações que provavelmente guardava há muitos anos, pois foi na mocidade que Francisco Marques dos Santos lhe aconselhou a ler todo o *Jornal do Commercio* para se inteirar do século XIX. Sempre que uma gravura era anunciada no periódico, Ferrez transcrevia o texto do jornal nos verbetes do catálogo. Se a obra participara da Exposição de História do Brasil organizada por Ramires Galvão em 1881 na Biblioteca Nacional, informaria sua numeração no catálogo de exposição.

Outro tipo de obra típica de nosso colecionador é aquela voltada para efemérides. Gilberto Ferrez publicou várias delas, mas neste capítulo vamos tratar do livro-monumento *Muito leal e heroica cidade de São Sebastião do Rio de Janeiro*, editado por ocasião do IV Centenário da cidade. Em 1º de março de 1965, o Rio de Janeiro fazia 400 anos. Um conjunto de iniciativas oficiais e não oficiais mobilizou a sociedade para comemorar o aniversário da cidade, que há apenas cinco anos havia perdido a condição de capital do país. A imprensa, os intelectuais, as editoras, os museus, a televisão, as escolas; enfim, toda a coletividade trabalhou para que o Brasil — e, sobretudo, os cariocas — não esquecesse os quatro séculos de história do Rio de Janeiro. As imagens da cidade, mesmo aquelas que evocam o passado, foram amplamente trabalhadas, apontando para um futuro que se pretendia promissor.

Em 1960, o colecionador Raimundo Ottoni de Castro Maya teve a ideia de homenagear a cidade com um livro que evocasse a evolução urbana do Rio de Janeiro e convidou Gilberto Ferrez para escrever e escolher as imagens, de modo a organizar uma edição de luxo. Era o início do que viria a ser o famoso *Muito leal e heroica cidade de São Sebastião do Rio de Janeiro*, livro monumental em cujas páginas entramos em contato com a fundação da cidade, sua transferência para o morro do Castelo, seu crescimento e sua entrada na modernidade. Todas as fases do Rio de Janeiro são visualizadas por imagens raras que Gilberto Ferrez recolheu em diversos acervos, muitos no exterior. O autor trabalhou com vários tipos de iconografia, incluindo cartografia, fotografia e caricaturas. Os textos descritivos complementam a sensação de contato com as muitas fases da cidade.

Apesar de apresentar extensa introdução, o *Muito leal* é um livro essencialmente visual, com 289 imagens para dar conta da história do Rio de Janeiro, de sua fundação ao IV Centenário, em 1965.

Observamos características típicas dos estudos dos antiquários nesse livro. Temos, por exemplo, o caráter abrangente do livro. Entre as imagens que o compõem, deparamo-nos com referências visuais aos mais diversos aspectos da história do Rio de Janeiro: a ocupação do espaço, os costumes dos habitantes, o vestuário, os transportes, o trabalho, o teatro, o crescimento da cidade, a festa do Divino, o entrudo, as touradas, a chegada e a partida de d. João, as embarcações, o interior de uma residência carioca, a coroação dos imperadores, a chegada das imperatrizes, as igrejas, o mercado, a rua etc. Encontramos, por exemplo, as imagens *Uma festa brasileira celebrada em Rouen* e *Portrait de l'herbe petû ou angoulmoisine: o fumo*, de Jean Cousin, a respeito das quais Ferrez assinala que "são os primeiros documentos que temos dos hábitos e costumes dos primeiros habitantes da baía da Guanabara, assim como dos animais e plantas cariocas".

Nos comentários, o autor, além de mostrar sua erudição, ressalta que o que considera mais importante na obra de vários artistas presentes no livro é justamente a capacidade de trazer até o presente as sensações pretéritas da cidade. Característica comum entre o antiquariado que encontramos no *Muito leal* é a busca do ineditismo, a descoberta de novas fontes. Em sua escrita, Gilberto Ferrez frequentemente deixava que os documentos falassem por ele. Seus textos são plenos de citações, pois o autor guardava suas palavras para as notas sobre os documentos, fossem eles em imagem ou em texto. Nessa obra, ele utilizou 12 imagens inéditas e fez questão de informar o fato.

É de Maurice Halbwachs (2006:87) a noção de "ilhotas do passado", segundo a qual o passado deixa na sociedade

> muitos vestígios, às vezes visíveis, e que também percebemos na expressão das imagens, no aspecto dos lugares e até nos modos de pensar e de sentir, inconscientemente conservados e reproduzidos por tais pessoas em tais ambientes. [...] os costumes modernos repousam sobre camadas antigas que afloram em mais de um lugar.

Todas as características para as quais chamamos a atenção indicam o quanto Ferrez tinha em comum com os homens de letras setecentistas. Não queremos dizer com isso que ele fosse um homem deslocado dos Setecentos para os Novecentos. Absolutamente. O tipo de historiografia praticado pelo colecionador tem seu espaço também nos dias atuais. Sua contribuição confirma a hipótese discutida neste capítulo: a relevância dos princípios e das práticas típicos do antiquariado na historiografia brasileira do século XX.

Se, na forma, a produção de Gilberto Ferrez tem características que podemos considerar oriundas do antiquariado, o conteúdo consiste na construção de uma memória da civilização universal no Brasil. Em todos os seus trabalhos, destacou a importância dos estrangeiros — o labor, o conhecimento e os costumes que traziam para o Brasil, "contaminando" os brasileiros, que, desse modo, ficavam mais perto de uma civilização ocidental, que se queria universal. A noção de civilização que norteia o trabalho de Ferrez não está associada a uma história da civilização brasileira, mas sim àquela a que se refere Guizot (1856:9), aquela para onde a humanidade toda estaria caminhando e da qual os países europeus, sobretudo a França e a Inglaterra, seriam modelos. Não é brasileira, não é inglesa nem francesa, é universal. Desse modo, aqueles estrangeiros que Gilberto Ferrez tanto prezava estariam na origem dessa civilização no Brasil. Eles seriam como que catalizadores do processo que levaria o país a um estágio civilizatório similar ao europeu. Os negócios e a vida dessas pessoas seriam como ilhas civilizadas em meio à barbárie, porém ilhas que iriam influenciar o resto do país, ajudando a elevá-lo a um patamar próximo ao ideal. Ferrez apontou, com a produção de sua vida inteira, para os aspectos dessa civilização encontrados no Brasil.

O próprio estilo de vida de Gilberto Ferrez é uma homenagem à civilização e aos artistas estrangeiros que aqui deixaram suas vidas e seus costumes. Muitos deles ligados ao Iluminismo, por aqui aportaram em busca de conhecimento, e, se os artistas franceses liderados por Lebreton tinham uma missão, esta era ligada a um projeto de civilização no Brasil. A vida de Gilberto Ferrez, de certa forma, também esteve ligada a projeto similar — produziu uma memória da civilização no Brasil vislumbrando contribuir para a expansão do conhecimento sobre o país. Conhecimento esse que demonstra a permanência da pesquisa erudita, isto é, o tratamento do passado à moda do antiquariado, também nos dias atuais.

Referências

ELIAS, N. *O processo civilizador*: uma história dos costumes. Rio de Janeiro: Zahar, 1994. 2 v.

_____. *A sociedade de corte*. Rio de Janeiro: Zahar, 2001.

FERREZ, G. *A muito leal e heroica cidade de São Sebastião do Rio de Janeiro*. Paris: Marcel Movillot, 1965.

_____. *Iconografia do Rio de Janeiro*: 1530-1890. Rio de Janeiro: Casa Jorge, 2000.

FERREZ, H. Depoimento. *Revista do Patrimônio*, n. 28, p. 32, 1998.

GUIMARÃES, M. S. Vendo o passado: representação e escrita da história. *An. Mus. Paul.*, São Paulo, v. 5, n. 2, jul./dez. 2007.

GUIZOT, M. *Histoire de la civilisation en Europe depuis la chute de l'Empire Romain jusqu'à la Revolution Française*. Paris: Didier, 1856.

HALBWACHS, M. *A memória coletiva*. São Paulo: Centauro, 2006.

HALLEWELL, L. *O livro no Brasil*: sua história. São Paulo: Edusp/Queiroz, 1985.

KNAUSS, P. O desafio de fazer história com imagens: arte e cultura visual. *ArtCultura*, Uberlândia, v. 8, n. 12, p. 97-115, jan./jun. 2006.

LESSA, C. *O Rio de todos os Brasis*. Rio de Janeiro: Record, 2000.

MOMIGLIANO, A. *As raízes clássicas da historiografia moderna*. Bauru: Edusc, 2004.

POMIAN, K. Coleção. In: *Enciclopédia Einaudi*: memória e história. Lisboa: Imprensa Nacional/Casa da Moeda, 1984. v. I.

_____. *Collecionateurs, amateurs et curieux* — Paris, Venise: XVIe-XVIIIe siècle. Paris: Gallimard, 1987.

PARTE II

Projetos políticos em tempos de crise

A LEGALIDADE E AS CRISES POLÍTICAS DE 1955 A 1964 NO BRASIL

Mario Ângelo Brandão de Oliveira Miranda

O PERÍODO DA EXPERIÊNCIA DEMOCRÁTICA NO PÓS-SEGUNDA GUERRA MUNDIAL NO Brasil foi marcado pela perspectiva da mudança. O presente era visto como dotado de uma dinâmica acelerada, e as novas experiências passaram a exercer cada vez mais influência sobre a leitura do passado e as expectativas do futuro. Transformar o Brasil em um país efetivamente democrático, independente e desenvolvido era um futuro desejado que não guardaria qualquer semelhança com algo antes vivido no país. "Estava na ordem do dia acreditar no Brasil e o momento estimulava a ousadia" (Furtado, 1985:39). A possibilidade de alteração das estruturas nacionais e a percepção da necessidade de transformações sociais, econômicas e políticas era encarada com grande otimismo e estava diretamente ligada a uma expectativa própria desses "anos eufóricos".

Essa primeira experiência democrática nacional, iniciada com a promulgação de uma nova Constituição em 1946 e com a devolução ao cidadão da possibilidade de livre associação e expressão do pensamento suprimida ou abafada durante o Estado Novo, presenciou o aumento significativo do contingente eleitoral com relação às eleições do início do século.[1] Se, por um lado, a entrada de novos atores

---

[1] Ao longo dos primeiros 55 anos republicanos, a participação política eleitoral no Brasil esteve reduzida a menos de 5% do total da população. Nas eleições de 1950, essa marca era de 16%, e chega a 18% em 1960. Nas eleições presidenciais de 1946, 6,2 milhões de eleitores votaram; em 1950, 8,2 milhões; e em 1960, 12,5 milhões de eleitores participaram do pleito. Também é

no processo político deu mais força às demandas trabalhistas presentes no cenário nacional, por outro reforçou o debate, especialmente em vozes conservadoras, em torno da participação e do comportamento das massas no jogo democrático. A esse quadro podem-se acrescentar, ainda, as pressões exercidas pelas duas superpotências internacionais emergentes da Segunda Guerra Mundial para ampliar suas áreas de influência. Em um mundo bipolar, dominado pelo clima da guerra fria, as elites brasileiras se alinharam à estratégia argumentativa adotada pelos Estados Unidos na ampla difusão e defesa da ideia de democracia como grande vitoriosa do conflito mundial, mas entendida a partir de sua associação ao capitalismo e oposição radical ao comunismo, visto como expressão de autoritarismo e totalitarismo.

O medo da expansão da revolução social proposta pelos comunistas impôs limites a essa "democracia em tempos de Guerra Fria" (Reznik, 2004:19), que se materializaram, por exemplo, na cassação do registro do Partido Comunista em 1947 e, posteriormente, dos mandatos dos parlamentares eleitos sob essa sigla. Além das pressões anticomunistas, que excluíam a participação política de grupos de posição ideológica distinta, o regime democrático brasileiro ainda tinha de conviver com resquícios autoritários que excluíam do processo eleitoral a enorme gama de analfabetos considerados incapazes para o exercício do voto.

A despeito dessas restrições, a manutenção de um regime democrático que contemplasse a participação efetiva na escolha dos dirigentes da nação com eleições livres seria um dos sustentáculos para construir um novo país, desenvolvido e em conformidade com os princípios das "Grandes Nações". Nesse sentido, para diversos grupos políticos em muitos setores da sociedade, eram fundamentais a garantia da continuidade do regime e a manutenção da legalidade. Manter-se fiel aos princípios constitucionais seria um dos primeiros passos para a projeção do Brasil no cenário internacional. Mesmo aqueles que propunham reformas e modificações na carta constitucional e nas "regras do jogo" procuravam invocar permanentemente a legalidade de seus atos.

Diante desse cenário de disputas no plano do discurso, o conceito de legalidade sofre um processo de reapropriação e ressignificação. Os conceitos políticos, a despeito de sua historicidade e de seu caráter único, carregam, em sua polissemia, um histórico de significados capaz de justificar sua seleção e seu uso por parte dos atores políticos (Koselleck, 2006a:105).[2] O entendimento desses múltiplos signifi-

---

importante frisar que, nos anos 1950, seria adotada na esfera eleitoral uma série de medidas para diminuir a probabilidade de coação a que estavam submetidas as populações mais dependentes do poder público ou privado, sobretudo no interior do país. Ver Lavareda (1991).

[2] A reflexão sobre um conceito em momentos específicos deve procurar dar conta dos entendimentos e interpretações acerca de seus significados a partir da análise de seu espectro

cados permite a formulação de uma análise histórica que considere as formas de apreensão na linguagem das propostas e projetos dos atores individuais e coletivos do período para assim alcançar uma maior compreensão de suas motivações e do sentido de sua ação política.

A noção de legalidade permitia seu entendimento sob diversos matizes. Norberto Bobbio (1986:674-675) define o princípio da legalidade como a essência do bom governo. Sua aplicação deve ser igual para todos os cidadãos, e os governantes devem sempre segui-la. Contudo, o fundamento da legalidade pode se encontrar em leis positivas, no direito divino ou natural, ou ligado a princípios fundamentais e tradições de uma sociedade. Essa análise pode ser remetida ao ambiente político brasileiro dos anos 1950 e 1960. Nos momentos de crise, em que a continuidade do regime esteve ameaçada, enquanto determinados atores políticos procuravam apelar para a necessidade da manutenção da legalidade positiva, outros tentaram invocar uma lei moral fundada em uma possível tradição, em valores cristãos ou mesmo sob uma perspectiva revolucionária que estaria acima da lei positiva e da carta constitucional. Procurar analisar como o conceito de legalidade transitou por esse ambiente político, a partir da análise dos usos e significados atribuídos a essa ideia nos editoriais dos jornais *Correio da Manhã*, *Diário de Notícias*, *Última Hora* e *Tribuna da Imprensa*, da cidade do Rio de Janeiro, é o objetivo primordial desta reflexão. Especialmente nos momentos em que a crise política aflorou mais intensamente, como no episódio da intervenção político-militar de novembro de 1955, da crise da renúncia de Jânio Quadros, da solução parlamentarista de 1961 e do golpe de 1964, para além das conspirações, ameaças e repressões, os debates em torno da ideia de legalidade e suas significações assumiram o primeiro plano no discurso de grupos diversos e se mostraram primordiais para o desfecho dos acontecimentos.

A despeito de suas limitações, a imprensa do período se caracterizou por sua diversidade de opiniões e sua ativa participação nas questões políticas. O papel exercido pelos jornais foi de grande relevância, constituindo-se em atores político-sociais que, para além de mediadores da opinião pública, podem ser entendidos como a expressão da opinião compartilhada por grupos políticos variados.[3] Os pe-

---

sincrônico, ou seja, dos diversos atos de fala, proferidos pelos variados atores políticos do momento. Da mesma forma, o conceito pode sofrer alterações e ressignificações ao longo do tempo. Sua recepção e seu entendimento por parte dos mesmos atores políticos em questão também podem se alterar, o que reforça a necessidade de análise do conceito em sua diacronia, no histórico de recepções e entendimentos que ele traz.

[3] Ao mencionar o resultado de pesquisa realizada em agosto de 1950, que questionava os eleitores sobre qual fonte de informação eles utilizavam para se orientar sobre a política, Antonio Lavareda (1991:128-129) comenta que 66% deles viam nos jornais sua principal fonte. Na época, diversos jornais mantinham consistentes ligações com partidos políticos e uma orientação ideológica bem

riódicos selecionados foram escolhidos em função de sua representatividade ou de suas posições definidas.[4] Dessa forma, podem-se verificar os discursos de maior repercussão e mapear as muitas outras vozes que se manifestavam no cenário político nacional.

Em outubro de 1955, após a eleição de Juscelino Kubitschek para a Presidência da República e de João Goulart para a Vice-presidência, instalou-se no país uma crise política, que culminou com uma intervenção político-militar em 11 de novembro do mesmo ano. Em meio aos debates em torno da diplomação ou não dos candidatos eleitos, a conquista do argumento da legalidade foi um elemento decisivo para a aglutinação de forças em torno de uma ação que garantia a posse dos eleitos, nomeada por seus próprios dirigentes Movimento de Retorno aos Quadros Constitucionais Vigentes. Tanto os defensores da posse quanto aqueles que se opunham a ela afirmavam estar ao lado da legalidade. No entanto, não só os entendimentos e significados atribuídos a essa legalidade eram diversos como também a ênfase dada a esse argumento por parte da imprensa partidária de uma ou de outra solução seria distinta.

Ainda antes da divulgação dos resultados finais, quando as parciais já apontavam para a vitória de Kubitschek e Goulart, em editorial assinado por Carlos Lacerda a *Tribuna da Imprensa* afirmou que o problema das eleições foi

> precisamente a *ausência da legalidade* em meio à abundância de *leis não cumpridas e não interpretadas*. Votam os incapazes de votar, em concorrência com os que preenchem os requisitos da lei. Intervém o poder econômico acumulado pela desonestidade de homens públicos que são admitidos a se candidatar em concorrência com os que não roubaram, e, pois, não podem competir em igualdade de condições com os ladrões... Urge destruir as oligarquias eleitorais que sugam e corroem o Brasil. *Esta é que é a obra de amor à legalidade e à democracia* [p. 4, 5 out. 1955; grifos nossos].

---

mais explícita do que atualmente. Entre os cidadãos, percebia-se um forte processo seletivo na escolha dos jornais, consolidando seus vínculos político-partidários.

[4] O *Correio da Manhã* era o principal matutino do Rio de Janeiro. O *Diário de Notícias* era o matutino de maior tiragem da cidade e tinha grande penetração entre o funcionalismo público e os setores militares. O vespertino *Tribuna da Imprensa* pode ser considerado a expressão de seu fundador, Carlos Lacerda, marcado pela histórica e contumaz oposição às propostas varguistas. Já o *Última Hora* foi o único jornal de grande circulação que manteve uma linha de apoio a Vargas durante todo o seu governo e posteriormente continuou a se intitular fiel seguidor de seus ideais e propostas. A escolha de jornais do Rio de Janeiro acontece em virtude de esta cidade permanecer por todo esse período como polo central das discussões políticas no país. Vale lembrar que, mesmo após a transferência da capital para Brasília, em 1960, diversos órgãos e empresas públicas, além de toda a cúpula militar, permaneceram na cidade.

O colunista atribuiu o resultado do pleito à forma como a democracia se institucionalizou no país. Forjadas por uma "oligarquia ávida de poder" (p. 4, 22 out. 1955), ainda no Estado Novo, a democracia e a legalidade vigentes não seriam capazes de "se impor ao suborno e à corrupção" (p. 4, 28 out. 1955). Para ele, sem a eliminação dessa oligarquia corrupta que se sustentava pela "já conhecida" manipulação das massas[5] não seria possível o estabelecimento de uma legalidade plena. O *Diário de Notícias* reforçaria esse argumento afirmando que grande parte do eleitorado brasileiro constituía-se em cidadãos "menos esclarecidos", sem condições para exercer o voto. Assim, a fraude estaria na "substância" do eleitorado, e não na forma como se processaram as eleições (p. 4, 8 nov. 1955).

Ao longo de todo o mês de outubro, a legitimidade dos resultados das eleições foi questionada de diferentes maneiras. Argumentos como fraude eleitoral, necessidade de maioria absoluta para eleição,[6] participação ilegal dos comunistas no pleito e até mesmo vínculos com um suposto esquema peronista foram levantados por aqueles contrários à diplomação do presidente. Por outro lado, muitos setores exigiam a manutenção das normas constitucionais que garantiam a posse dos eleitos conforme as determinações legais. Os editoriais do *Última Hora* afirmavam que a posse significava continuidade do regime democrático. O *Correio da Manhã* ratificava que as eleições haviam sido perfeitamente legais e que as ponderações de partidos como a União Democrática Nacional (UDN) e de parte da imprensa não se justificavam por uma "simples razão":

Ninguém pode reclamar contra vícios e erros dos quais esperava-se [*sic*] beneficiar-se. Quando a UDN foi às eleições conhecia as regras do jogo. Se considerava viciada ou equívoca, não poderia ter concorrido ao pleito. Tendo concorrido, falta-lhe agora o mínimo de autoridade moral para alegar ou arguir contra a legitimidade das eleições [p. 6, 27 out. 1955].

---

[5] De acordo com as concepções de Lacerda, essa massa de eleitores pode ser interpretada como o povo amorfo, inconsciente e manipulado pela propaganda demagógica que ainda não tinha se elevado à condição de cidadão consciente capaz de definir corretamente suas opções e preferências políticas. Dessa forma, a legitimidade de suas decisões era questionável, assim como a legalidade em que elas se sustentavam.

[6] Vale lembrar que os números finais da eleição revelaram uma vitória apertada de Juscelino Kubitschek, com 35,7% dos votos contra 30,2% do candidato da Frente de Renovação Nacional, Juarez Távora, e 25,8% de Adhemar de Barros, do PSP, que chegou em terceiro lugar. Essa estreita margem de diferença possibilitou o reavivamento do argumento da necessidade de maioria absoluta para eleição presidencial já levantada pela UDN e por outros setores conservadores por ocasião da eleição de Getúlio Vargas em 1950.

O tema da legalidade ganhou repercussão e se difundiu de tal forma que passaram a circular pelo debate político a ideia de um sentimento legalista e o conceito de legalismo. Este último, que se aproxima de um comprometimento com as normas constitucionais, pareceu encontrar, especialmente no meio militar, grande aceitação (Guimarães, 2001). Entre eles, o conceito de legalismo se mostrou muito mais unificador que a própria ideia de nacionalismo, já que esta poderia remeter ao getulismo, ao nacionalismo radical ou até ao comunismo.[7]

O impasse político efetivamente ganhou ares de crise militar quando o coronel Jurandir Mamede, durante o funeral do general Canrobert Pereira da Costa, antigo chefe do Estado-Maior do Exército e opositor declarado à realização das eleições, tomou a palavra para afirmar que a nação brasileira vivia sob uma "pseudolegalidade imoral e corrompida" (Ferreira, 2003:361) e que o sistema democrático do país era uma mentira. A imprensa partidária do impedimento da posse deu destaque ao discurso. A *Tribuna da Imprensa* chegou a propor a instalação de um regime de emergência coordenado por militares que estaria em conformidade com outra legalidade, moral e purificadora, que aproximaria a vontade popular da lei. A legalidade constitucional formal poderia ser rompida se os "desejos fundamentais da sociedade brasileira" estivessem ameaçados (p. 1, 4 nov. 1955). Seguindo a mesma linha, os editoriais do *Diário de Notícias* admitiam que era possível "deixar para depois" a observância das "formalidades legais" para garantir o "salvamento coletivo" do país (p. 4, 6 nov. 1955). Entretanto, esse discurso não mobilizaria a todos. Em virtude de uma estratégia articulada no seio do próprio governo, o ministro da Guerra, general Henrique Teixeira Lott, se viu impossibilitado de punir o coronel Mamede por seu desrespeito à hierarquia e demitiu-se. Dias depois, o general, que naquele momento era considerado a expressão maior do legalismo militar, foi figura central em uma ação militar articulada no Congresso que destituiu o presidente em exercício Carlos Luz[8] e nomeou o senador Nereu Ramos para cadeira presidencial até a data da posse dos eleitos. Seu argumento fundamental, para além de

---

[7] A preferência pelo uso de um conceito novo em detrimento de outro em virtude de seu histórico de significados é frequente na política, já que significados inclusos em determinados conceitos por suas aplicações prévias podem criar obstáculos para aqueles que pretendem utilizá-los. Ver Koselleck (2006b:102).

[8] O presidente Café Filho havia se afastado do cargo alegando problemas de saúde, aumentando, assim, as tensões sobre a possibilidade de um golpe de Estado que impedisse a posse. A demissão de Lott, único ministro militar favorável à posse dos candidatos eleitos, também reforçaria essa tese.

um possível apoio a Juscelino Kubitschek ou a João Goulart, fora a necessidade de manutenção da legalidade constitucional.[9]

A ação que garantiu a posse dos eleitos conforme determinava a Constituição Federal, do ponto de vista jurídico-legal, feriu essa mesma legalidade. Entretanto, a defesa da legalidade constitucional continuou sendo apresentada como seu elemento motivador. Para o *Correio da Manhã*, a intervenção foi no sentido de impedir que se consumasse um golpe que estava sendo gestado dentro do próprio palácio do Catete e que tinha no ato subversivo do episódio Mamede seu lance decisivo para o salto na ilegalidade e na ditadura. Dessa forma, "não houve assim nenhum golpe... ao contrário, o sentido deste pronunciamento foi de um antigolpe... e teve desde logo o apoio do Supremo Tribunal Federal, do presidente do Senado e da Câmara, dos líderes de todos os partidos democráticos" (p. 1, 12 nov. 1955).

Outros fatores, como a questão da ofensa à hierarquia militar, a fragilidade do argumento anticomunista ou mesmo a capacidade de articulação política de Kubitschek, foram importantes para o desfecho dos acontecimentos. Entretanto, no campo do discurso, as disputas em torno da questão da legalidade e sua "conquista" por parte dos defensores da posse foram de grande relevância para a manutenção do regime democrático e a continuidade de suas normas constitucionais. Seis anos mais tarde, o tema voltaria ao centro dos debates em nova crise política.

No dia 25 de agosto de 1961, apenas sete meses após assumir o cargo, o presidente da República Jânio Quadros causou grande agitação no país ao renunciar ao cargo. A crise que se instalava ganhou contornos dramáticos a partir do momento em que os ministros militares de Jânio vetaram a posse de seu substituto constitucional, o vice-presidente João Goulart, sob a alegação de que sua proximidade com os comunistas representava um perigo à segurança nacional. O impasse criado gerou um quadro de mobilização e radicalização de forças a ponto de o risco de uma guerra civil se tornar iminente.

A despeito das reservas que determinados grupos mantinham quanto à personalidade e ao posicionamento político de João Goulart,[10] a manutenção da legalidade constitucional foi o principal argumento daqueles que defendiam a diplomação

---

[9] Anos mais tarde, Lott (2002:74) deu o seguinte depoimento: "Não existia unanimidade. Mas o que nós militares pensamos não importa; o que importa é o que a lei estabelece. Eu agi no sentido de fazer com que a lei fosse obedecida".

[10] "Temos sempre manifestado as necessárias reservas quanto à personalidade do novo presidente da República. Mas o fato é que ele [João Goulart] agora é o presidente da República... tem que ser empossado, logo que chegar para evitar que o Brasil fique aviltado e rebaixado à condição de terreno baldio, *playground* de energúmenos e de interessados em tudo menos no Brasil" (*Correio da Manhã*, p. 1, 27 ago. 1961).

imediata do vice-presidente no cargo máximo da nação. O *Diário de Notícias* afirmou em editorial que

> as restrições que possam ser feitas ao vice-presidente da República não devem prevalecer, entretanto, sobre o que determina a Constituição... Legalidade e respeito à Constituição são as palavras de ordem do país, ainda mal refeito da perplexidade em que o deixou a renúncia do Sr. Jânio Quadros, mas suficientemente lúcido para saber, que o que lhe convém é o império da lei e da ordem democrática estabelecidas. Qualquer solução que daí se afaste afastar-se-á também dos verdadeiros interesses do Brasil [p. 4, 29 ago. 1961].[11]

A defesa da legalidade foi amplamente difundida para cooptar apoio junto à opinião pública nacional e opor resistências ao veto militar que tentava impedir a posse de João Goulart. No Rio Grande do Sul, o governador Leonel Brizola, com massivo apoio popular, lançou a "Campanha da Legalidade", que contou inclusive com a criação de uma "rede da legalidade",[12] que transmitia permanentemente para todo o país, e para o exterior, discursos políticos e mensagens de diversas entidades denunciando as ilegalidades cometidas pelos ministros militares e conclamando o povo a se organizar para resistir ao ataque contra a Constituição e a ordem democrática. A questão da legalidade encontrou grande repercussão e se fez presente na maioria das manchetes dos jornais.[13]

A força aglutinadora e o poder de convencimento desse argumento se apresentaram como garantia central para a manutenção do regime. Qualquer atitude perderia sua legitimidade se não estivesse protegida pela lei. De fato, nenhum dos lados envolvidos na questão se arriscava a sustentar seu ponto de vista sem a tentativa de incorporação da ideia de legalidade e de sua carga significativa. Entretanto, ao

---

[11] É interessante notar que, nesse ponto, o *Diário de Notícias* se distanciava da posição assumida durante a crise de 1955. Nesse editorial, em uma clara mudança de orientação, a opinião do jornal exigia o cumprimento fiel da legalidade constitucional para defender a posse daquele que há seis anos tentava impedir de assumir.

[12] O movimento recebeu muitas manifestações de apoio. A UNE transferiu sua sede para Porto Alegre; vários jornalistas e técnicos rumaram para o Sul para ajudar a garantir as transmissões da rede; e muitos foram os manifestos publicados por personalidades em defesa do movimento e da causa da legalidade. Ver Labaki (1986).

[13] "Chamas pela legalidade: iluminada a Cinelândia"; "Legalidade leva estudantes às ruas em São Paulo"; "Porto Alegre manda para o ar a 'cadeia da legalidade'" (*Diário de Notícias*, p. 1, 29 ago. 1961). "Carvalho Pinto é pela legalidade"; "Governador goiano faz apelo pela legalidade" (*Correio da Manhã*, p. 1, 29 ago. 1961). "Clamor nacional: defesa da legalidade"; "Cresce em todo o país o movimento de defesa cerrada pela legalidade"; "Baluarte da legalidade não se rende"; "Greve nacional em marcha para a defesa da lei" (*Última Hora*, p. 1, 26 ago. 1961, 31 ago. 1961, 1º set. 1961 e 2 set. 1961, respectivamente).

menos em um primeiro momento, os setores partidários ao veto defendiam que os ministros militares agiram motivados por uma legalidade que estava acima da letra constitucional, vinculada a valores tradicionais da sociedade brasileira, ou mesmo a uma suposta vontade popular essencialmente cristã que se opunha radicalmente ao comunismo. A *Tribuna da Imprensa* afirmou que "a encruzilhada em que se encontra o Brasil não é a da constitucionalidade ou não da maneira pela qual se fará a sucessão no executivo. É isto sim a da opção entre dois regimes políticos completamente antagônicos" (p. 4, 30 ago. 1961). Contudo, essa definição que confrontava leis naturais com princípios positivos pareceu não encontrar sustentação na opinião pública nacional. A ideia da manutenção da legalidade constitucional se mostrou de tal forma efetiva que os próprios partidários do veto transitavam seu argumento pelas duas vias. "A tragédia do Brasil é, antes de tudo, semântica... Chama-se legalidade, a entrega do poder a um homem comprometido com os comunistas, que estão legalmente impedidos de participar da vida política do país" (p. 4, 7 set. 1961) Embora afirmasse que a ação dos ministros militares se afinava com a vontade suprema da nação, a *Tribuna da Imprensa* tentou enquadrar essa ação nas normas e deveres constitucionais das Forças Armadas.

> Cumpre entender a Constituição... sem perder nunca de vista a finalidade essencial a que ela se destina: garantir a paz social, a ordem e o trabalho, sem os quais não haverá Constituição nem ordem jurídica... Um dos princípios fundamentais da Constituição vigente é o que proscreve como contrário [*sic*] ao regime por ela instituído a ação dos agentes comunistas... A mesma Constituição, no seu artigo 177, atribui às Forças Armadas, a missão de defender a pátria e de garantir os poderes constitucionais, a lei e a ORDEM [p. 4, 2-3 set. 1961; maiúsculas no original].

Entre os próprios militares, o tema também gerou divisões. Henrique Lott, então já marechal, se manifestou contrário ao veto, conclamando seus camaradas de farda e as "forças vivas da Nação"[14] a tomar uma posição enérgica pelo respeito à Constituição. A situação beirou o conflito armado quando o comandante do III Exército, general Machado Lopes, e seus comandados, designados pelos ministros militares para acabar com a resistência no Rio Grande do Sul, decidiram aderir ao movimento em favor da legalidade constitucional. Nesse momento, também

---

[14] Apud Labaki (1986, anexo II). Em entrevista posterior à revista *O Cruzeiro*, o marechal Lott declarou que a atitude dos ministros militares foi revoltante e impatriótica e que "seria preferível o Congresso resistir a tão absurda imposição e ser fechado pela força das armas" (apud Sodré, 1968:373).

começava a se desenhar, com o apoio decisivo do Congresso Nacional, uma solução negociada para o conflito.

A adoção do sistema parlamentarista, aprovado no Congresso e negociado com João Goulart e com os ministros militares, garantia a autonomia do Legislativo e ao mesmo tempo encontrava uma saída para que os ministros militares revissem sua posição sem que seus "brios" fossem feridos. A solução parlamentarista como decisão soberana do Congresso Nacional, além de evitar o confronto militar, diminuiria os efeitos de uma crise de hierarquia militar, já que, ao menos aparentemente, os ministros não estariam recuando por pressões internas, mas sim em prol de um bem maior e em respeito à legalidade constitucional representada pelo Congresso. A solução, a despeito de algumas resistências,[15] também satisfez a grupos que até então pautavam seus argumentos pela defesa irrestrita da legalidade constitucional. Para o *Correio da Manhã*, o parlamentarismo era uma "solução de compromisso" em favor da ordem e da paz pública que ganhava respaldo legal em razão do aceite de todos os envolvidos na crise (p. 6, 12 set. 1961). De acordo com o *Diário de Notícias*, "a mudança de regime... constitui manifestação de açodamento intempestivo, para o qual só temos qualquer indulgência porque talvez só esta solução pudesse prevenir mal maior, que seria envolver o país em luta fratricida" (p. 4, 3 set. 1961).

A repercussão e o apoio dado em campanha em defesa da legalidade constitucional garantiram a posse de João Goulart e forçaram os militares a recuar do veto e aceitar a solução negociada do parlamentarismo, que também agradou àqueles que mantinham restrições às posições políticas de João Goulart. Entretanto, de acordo com a própria Constituição, o Congresso Nacional não tinha poderes para modificar o regime político do país, já que não havia sido eleito para tal. Se, por um lado, a aceitação da decisão do Congresso como "representante máximo da vontade popular" garantia a continuidade do regime democrático, a paz pública e a manutenção de determinadas características legais, por outro essa mudança de orientação no entendimento da ideia de legalidade abriu um precedente que, três anos depois, contribuiu para a aceitação de um golpe que representou o fim dessa experiência democrática.

---

[15] Determinados setores insistiam na posse do presidente João Goulart sob o regime presidencialista. O jornal *Última Hora* (p. 4, 13 set. 1961) afirmou: "[...] a nosso ver, houve um absurdo e inaceitável açodamento, por parte do Congresso, ao votar em tempo recorde a emenda parlamentarista. É verdade que às costas de cada deputado e senador encostava-se um cano de fuzil... A emenda parlamentarista é, na verdade, uma Constituição outorgada por um poder incompetente... Sem a expressa concordância do povo, não poderia o parlamento modificar os termos da Constituição, na parte em que se determina[m] as formas de governo, para abolir o presidencialismo e adotar o parlamentarismo".

O Brasil se manteve sob o regime parlamentarista por pouco mais de um ano. No dia 6 de janeiro de 1963, um plebiscito restabeleceu o presidencialismo e o presidente João Goulart viu os poderes constitucionais do Executivo novamente ampliados. Seu governo foi marcado pela crescente radicalização dos atores políticos envolvidos no debate de temas de grande relevo para a sociedade brasileira à época. A expressiva vitória no plebiscito deu confiança ao governo para tentar colocar em prática uma série de reformas constitucionais que iam de encontro aos interesses de grupos conservadores que há muito mantinham uma posição privilegiada no cenário político nacional.[16] Além disso, a grave crise inflacionária enfrentada pelo governo Goulart intensificou os debates em torno da participação do Estado na economia e do recurso a financiamentos externos, que se somaram ao aumento do temor anticomunista, às dificuldades de negociação com o Congresso e à intensificação da movimentação de grupos mais radicais de direita e de esquerda para colocar o Executivo em uma situação de difícil governabilidade.[17]

Ao longo dos últimos meses do governo João Goulart, a *Tribuna da Imprensa* revelou uma posição antirreformista e anticomunista que se coadunava com setores empresariais nacionais e com parte das Forças Armadas. Os editoriais insistiam em que o projeto de reformas de base era, na verdade, uma fachada para intenções ditatoriais do presidente, que pretendia fechar o Congresso e abrir as portas ao comunismo. Após um grande comício realizado no dia 13 de março em frente à Central do Brasil, no qual o presidente anunciou que enviaria ao Congresso uma mensagem propondo emendas à Constituição para a efetivação do projeto de reformas, a *Tribuna da Imprensa* afirmou que as desconfianças dos setores "democráticos" da sociedade haviam se confirmado.

Os que até agora julgavam que as arengas totalitárias do Sr. João Goulart não eram para valer... devem extrair do comício peronista da Central... a cegante evidência... Numa Nação em que o presidente da República se levanta contra as instituições legais e constitucionais e se recusa a aceitar a legalidade e a constitu-

---

[16] No plebiscito, a proposta pela manutenção do parlamentarismo recebeu apenas 2 milhões de votos, enquanto sua rejeição obteve cerca de 9,5 milhões. Ver Gaspari (2004:47).

[17] Como demonstrou Rene Dreifuss (1981:397), organizações civis, como o Instituto de Pesquisas e Estudos Sociais (Ipes) e o Instituto Brasileiro de Ação Democrática (Ibad), com apoio financeiro de setores empresariais nacionais e internacionais, dedicaram-se desde o início do governo Goulart a desenvolver uma campanha junto à opinião pública na busca de apoio civil e militar para uma mudança no governo. Da mesma forma, Daniel Aarão Reis (2005:29) destaca que diversos grupos de esquerda realizaram uma análise que superestimava sua capacidade de ação e passaram a alimentar um "desejo de ir às vias de fato", que envolveria inclusive o recurso à violência revolucionária para a execução de um projeto de transformação nacional.

cionalidade, o Congresso não pode mais confiar nas armas da contemporização... Resta agora a palavra do Congresso... Essa palavra todo mundo já sabe: IMPEACHMENT [p. 1, 16 mar. 1964].

Essa posição, todavia, não era compartilhada pelas editorias dos demais jornais. O *Correio da Manhã* expressava uma opinião ligada a setores mais moderados da sociedade, que viam na continuidade das instituições uma garantia para o desenvolvimento nacional.[18] As reformas de base eram amplamente defendidas pelo jornal, que em nenhum momento estabeleceu qualquer relação do governo com os comunistas, procurando inclusive minimizar esse ponto.

Há ainda a considerar o problema das reformas de base. Não podem ser adiadas. Não podem continuar servindo de pretexto para intimidações e manobras extremistas... Fala-se em golpe, em revolução e em guerra civil. Nada disso acontecerá, ainda estamos livres do trágico... [p. 6, 13 mar. 1964].

Mesmo o *Diário de Notícias*, apesar de insistir em uma crítica anticomunista, também entendia a necessidade das reformas e pedia ao Congresso que agilizasse sua votação. Portanto, embora o projeto de reformas de base fosse polêmico, a passagem da rejeição a alguns de seus pontos para uma sistemática oposição golpista não pode ser explicada apenas por isso. A mensagem enviada pelo presidente no dia 15 de março solicitando ao Congresso Nacional a apreciação do projeto de reformas continha outros dois pontos que dificultavam ainda mais suas relações com o Congresso: a supressão do princípio da indelegabilidade de poderes e a realização de um plebiscito para discutir a questão das reformas. A recepção dessas solicitações parece marcar uma virada definitiva da imprensa com relação às ações do governo de João Goulart.

Delegar poderes ao chefe de um governo presidencialista significaria abolir a independência dos poderes... delegação de poderes é mais do que emenda à Constituição, é modificação do regime... significaria a radicalização do país oficializada. Seria nada mais, nada menos que, atrás de uma fachada constitucional, a ditadura [*Correio da Manhã*, p. 6, 18 mar. 1964].

---

[18] "Os radicais da direita e da esquerda não sensibilizam as grandes massas da população... Devemos crer na maturidade de nosso povo, na força das instituições, na legalidade constitucional, temos plena certeza de que a maioria da população recusa o golpe e a guerra civil" (*Correio da Manhã*, p. 6, 11 mar. 1964).

No dia 19 de março, uma Marcha da Família com Deus pela Liberdade levou milhares de pessoas às ruas de São Paulo.[19] Seu objetivo era "sensibilizar a opinião pública contra as medidas que vinham sendo adotadas pelo governo, as quais, segundo os organizadores, levariam à implantação do comunismo no Brasil" (D'Araujo, 1994:28), colocando em risco a propriedade privada, a fé religiosa, a moral e os bons costumes. O *Diário de Notícias* classificou a marcha como uma resposta da "família brasileira" contra as ameaças de subversão do regime que partiam do próprio governo e "contra a tentativa de estrangulamento das liberdades asseguradas pela Constituição, desde o comício do dia 13, gravemente ameaçadas" (p. 4, 20 mar. 1964). Para o jornal, o povo havia se reunido com a intenção de defender a democracia e a Constituição, prestigiando o Congresso Nacional como seu "único representante legítimo".

> Se a suprema autoridade do Poder Executivo opõe-se à Constituição, condena o regime e deixa de cumprir as leis, perde automaticamente o direito de ser respeitado e de ser obedecido, surgindo o caos e a anarquia... As próprias Forças Armadas destinadas... só estão subordinadas à autoridade suprema do presidente da República por força desta mesma Constituição. É somente a Constituição que lhes ordena a obedecer ao presidente [p. 4, 22 mar. 1964].

Naquele momento, os debates em torno comício pareciam se afastar da discussão dos pontos da reforma de base e se concentrar em uma possível disputa entre os interesses do governo, do Congresso e do próprio povo, que poderia conduzir até mesmo à subversão do regime democrático. Os editoriais tanto do *Diário de Notícias* quanto do *Correio da Manhã* passaram a afirmar que o presidente João Goulart cometia o erro de conduzir o processo de reformas "atropelando" a legalidade constitucional. Diante desse fato, em vez de expressar a legalidade, tal como presidente legitimamente constituído, João Goulart se colocava em oposição a ela.[20]

Esse argumento, além das conspirações contra o governo, também foi de fundamental importância para quebrar a resistência dos "setores legalistas" das Forças Armadas ao golpe de Estado (Figueiredo, 1993). A tensão entre o governo e os militares aumentou ainda mais após a solução conciliatória dada ao episódio da

---

[19] Essa foi a primeira das cerca de 50 Marchas da Família com Deus pela Liberdade que se realizaram em diversas cidades do país e que aconteceram mesmo após a deposição de João Goulart. Ver Fico (2004:208-210, cronologia do regime militar).

[20] Ao perceber essa mudança de ênfase, o *Última Hora* destacou em editorial: "Com o volume quase monopolista de seus recursos de 'guerra psicológica', as forças antirreformistas manipularam a repercussão do comício no sentido de transformá-lo não num divisor de águas entre a reforma e o imobilismo, mas sim na opção falsa entre 'legalidade' e 'ilegalidade'" (p. 4, 23 mar. 1964).

crise dos marinheiros.[21] Para diversos setores militares, a ação do governo fora um desrespeito à hierarquia militar e à quebra da disciplina interna. O *Correio da Manhã* condenou a interferência de civis na solução de um caso militar e exigiu uma postura rigorosa do presidente João Goulart. Não cabia ao presidente analisar se as reivindicações dos marinheiros eram justas ou não, mas sim manter-se fiel à Constituição e restabelecer imediatamente a autoridade e a disciplina, que eram os sustentáculos do regime e da nação (p. 6, 29 mar. 1964). No dia 30 de março, em seu discurso na festa de posse da nova diretoria da Associação dos Sargentos, no Automóvel Clube do Rio de Janeiro, João Goulart afirmou que o pedido de reformas estava "rigorosamente dentro da Constituição. Contudo, era preciso destacar que as constituições não eram intocáveis e que precisavam evoluir de acordo com a evolução dos povos".[22] A imprensa reagiu de forma dura. No dia seguinte, os editoriais do *Correio da Manhã* e do *Diário de Notícias*, assim como já faziam os da *Tribuna da Imprensa*, deixaram de "apelar" para que o presidente respeitasse a Constituição e passaram a pedir sua saída do governo.

> Pouco a pouco foi se vendo que ele se desviava da estrada da legalidade para buscar os atalhos da conspiração montando um dispositivo sindical-militar com que organiza marchas sobre Brasília, com que promove greves gerais, com que organiza motins e com que ameaça as instituições. A subversiva manifestação de ontem foi um dos pontos altos dessa sua arrancada pelos caminhos da ilegalidade... *Agora é impossível tolerar mais* [*Correio da Manhã*, p. 6, 31 mar. 1964; grifo nosso].[23]

---

[21] Reunidos na sede do Sindicato dos Metalúrgicos do Rio do Janeiro, integrantes da Associação dos Marinheiros e Fuzileiros Navais do Brasil comemoravam o segundo aniversário da entidade. A reunião, anteriormente proibida pelo ministro da Marinha, ganhou ares reivindicatórios quando o ministério expediu ordens de prisão por insubordinação para 40 marinheiros. Os marujos, que receberam o apoio da tropa de choque enviada para prendê-los, exigiam a não punição dos insubordinados, o reconhecimento da Associação dos Marinheiros e Fuzileiros Navais do Brasil (AMFB) pelos oficiais superiores, a libertação de todos os presos e a melhoria da alimentação a bordo dos navios. Diante do impasse de uma invasão com a possibilidade de um desfecho violento de grandes proporções, o governo intervém e negocia uma solução em que os amotinados são conduzidos a uma prisão do Exército e posteriormente liberados. Em meio à crise, o ministro da Marinha, Silvio Mota, pedira demissão por se sentir desprestigiado.

[22] Discurso do presidente João Goulart durante reunião de sargentos no Automóvel Clube, em 30 de março de 1964. In: Fico (2004:318-322).

[23] No dia seguinte, ainda sob o argumento de preservar a Constituição, em editorial intitulado "Fora", o *Correio da Manhã* exigiu a saída do presidente da República. "Nós do *Correio da Manhã* defendemos intransigentemente em agosto e setembro de 1961 a posse do Sr. João Goulart a fim de manter a legalidade constitucional. Hoje, como ontem, queremos preservar a Constituição. O Sr. João Goulart deve entregar o governo ao seu sucessor porque não pode mais governar o país" (capa, 1º abr. 1964).

Nesse mesmo dia, em uma ação que precipitou a movimentação golpista, tropas comandadas pelo general Olímpio Mourão Filho partiram de Minas Gerais, em rebelião, rumo ao Rio de Janeiro. O presidente e o ministro da Guerra ainda fizeram apelos à legalidade, à manutenção da ordem constitucional, aos poderes constituídos e aos princípios "legalistas" das Forças Armadas.[24] Contudo, ao contrário do que acontecera em 1955 e em 1961, esses argumentos não foram capazes de cooptar apoios suficientes para impedir a ação dos opositores do governo. As disputas em torno da questão da legalidade mais uma vez se mostraram relevantes para o desfecho dos acontecimentos; entretanto, naquele momento, a legalidade mudara de mãos. Consumado o golpe, a *Tribuna da Imprensa*, o *Correio da Manhã* e o *Diário de Notícias* comemoram o episódio como a vitória da democracia e da legalidade.

> [...] as Forças Armadas, *agindo em consonância com os sentimentos da maioria esmagadora do povo brasileiro*, tomando a atitude que se impunha para se restabelecer a verdade democrática e afastar os perigos de cubanização do país. *As tropas leais ao regime e a Constituição* receberam adesões avassaladoras em menos de 48 horas de operações... *diante da democracia que é da tradição desse povo pacífico, ordeiro e bom, mas jamais traidor dos princípios de sua formação cristã* [*Diário de Notícias*, p. 4, 2 abr. 1964; grifos nossos].

É interessante notar que, além de tentar colocar os golpistas ao lado da legalidade constitucional e dos "sentimentos do povo", o editorial atribui, ainda, significações à noção de legalidade, que estaria vinculada a uma lei moral, tradicional e cristã. O sucesso do movimento golpista, que, em abril de 1964, decretou o fim da primeira experiência democrática brasileira, que perdurava desde 1946, está ligado a diversos elementos, como as dificuldades de negociação entre o governo e o Congresso, a resistência às reformas de base, o temor anticomunista, a crise econômica, a radicalização da ação política dos grupos de esquerda e os diversos movimentos conspiratórios militares e civis. Entretanto, diante do quadro de divisão política que se delineou na sociedade brasileira, o processo gradual de "conquista" da legalidade se constituiu em elemento fundamental para cumprimento dos objetivos golpistas. Como se procurou demonstrar neste capítulo, a necessidade de manter o país sob a proteção da legalidade norteou a ação dos formadores de opinião da sociedade brasileira, fossem eles militares ou civis, ao menos durante os três momentos de crise analisados. Qualquer ação que não procurasse se posicionar ao lado da legalidade enfrentaria fortes resistências, nos mais diversos setores da sociedade brasileira. Não por acaso, cientes do apoio que essa "bandeira" lhes trazia,

---

[24] Notas oficiais do presidente e do ministro da Guerra (*Última Hora*, p. 1, 1º abr. 1964).

os promotores do golpe de 1964 em nenhum momento abandonaram o argumento da legalidade. Esta, ainda que ressignificada, foi levantada mesmo quando seus atos se mostraram evidentemente inconstitucionais. Ao decretar o Ato Institucional de 9 de abril, o "Comando Supremo da Revolução" abriu a porta para a cassação de mandatos parlamentares, demissão de funcionários públicos civis e militares e limitou os poderes do Legislativo e do Judiciário, justamente uma das principais acusações que pairavam sob o projeto de reformas de João Goulart. A legalidade, que antes era discutida a partir de questões ligadas a seu valor positivo e constitucional, seus vínculos aos costumes tradicionais da sociedade brasileira ou mesmo a uma moralidade cristã, seria interpretada por um viés "revolucionário" supostamente ligado à vontade da nação. "Assim, a revolução vitoriosa, como Poder Constituinte, se legitima por si mesma. Ela destitui o governo anterior e tem a capacidade de constituir o novo governo."[25]

Referências

BOBBIO, N. Legalidade. In: BOBBIO, N.; MATELUCCI, N.; PASQUINO, G. *Dicionário de política*. Brasília: UnB, 1986. p. 674-675.

_____; MATELUCCI, N.; PASQUINO, G. *Dicionário de política*. Brasília: UnB, 1986.

D'ARAUJO, M. C. S.; SOARES, G. A. D.; CASTRO, C. *Visões do golpe*: a memória militar sobre 1964. Rio de Janeiro: Relume Dumará, 1994.

DREIFUSS, R. A. *1964*: a conquista do Estado, ação política, poder e golpe de classe. Petrópolis: Vozes, 1981.

FERREIRA, J. Crises da República: 1954, 1955, 1961. In: FERREIRA, J.; DELGADO, L. N. de A. (Org.). *O Brasil Republicano*. Rio de Janeiro: Civilização Brasileira, 2003. v. 3.

FICO, C. *Além do golpe*: versões e controvérsias sobre 1964 e a ditadura militar. Rio de Janeiro: Record, 2004.

FIGUEIREDO, A. C. *Democracia ou reformas?* Alternativas democráticas à crise política: 1961-1964. São Paulo: Paz e Terra, 1993.

FURTADO, C. *A fantasia organizada*. Rio de Janeiro: Paz e Terra, 1985.

GASPARI, E. *A ditadura envergonhada*. São Paulo: Companhia das Letras, 2004.

GUIMARÃES, C. Vargas e Kubitschek: a longa distância entre a Petrobras e Brasília. In: CARVALHO, M. A. R. de; LESSA, R. *República no Catete*. Rio de Janeiro: Museu da República, 2001.

KOSELLECK, R. *Futuro passado*: contribuição à semântica dos tempos históricos. Rio de Janeiro: Contraponto/PUC-Rio, 2006a.

---

[25] Ato Institucional (conhecido como AI-1). Ver Fico (2004:339-342).

_____. Uma resposta aos comentários sobre o *Geschichtliche Grundberiffe*. In: JASMIN, M. G.; FERES JR., J. *Uma história dos conceitos*: debates e perspectivas. Rio de Janeiro: PUC-Rio/Loyola/Iuperj, 2006b.

LABAKI, A. *1961*: a crise da renúncia e a solução parlamentarista. São Paulo: Brasiliense, 1986.

LAVAREDA, A. *A democracia nas urnas*: o processo partidário eleitoral brasileiro. Rio de Janeiro: Iuperj/Rio Fundo, 1991.

LOTT, H. B. D. T. *Henrique Teixeira Lott (depoimento, 1978)*. Rio de Janeiro: Cpdoc, 2002.

REIS, D. A. *Ditadura militar, esquerdas e sociedade*. Rio de Janeiro: Zahar, 2005.

REZNIK, L. *Democracia e segurança nacional, a polícia política no pós-guerra*. Rio de Janeiro: FGV, 2004.

SODRÉ, N. W. *História militar do Brasil*. Rio de Janeiro: Civilização Brasileira, 1968.

HISTÓRIA, MEMÓRIA E HISTORIOGRAFIA:
o mito da resistência e os desafios para o estudo da ditadura civil-militar no Brasil*

José Valdenir Rabelo Filho

DIA 31 DE MARÇO DE 2004, DATA SUGESTIVA, INTRIGANTE. ALI, O SENTIDO comemorativo certamente ganhou outros significados. Ao ato comemorativo, foram adicionadas outras significações, outras representações que não somente aquelas do lembrar com, do festejar com, do exaltar de forma coletiva. O (co)memorável, passou a operar como antídoto do esquecimento, como remédio para as práticas desviantes da memória, como medicamento para a cura da história. É certo que, a depender da dosagem de tal substância, o poder de cura poderia certamente ser invertido, agravando ainda mais o quadro de esquecimentos.

Naquela data, então, 40 anos fazia desde o golpe militar de 31 de março de 1964, e muitos grupos se reuniam para memorar, para lembrar junto, e faziam isso de formas diversas, conflitantes. A memória estava dividida, estilhaçada, e seus usos passavam a confrontar espaços de experiências e horizontes de expectativas para a construção de um futuro passado, de uma temporalidade não mais erguida sob o signo da exemplaridade, das sombras dos mitos.

---

* Texto produzido como resultado dos debates promovidos ao longo do curso "O problema da resistência em regimes autoritários: história e memória", ministrado pela professora doutora Denise Rollemberg no Programa de Pós-Graduação em História da Universidade Federal Fluminense (PPGH-UFF) no segundo semestre de 2012.

Por um lado, conforme nos sugere Daniel Aarão Reis Filho (Reis Filho e Motta, 2004), "o cerco do esquecimento" enfraquecia-se, pois se desejava lembrar, "ouvir, ler, saber, participar das *batalhas da memória*, reapropriar-se criticamente do passado". Porém, esse desejo de lembrar, de saber e poder saber, somente fazia o esquecimento operar em outra frequência, sintonizando outros registros de memória das tramas históricas.

Dessa forma, lembrava-se e esquecia-se, e as batalhas da memória não determinavam vencedores e vencidos, e as experiências geradas a partir do ato de lembrar empurravam para o presente um passado ainda não encerrado, mantendo ativas as *batalhas da memória*.

A depender dos usos do passado, os mitos passavam somente por algumas atualizações, sendo mantidos em sua essência. Exemplo disso foi a manutenção das imagens e representações de uma "resistência democrática" e, nesse sentido, da reatualização discursiva de uma ditadura estritamente militar. Os militares deram o golpe e o mantiveram pelo uso estrito da força, do regime autoritário. À sociedade civil coube a luta para o reestabelecimento da democracia a partir dos enfrentamentos forjados, das resistências praticadas pela defesa da índole democrática e pacifista do povo brasileiro. Limites do lugar-comum...

Memória, história e historiografia: o mito da resistência

Em Fortaleza, capital do Ceará, os eventos (co)memorativos mantinham e acirravam a polarização. De um lado, os militares falavam sobre março de 1964 como um ato vitorioso e mencionavam as realizações modernizadoras do Brasil, os "anos de ouro", o "milagre econômico". Na outra extremidade do campo das disputas memoriais, civis falavam de suas lutas contra o autoritarismo, dos "porões" da ditadura militar, dos "anos de chumbo" e dos males por ela deixados como herança para a formação política brasileira.

Desse momento (co)memorativo, é bem verdade, os historiadores não estiveram ausentes e dele participaram apresentando um discurso de prova, de validação dos argumentos de uns ou de outros. Contudo, em vez de tomarem a memória como objeto da história, alguns historiadores tomaram aquela como sinônimo desta, sem dimensionar a necessidade da crítica às estratégias circunscritas ao ato de lembrar e narrar o passado no presente, sem se aperceberem das metamorfoses e deformações da memória produzidas como resultante de forças temporais, políticas e históricas.

Sobre a relação entre memória e história, consideramos pertinente o diálogo com Pierre Nora (1981:9), quando, categoricamente, assevera:

Memória, história: longe de serem sinônimos, tomamos consciência que tudo opõe uma à outra. A memória é vida, sempre carregada por grupos vivos e, nesse sentido, ela está em permanente evolução, aberta à dialética da lembrança e do esquecimento, inconsciente de suas deformações sucessivas, vulnerável a todos os usos e manipulações, susceptível de longas latências e de repentinas revitalizações. A história é reconstrução sempre problemática e incompleta do que não existe mais. […]. A memória instala a lembrança no sagrado, a história a liberta, e a torna sempre prosaica. […]. A memória é um absoluto e a história só conhece o relativo.

Principalmente a partir de 2004, muitas pesquisas surgiram no Ceará abordando diversos aspectos dos acontecimentos de 1964 a 1985. Muitos pesquisadores, intentando acessar o não dito de experiências protagonizadas por personagens anônimos e ensaiando uma "história vista de baixo para cima", com forte influência do neomarxismo britânico, dedicaram ouvidos às histórias e memórias de ex-militantes de esquerda, de estudantes e trabalhadores que foram perseguidos pelo Estado autoritário, de grupos engajados em culturas políticas e modernidades alternativas ao regime de exceção. Tais trabalhos, é bem verdade, atuaram na construção de uma memória de lutas pelas liberdades democráticas, de uma sociedade cearense resistente à ditadura.

Esqueceram-se, contudo, de referenciar as ambivalências dos comportamentos, as ações colaboracionistas forjadas pela sociedade civil, e, nessa medida, de apontar as relações de consenso[1] entre estas e o Estado autoritário socialmente construído. Talvez por isso cristalizaram a história a partir de usos do passado orientados pela memória, deixando de lado as lições sobre história e memória compartilhadas por Pierre Nora.

Ainda em 2004, Viviane Prado Bezerra defendia, na Universidade Estadual Vale do Acaraú, em Sobral, o trabalho monográfico *Memória política de Sobral: ditadura militar em foco (1963-1970)*. Sua pretensão, à época, era contemplar um período ainda pouco visitado por uma historiografia local. De acordo com Bezerra, até então poucos historiadores haviam dedicado atenção à história política da cidade em tempos de ditadura, fazendo-se urgente, então, tomá-la como objeto de análise para a história. Nessa medida, pretendendo preencher uma lacuna historiográfica sobre a história política da cidade, a autora ali intentava forjar relações de proximi-

---

[1] Por consenso, compreendemos "a formação de um acordo de aceitação do regime existente pela sociedade, explícito ou implícito, compreendendo o apoio ativo, a simpatia acolhedora, a neutralidade benévola, a indiferença, ou, no limite, a sensação de absoluta impotência. […]. A repressão e a ação da polícia política em particular podem induzir ao, ou fortalecer o, consenso, mas nunca devem ser compreendidas como decisivas para a sua formação" (Reis Filho, 2010:387).

dades entre as experiências sociais forjadas em Sobral e as diversas ações praticadas em outras cidades e centros urbanos contra a ditadura.

Assim, Viviane Prado refletia sobre o Movimento de Educação de Base (MEB) e o Movimento do Dia do Senhor como experiências sociais de resistência à ditadura militar, ainda que sobre o MEB, por exemplo, haja registros que indicam que tenha sido financiado pelo Estado ditatorial vigente por meio do Ministério de Educação e Cultura (MEC).

Uma das principais atribuições do MEB era atuar no processo de alfabetização do homem do campo, sem, contudo, encetar um processo de formação que carreasse reflexões políticas que contribuíssem para a problematização do regime instituído em fins de março de 1964. É válido frisar que, desde a sua fundação, em março de 1961, fruto de acordo firmado entre o governo federal e a Conferência Nacional dos Bispos do Brasil (CNBB), a atuação do MEB, principalmente no Nordeste do Brasil, pretendia reagir à disseminação de ideais esquerdistas, promotores dos pressupostos comunistas, e, dessa forma, fazer frente aos avanços e conquistas das ligas camponesas.

A essência conservadora do MEB estava já dada no processo histórico que demarcou sua fundação e, por vezes, seu fazer-se junto aos trabalhadores rurais. Sobre tal movimento e suas complexidades, ainda assim a historiadora Viviane Prado Bezerra considera-o resistente, de resistência à ditadura, ainda que financiado por esta.

Tais perspectivas foram aprofundadas pela autora em outros trabalhos, como em sua dissertação de mestrado, defendida em agosto de 2008 no Programa de Pós-Graduação em História Social da Universidade Federal do Ceará. Com o título *"Porque se nóis não agir o pudê não sabe se nóis isiste nu mundo": o MEB e o Dia do Senhor em Sobral (1960-1980)*, Viviane Prado aprofunda a reflexão sobre experiências sociais forjadas em tempos de ditadura em Sobral. Enfatiza, com base nos relatos orais de memória, a existência de uma acirrada perseguição política às pessoas que atuavam no MEB e no Dia do Senhor, asseverando que tal perseguição devia-se à atuação desse grupo na resistência à ditadura. Atuavam no processo de alfabetização do homem do campo e, nesse sentido, eram monitorados pelo Estado autoritário, logo eram resistentes.

A equação montada pela pesquisadora, muito facilmente desvendada, é reveladora dos limites de análise e crítica das fontes orais e escritas e da inclinação ao culto e reafirmação do mito da resistência.

Durante a vigência do regime ditatorial, muitos sujeitos foram convocados a prestar depoimentos em delegacias, tiveram suas residências violadas e correspondências e livros confiscados, passaram dias detidos sem terem pleno conhecimento dos atos "subversivos" de que eram acusados. Denunciados por desafetos, muitos foram os que visitaram os bastidores do Estado autoritário constituído, ainda que não tivessem qualquer envolvimento com grupos de esquerda, muito menos ainda plena compreensão de uma suposta participação em movimentos de resistência ao regime.

Ainda assim, quase que naturalmente, aqueles que foram monitorados por agentes do Estado vigente, que perceberam pessoas estranhas frequentando lugares comuns aos seus, que atuaram no processo de formação de trabalhadores rurais, que organizaram passeatas em prol da construção de uma avenida que melhorasse o acesso de estudantes e professores à escola[2] são categorizados como pertencentes a uma resistência e, por vezes, tornados resistentes.

François Marcot, em *Résistance et autres comportements des Français sous l'Occupation*, enfatiza que em tempos de autoritarismo os comportamentos são múltiplos, complexos, contraditórios, e que aqueles que se dedicam ao estudo de experiências sociais forjadas nesse contexto devem estar sempre atentos para não simplificar as condutas sociais ali constituídas. Dessa forma, em diálogo com Max Weber, Marcot enfatiza a necessidade do retorno à investigação empírica das práticas e comportamentos de homens e mulheres para que se possam superar os determinismos superpostos pelo uso indiscriminado da categoria resistência. Ainda, ao propor questões que contribuam para a definição daquele conceito, sugere, como questão basilar, a reflexão sobre a consciência do agente que resiste, a atuação consciente e voluntária daquele que atua no campo coletivo da resistência.[3] Ou seja, não existe resistência sem consciência dos significados e riscos da luta, sem o pleno entendimento contra quem se luta.

Dessa forma, ao que nos parece, a identidade do resistente, as relações de pertencimento com um projeto de ação coletiva de luta contra o autoritarismo, em vez de partir daquele que é interrogado sobre o passado, parte do pesquisador como elemento de análise já dado. Tudo parece ser resistência, logo a resistência é esvaziada de sentido político ontem e hoje.

Em 2007, como resultado de dissertação de mestrado em história social pela Universidade Federal do Ceará, o pesquisador José Airton de Farias tem sua obra *Além das armas: guerrilheiros de esquerda no Ceará durante a ditadura militar (1968-72)* pu-

---

[2] Sobre o episódio da passeata de estudantes para o melhoramento de avenida, que em tempos de chuva ficava em péssimas condições, dificultando o trânsito de alunos e professores, ver Silveira (2013). Essa autora considera os alunos promotores da passeata como jovens envolvidos numa "cultura de resistência" ao regime ditatorial. Sobre tais questões, ver da tese principalmente o capítulo II: "A cidade pulsante: a oposição à ditadura militar em Sobral".

[3] Sobre tais questões, ver Marcot (2006:47-59).

blicada em Fortaleza. Nesta, aborda diversos aspectos das trajetórias e vivências da luta armada no Ceará, atentando para o contexto em que se organizaram as principais ações revolucionárias no estado e refletindo sobre a participação de jovens filiados a agremiações políticas ali atuantes e engajadas em movimentos de guerrilhas. Faz parte de seus propósitos promover deslocamentos no campo de análise sobre movimentos de guerrilhas e guerrilheiros de esquerda, de modo a superar fronteiras e paradigmas consolidados nas regiões Sul e Sudeste do Brasil. Fazendo uso de um variado número de documentos, como entrevistas, jornais, documentos de polícia e da justiça militar, Airton de Farias traça um panorama das organizações e dos sujeitos históricos envolvidos em ações de guerrilha forjadas no Ceará.

É bem verdade que Airton de Farias promove algumas breves reflexões sobre a participação da sociedade civil na construção do golpe de 31 de março de 1964, referenciando, como exemplo que denota o culto dos militares envolvidos naquela ação, o nome do auditório da reitoria da Universidade Federal do Ceará, que ainda hoje mantém o nome de Castelo Branco em homenagem ao cearense e primeiro líder militar a exercer o poder no Estado autoritário, instituído com a deposição de João Goulart. Aponta como permanência dessas relações entre os grupos conservadores e o Estado autoritário a tamanha "demora e celeuma na abertura dos arquivos do período autoritário no Brasil e, especificamente, no Ceará",[4] problemas ainda hoje vivenciados por muitos pesquisadores dedicados ao estudo dos tempos de ditadura e da história política recente do Estado.

É pertinente desde logo indicarmos que, como símbolo das relações de afinidade entre a sociedade cearense e o Estado autoritário, foi inaugurado, em 1972, ano do sesquicentenário da Independência, nos jardins do Palácio da Abolição, em Fortaleza, o Mausoléu Castelo Branco.[5]

Falecido em 18 de julho de 1967, após aeronave que o transportava colidir "no ar com um jato de treinamento da FAB que voava em formação",[6] na localidade de Mondubim, distrito de Fortaleza, Castelo Branco é reverenciado com a construção de prédio imponente e arrojado que ainda hoje mantém a guarda de seus restos mortais e o culto de sua memória. Culto, adoração, pois as referências dispostas ao público visitante, sobre a personalidade política de Castelo Branco, atuam na demonstração de um homem das letras, um militar moderado e um astuto e dadivoso

---

[4] Sobre tais questões, ver Farias (2007:23).
[5] Ainda hoje, o espaço está aberto a visitações, recebendo principalmente alunos e professores de escolas públicas e privadas da capital e do interior. O Mausoléu Castelo Branco está inserido no complexo arquitetônico do Palácio da Abolição. Este, dedicado à memória do pioneirismo cearense na Abolição dos escravos, no século XIX, hoje abriga secretarias de governo, bem como o gabinete do governador do estado do Ceará.
[6] "Castelo morre em desastre no Ceará" (*O Estado de S. Paulo*, ano 88, n. 28.301, 19 jul. 1967).

cearense, homem da gente que merece ser lembrado. A faceta ditatorial do homem político, dessa forma, não é dada a ver.

O silêncio como estratégia de memória, manobrado pelas elites políticas atuantes no Ceará, as quais, em grande medida, foram formadas nas bases da Aliança Renovadora Nacional (Arena) e alimentadas pela cultura política autoritária, dá pistas sobre os desafios ainda por serem superados para a inversão de uma lógica de poder herdada dos tempos de ditadura.

Tais desafios, acreditamos, somente poderão ser superados na medida em que o mito da resistência democrática venha a ser problematizado, a ser refletido à luz de novos problemas. Somente nessa medida será possível acessar as "zonas cinzentas" nas quais muitos grupos ainda estão confortavelmente inseridos, silenciosamente habitando e retroalimentando a memória em detrimento da história.

Já que todos resistiram ao Estado autoritário, e essa é uma memória construída no "gradual" processo de redemocratização, mais vale acessar, de forma continuada, os signos e experiências sociais pela liberdade, pela democracia, ainda que tal feito signifique a repetição acrítica de discursos e memórias que foram formatados quando já não era mais oportuno ser percebido como adepto do regime de exceção, quando já não era mais aceitável a ditadura, quando o regime político já dava sinais de debilidade, de colapso.

A política de reconciliação orientava essa demanda política. Amenizar as dores, equalizar as diferenças, esquecer o passado para poder construir o presente em bases democráticas, valores esses sempre defendidos pela sociedade brasileira, mas, durante vários anos, usurpados pelos militares golpistas.

"Todos resistiram, todos resistimos, assim parecia melhor. O momento era de volta, mas de volta para construir o futuro e não para reencontrar o passado" (Rollemberg, 2006:81-91). Os tempos de redemocratização demandavam tais sentimentos. Neles embarcaram todos. As direitas golpistas, as esquerdas "derrotadas" e os historiadores menos atentos, pois apaixonados pelas utópicas propostas políticas dos anos 1960 e 1970, estas ainda hoje não superadas por muitos.

O historiador Daniel Aarão Reis Filho (2002:71) ajuda-nos a compreender que, a partir da memória construída no processo de anistia, marcadamente forjado pelo pacto de reconciliação e de esquecimentos,

> a sociedade se reconfigurou como tendo se oposto, sempre, e maciçamente, à ditadura [...]. Redesenhou-se o quadro das relações da sociedade com a ditadura, que apareceu como permanentemente hostilizada por aquela. Apagou-se da memória o amplo movimento de massas que, através das Marchas da Família com Deus e

pela Liberdade, legitimou socialmente a instauração da ditadura. Desapareceram as pontes e as cumplicidades tecidas entre a sociedade e a ditadura [...].

Consideramos que os historiadores que fazem uso dos termos "resistir" e "resistência" sem refletir criticamente sobre seus significados contribuem para reforçar o "mito da resistência", atuam na reatualização de uma rede de silêncios e contribuem para a amplificação de zonas cinzentas que camuflam e escondem a participação da sociedade civil na construção do regime autoritário de 31 de março de 1964 no Brasil.

Dessa forma, consideramos pertinente o diálogo com a historiadora Denise Rollemberg, quando situa a renovação das pesquisas sobre regimes autoritários na Europa, destacando, especialmente, os novos desafios assumidos por historiadores e cientistas sociais dedicados ao estudo da França sob a ocupação nazista e sob o regime de Vichy (1940-1944), bem como da Alemanha nazista (1933-1945).[7]

Tais estudos orientam a ressignificação de problemas e métodos para o estudo de experiências marcadas por culturas políticas autoritárias, indicando, sobremodo, que os princípios fundadores e legitimadores de regimes de exceção estão diretamente ligados às "relações de identidade, afinidade, consenso e consentimento" (Cordeiro, 2009:15). Reflete-se, então, sobre regimes autoritários à luz das ações sociais que formataram e mantiveram sua existência, não mais hegemonizando o uso da força, do arbítrio, da repressão como determinantes para sua legitimidade.

Sob essa influência, nos últimos anos novas pesquisas têm surgido no Brasil. Dedicadas à reflexão crítica sobre a categoria "resistência", bem como sobre as relações entre história e memória, alguns poucos historiadores têm-se aventurado a enfrentar os tabus consolidados no universo historiográfico. Como nos informa ainda a historiadora Denise Rollemberg:

Muito se tem escrito sobre as resistências à ditadura, que se manteve no poder no Brasil por longos anos. As histórias de resistência parecem fascinar estudantes, professores, jornalistas e, diria mesmo, o público em geral. Em contrapartida, durante bastante tempo, poucos pesquisadores ousaram ver esses anos por outros ângulos: o do apoio civil ao golpe e o da participação civil na construção da ditadura. Abordagem equivocada e impossível para muitos, na medida em que o golpe e a ditadura foram militares, e a sociedade vítima do regime a ela imposto; mal-intencionada, segundo outros, e o historiador, suspeito. De um lado, um mito; de outro, uma in-

---

[7] Sobre tais questões, ver o prefácio produzido pela historiadora Denise Rollemberg à obra de Cordeiro (2009).

terdição, um tabu. Em todo caso, um campo minado para o historiador [Cordeiro, 2009].

Transitar por esse campo minado é o que propomos doravante. Faremos isso refletindo sobre o conceito de "resistência" à luz de um debate com pesquisadores dedicados ao estudo dos regimes e experiências autoritários na Europa. Sempre que pertinente, exemplificaremos a reflexão conceitual referenciando acontecimentos históricos articulados em Sobral, bem como promoveremos diálogos com a historiografia mais recentemente produzida no Brasil, a qual nos auxilia a transitar por veredas temidas e ainda observadas com desconfiança por muitos.

Resistência: problemas, desafios e possibilidades

"*Qu'est-ce que résister?*", questiona Jacques Semelin. Em termos simples, resistir é opor-se ao abuso de poder, é inserir-se numa lógica de saber e poder que pretende a inversão de um contrato social já transgredido pelo uso da força autoritária.

De modo a refletir historicamente sobre os usos do termo resistência e aprofundar o debate, Jacques Semelin situa o contexto da Revolução Francesa como um dos marcos que posicionam a institucionalização do direito de resistir, referido na Declaração dos Direitos do Homem e do Cidadão, de 1789. De acordo com autor, a Constituição francesa de 1793, como resultante do processo revolucionário e das pressões políticas forjadas, prevê que "quando o governo viola os direitos do povo, a insurreição é para o povo e para cada porção do povo o mais sagrado dos direitos e o mais indispensável dos deveres".[8]

De acordo com Semelin, no *Deuxième traité du gouvernement civil*, John Locke reforça tais pressupostos afirmando que o povo "tem o direito de resistir [...] a toda pessoa investida de uma autoridade que exceda o poder que a lei lhe confere".[9] Dessa forma, o direito à resistência implica a ruptura de um contrato social firmado entre governantes e governados, entre Estado e sociedade civil, contrato esse, como já chamamos atenção, já transgredido pelo uso abusivo da força, do autoritarismo.

Em diálogo com Albert Camus, em "*L'homme révolté*", Jacques Semelin evidencia que "algumas definições muito largas da noção de 'resistência' enfraquecem seus

---

[8] Semelin (1994:51). Trad. livre de: "*Quand le gouvernement viole les droits du peuple, l'insurrection est pour le peuple et pour chaque portion du peuple, le plus sacré des droits et le plus indispensable des devoirs*".

[9] Ibid. Trad. livre de: "*l'on a le droit de résister [...] à toute personne investie d'une autorité qui excède le pourvoir que la loi lui donne*".

significados"[10] e que é preciso estabelecer distinções entre, por exemplo, as noções de "dissidência, desobediência e resistência".

Dissidência e desobediência estruturam-se numa perspectiva individual e atuam para a formatação das relações políticas de pertencimento que articulam identidades coletivas para a expressão da resistência como comportamento, como ação, reação, ruptura somente manifesta por grupos, de forma coletiva. Daí por que o homem revoltado não é, necessariamente, um homem resistente, ainda que sua revolta abra caminho para o engajamento, para a expressão coletiva das ações de resistência. Enfatiza Semelin que, "no caso da ação puramente individual, as noções de 'dissidência' ou 'desobediência' parecem mais adequadas".[11]

Nessa medida, a "resistência" só existe como organização coletiva a partir do instante em que homens, "como resultado de experiências comuns (herdadas ou compartilhadas), sentem e articulam a identidade de seus interesses entre si, e contra os outros homens cujos interesses diferem (e geralmente se opõem) dos seus" (Thompson, 1987:10).

O diálogo com o historiador britânico E. P. Thompson parece-nos pertinente, já que refletimos sobre a "resistência" a partir da "noção de relação histórica" como um processo definido no campo de experiências compartilhadas e em disputa.

Percebe-se ainda a importância de que se efetive a busca da superação dos estudos dedicados aos *"macrofacteurs"*, pois, nesta feita, será possível o acesso às peculiaridades das experiências forjadas em lugares, tempos e por sujeitos específicos portadores de comportamentos ambivalentes, contraditórios. É pertinente, nessa medida, citarmos quando Jacques Semelin ressalta: "Essa passagem à ação resistente não anula a história do indivíduo ou suas próprias contradições".[12]

Dessa forma, de modo a aprofundarmos o debate, consideramos pertinente inserir aqui uma interlocução com o historiador francês Pierre Laborie (2010), quando reflete sobre "os franceses do pensar-duplo" e, assim, alerta-nos para a necessidade de buscarmos compreender a "ambivalência do pensamento e dos sentimentos" em tempos de regimes autoritários.

Investigações dedicadas à percepção das racionalidades, dos modos de funcionamento dos comportamentos, das escolhas promovidas por sujeitos históricos em tempos passados possibilitam o alargamento do campo de análises e, nesse sentido,

---

[10] Ibid. Trad. livre de: *"Certaines définitions, trop larges, de la notion de 'résistence' en effaiblissent la signification"*.

[11] Ibid. Trad. livre de: *"Dans le cas d'actions purement individuelles, les notions de 'dissidence' ou de 'désobéissance' semblent plus adéquates"*.

[12] Ibid., p. 56. Trad. livre de: *"Ce passage à l'action résistante n'annule pas l'histoire de l'individu ni ses propres contradictions"*.

História, memória e historiografia | 163

permitem a problematização de pressupostos conceituais que aprisionam as relações históricas complexas e contraditórias. Laborie sugere, sobre esse aspecto, a "cultura do duplo" como chave para a análise de experiências históricas culturalmente situadas nesses regimes.

Os sujeitos históricos atuam em campos simbólicos nos quais tradições e modernidades convergem não sem choques, em que estruturas de saber e poder definem-se por negociações as mais diversas. Dessa forma, o "homem duplo" ou multifacetado tateia caminhos, desvenda possibilidades, é um e outro ao mesmo tempo, é complexo, metamórfico, marcado por incongruências. Visitar essas facetas, demarcadas pelas trajetórias do homem em suas complexidades e incoerências, talvez seja o grande desafio proposto por Pierre Laborie.

Nessa medida, vislumbramos relações de proximidades entre Pierre Laborie e François Marcot, haja vista este enfatizar: "Lembrar que sob a Ocupação os comportamentos são múltiplos e nem sempre originais é não mais do que concluir que essa realidade não pode ser pensada de maneira simplista".[13]

François Marcot reforça pressupostos defendidos por Pierre Laborie e Jacques Semelin sobre a complexidade dos comportamentos em regimes autoritários, questões já mencionadas anteriormente. Enfatiza que, para que haja a possibilidade de superação de paradigmas interpretativos consolidados no campo do saber histórico, faz-se necessária a problematização de conceitos operados para a interpretação da história de regimes marcados por culturas políticas autoritárias.

Pretendendo situar possibilidades de definição para o termo resistência, em diálogo com Laborie, François Marcot sugere três critérios norteadores:

1. O desejo de prejudicar um inimigo identificado, ocupante ou a seu serviço, colocando-se em situação de guerra e organizando-se para evitar que ele alcance seus objetivos;

2. A consciência de resistir, isto é, de participar da expressão coletiva e coordenada de uma recusa intransigente, por uma escolha voluntária, com ajustada consciência do risco e dos significados da luta.

3. Um engajamento em ações fundamentalmente ligadas a práticas de transgressão.[14]

---

[13] Marcot (2006:47). Trad. livre de: *"Rappeler que sous l'Occupation les comportements sont multiples n'est guère original et pas plus d'en conclure qu'on ne peut penser cette réalité de manière simpliste"*.

[14] Ibid., p. 47-48. Trad. livre de: *"1. La volonté de nuire à un ennemi identifié, occupant ou à son service, en se plaçant en situation de guerre et en s'organisant pour l'empêcher de réaliser ses objectifes; 2. La conscience de resistir, c'est-à-dire de participer à la expression colective et coordonnée d'un refus intransigeant, par un choix volontaire, avec une juste conscience du risque et du sens de lutte. 3. Un engagement dans l'action fondamentalement lié à des pratiques de transgression"*.

É possível, então, percebermos que o resistente não se constitui passivamente, muito menos ainda por determinações atemporais e políticas que lhe são estranhas. A ação política movimenta a ação de resistência, ou, em outros termos, o sujeito histórico resiste na medida em que (re)age, quando enfim irrompe os limites da reflexão intelectual e o sentimento dá lugar à ação coletiva de resistência. Não existe resistência passiva, assim como não pode existir resistência atribuída. Ou seja, é preciso que se busque compreender as experiências históricas em suas complexidades, sem que se atribua hoje uma identidade que tais experiências não assumiam na época em que foram forjadas.

Não podemos modificar o passado, e, dessa forma, devemos estar atentos às injunções políticas que interferem na construção de memórias presentes sobre um passado ausente, de relatos que buscam demarcar um passado que não foi, de imagens de um pretérito somente hoje aspiradas. Como ressalta Daniel Aarão Reis Filho (2002:7), "quase ninguém quer se identificar com a ditadura militar no Brasil nos dias de hoje", e isso deve ser ponderado pelos historiadores que lidam com memórias de um passado presente.

A sociedade envolvida numa "cultura de resistência", como referencia Edvanir Maia da Silveira em *Três décadas de Prado e Barreto*: *a política municipal em Sobral, do Golpe à Nova República (1963-96)*, é a mesma que recepciona Castelo Branco no ano de 1965 e lhe confere o "título de cidadão sobralense", conforme evidencia Projeto de Lei nº 28/1965 da Câmara de Vereadores de Sobral. Embora extensa, vale a citação:

O relevante serviço público prestado ao Brasil pelo Marechal Humberto de Alencar Castelo Branco, à frente de uma Revolução que modificou os destinos e a história brasileiras [*sic*], conquistou-lhe a admiração e o respeito de todos os seus patrícios e de todos os brasileiros de boa vontade, voltados para o futuro da Pátria e de seus filhos. Presidente da República numa conjuntura das mais difíceis e pontilhada de incertezas para a vida nacional e a sobrevivência da civilização na face da Terra, o ilustre e bravo cearense tem-se mostrado o timoneiro indormido e vigilante, indiferente aos gritos fanáticos e às armadilhas dos subversivos e corruptos, dedicado única e exclusivamente para os interesses do Brasil e dos brasileiros. [...]. Fazendo coro com todos os brasileiros de visão e possuídos do espírito verdadeiramente patriótico, nós também somos agradecidos ao Marechal Humberto de Alencar Castelo Branco. E, nada podendo lhe dar de mais significativo que a nossa cidadania honorária, como penhor desse nosso reconhecimento e admiração, apresentamos a essa Augusta Casa o projeto de lei em apreço, que, temos a certeza, merecerá a unanimidade e entusiástica aprovação da casa.[15]

---

[15] Câmara Municipal de Sobral. Projeto de Lei nº 28/65. Sobral, CE, 28 out. 1965.

Ainda no mesmo dia, o projeto de lei foi aprovado pelos vereadores presentes na Casa Legislativa Municipal, e ao presidente militar Humberto de Alencar Castelo Branco foi concedida a cidadania sobralense.

Sua passagem pela cidade ainda em 1965, festejada por muitos, como bem nos mostra filme produzido pela Agência Nacional,[16] bem como outros documentos de época, foi marcada pela inauguração do Centro Social Argentina Castelo Branco em homenagem à sua esposa, e também pela inauguração do Hotel Municipal, à época um símbolo do novo processo modernizador da cidade.

Fazendo um balanço dos acontecimentos de 1965, o jornalista José Maria Soares lembrava:

> Sobral viveu das 10 às 14 horas, no dia 28, os maiores momentos de alegria e vibração, com a visita do eminente Presidente da República Marechal Humberto de Alencar Castelo Branco. O prefeito Cesário Barreto Lima, [*sic*] marcou mais um grande tento para sua profícua administração, trazendo pela primeira vez na história do município, um choque [*sic*] da nação em pleno exercício, um chefe na nação de suas elevadas funções. Dois pronunciamentos foram feitos pelo presidente Castelo Branco, na Princesa do Norte. O primeiro por ocasião do lançamento da pedra fundamental do "Centro Social Dona Argentina Castelo Branco", justa homenagem, da prefeitura a saudosa memória da esposa do Marechal Castelo Branco [*sic*]. O Presidente pronunciou no momento comovidas palavras de agradecimento, exaltando em seguida o grande trabalho do prefeito Cesário Barreto em prol do desenvolvimento da cidade. No banquete de 200 talheres, na AABB, ao ser saudado pelo prefeito e logo após receber o título de "Cidadão Sobralense", das mãos do presidente da Câmara Municipal, vereador Francisco Rodrigues Magalhães, o ilustre visitante, em brilhante discurso falou sobre os objetivos da Revolução, finalidade dos Atos Institucionais, da necessidade das reformas constitucionais, terminando a sua oração com as seguintes palavras: — "O título de Cidadão Sobralense, que agora recebo enobrecido [*sic*] me identifica com a tradição deste município e com a permanente aspiração de Sobral, que é a de todo Brasil, de viver a democracia. Uma democracia na base da realidade brasileira, em cuja prática as lideranças atuais proporcionem o surgimento nas gerações que seguem de líderes autênticos e renovadores. Aos senhores vereadores, ao Sr. Prefeito o meu reconhecimento de Presidente da República, de brasileiro e de cearense creditai que eu já vos falei como cidadão de Sobral".[17]

---

[16] Recurso fílmico produzido pela Agência Nacional (EH/FIL. 283/2min45s). *Acervo do Arquivo Nacional*. Rio de Janeiro.

[17] "O marechal da revolução em Sobral" (*Correio da Semana*, Sobral, p. 1-6, 1º jan. 1966, Coluna da Cidade).

Como ressalta Jacques Semelin, a passagem à ação resistente não deve anular a história de grupos sociais e indivíduos carregados de suas próprias contradições, de suas históricas complexidades. A "cultura de resistência", apontada por Edvanir Maia, camufla traços conservadores, anticomunistas e colaboracionistas da sociedade sobralense, esconde as relações de consenso e consentimento forjadas entre esta e o regime autoritário. Aqueles que para essa historiadora ocupam o lugar da resistência nem sempre habitaram esse lugar, nem sempre tomaram para si essa identidade, ou, como se tem mostrado mais plausível, diante das novas entrevistas recentemente realizadas, muitos dos sujeitos sequer tinham consciência de um agir resistente. Em muitos casos, agiam individualmente, sempre no campo da legalidade, "somente não batiam palmas para os milicos", como afirma o padre Oswaldo Chaves.

Didier Musiedlak, professor de história contemporânea da Universidade de Paris X e pesquisador dedicado ao estudo do fascismo italiano, apresenta questões que nos parecem basilares para refletirmos sobre as categorias de consenso e consentimento em tempos de regimes autoritários.

Durante o regime fascista, e mesmo no momento imediatamente posterior a seu colapso, acreditou-se que as relações de consenso forjadas pela sociedade civil com o Estado autoritário deveram-se ao poder de manipulação das massas promovido pelo forte aparelho de propaganda do Estado, bem como pela repressão praticada por agentes a seu serviço. Manipuladas e massacradas, as massas consentiram o Estado fascista, e, somente nessa medida, atuaram em sua legitimação. O autoritarismo lhes era estranho. Somente aceitaram-no porque não lhes foi dada outra opção, porque foram massacradas pelo poder simbólico da propaganda e pelo uso arbitrário da força.

Musiedlak (2010) parte no contrafluxo dessa corrente de pensamentos e, fazendo uso do *Dizionario di politica*, produzido ainda nos anos 1940 por G. Mancini e outros, assevera:

> O consentimento que a vontade política exige não é a submissão natural e instintiva de uma tribo de primitivos em relação ao seu chefe, mas uma adesão deliberada e consciente a uma ordem histórica que tem sua realidade na vida de todos e que, consequentemente, reconhece nessa vontade uma interpretação dela mesma e o impulso de seu progresso.

Dessa forma, longe de consentirem a personalidade política do presidente militar Castelo Branco, os vereadores municipais, o prefeito Cesário Barreto Lima e parcela significativa da sociedade sobralense davam sinais de uma adesão deliberada, consciente, não forçada, não resultante de forças midiáticas manipuladoras para a adoração do homem público e dos projetos políticos por ele anunciados. Tais grupos, ao consentirem o representante do Estado autoritário instituído, exerciam suas vontades políticas, afirmavam suas relações autônomas e coletivas de identidade com o projeto político golpista em defesa de uma insuspeita democracia.

Cabe referenciar que, com forte tradição católica e uma consolidada cultura política anticomunista, a sociedade sobralense festejou publicamente a intervenção militar de 31 de março de 1964 contra o "perigo vermelho".

O jornal *Correio da Semana*, instrumento de circulação dos ideais católicos e das propostas políticas das elites conservadoras, anunciava, já no dia 4 de abril de 1964, em matéria de capa, "Brasil volta à ordem":

> Depois do impacto emocional das primeiras horas da última revolução das forças armadas, o povo brasileiro, demonstrando mais uma vez seu espírito pacífico e fraterno, retorna à vida normal. Não houve derramamento de sangue e a revolução foi feita. [...] Reina perfeita ordem em todo o território nacional [...]. Miguel Arraes, Governador deposto em Pernambuco, continua preso sob vigilância do Exército. O agitador Leonel Brizola fugiu, encontrando-se desaparecido. Esperamos que agora, quando a ordem retorna, o Brasil possa continuar a crescer e progredir e que as forças democráticas vitoriosas saibam ser fiéis às esperanças de paz e prosperidade que o povo nela deposita. Que todos os brasileiros unidos procurem trabalhar para a consecução do bem-estar social e das liberdades democráticas, porque somente assim haverá paz verdadeira, justiça e respeito à dignidade humana.[18]

De forma paradoxal, a interrupção do processo democrático fora "necessária" para a defesa dos valores de democracia, a manutenção das liberdades e o retorno à ordem. A "paz armada", a partir de então, era "o começo da paz íntima que estava faltando",[19] assim anunciava d. José de Medeiros Delgado, em 4 de abril de 1964, por meio daquele periódico católico.

O padre Gerardo Gomes, na edição de 11 de abril do mesmo ano, fazia circular "Salve, Brasil!". Lemos:

> Assistimos à vitória das instituições históricas do Brasil contra os que se entregavam a uma obra da subversão, à sombra da bandeira vermelha. Todos os brasileiros, que amam organicamente a sua terra e não a querem ver na degradante corrente

---

[18] *Correio da Semana* (Sobral, ano 47, n. 2, 4 abr. 1964).

[19] "Hora de vigilância" (d. José Delgado; *Correio da Semana*, Sobral, 4 abr. 1964).

de satélites da Rússia e da China Vermelha, sentiam que se aproximavam o momento crucial da definição: ou vencia o dístico "Deus, Pátria, Família e Liberdade", ou havia de tremular o tropo infame "foice e martelo", no seu cortejo de materialismo e servidão. É fato histórico que muitos brasileiros erguiam a sua voz, alertando o povo contra a terrível realidade. Mas como poderiam fazer-se ouvir pelo povo, se era o próprio Presidente João Goulart que, com sua autoridade, encarregado de zelar pelas instituições e pela pureza do regime, queria entregar o "GIGANTE", amarrado pelos pulsos, aos ferrenhos inimigos da liberdade e do cristianismo?[20]

Tais textos, divulgados no jornal católico *Correio da Semana*, permitem-nos observar sinais do medo que circulava no sertão cearense e, possivelmente, em outras paragens do território nacional. É interessante percebermos o peso simbólico de tais argumentos, as palavras e os sentidos a elas atribuídos.

De acordo com o discurso promovido por meio das páginas impressas, a "desordem" fora cessada, os "inimigos" banidos ou empurrados em direção ao abismo, os valores morais cristãos defendidos; as "forças democráticas" salvaram as liberdades democráticas. As "missões" que "corrompiam consciências, preparando o assassínio, o incêndio e a ocupação do território nacional",[21] foram desmontadas.

Tais questões não podem passar despercebidas na análise da história política de Sobral e da sociedade sobralense em tempos de ditadura. O movimento coletivo rumo à democracia, promovido no processo de transição política, não pode incidir como uma borracha no apagamento dos rastros de experiências marcadas pelo contraditório, pelas ambivalências, pela "cultura do duplo".

O rastro, lembra Jeanne Marie Gagnebin (2006:113),

> é o fruto do acaso, da negligência, às vezes da violência; deixado por um animal que corre ou por um ladrão em fuga, ele denuncia uma presença ausente — sem, no entanto, prejulgar sua legibilidade. Como quem deixa rastros não o faz com intenção de transmissão ou de significação, o decifrar dos rastros também é marcado por essa não intencionalidade [*sic*]. [...]. Rigorosamente falando, rastros não são criados — como são outros signos culturais e linguísticos —, mas sim deixados ou esquecidos.

Esses indícios "aparentemente negligenciáveis", para lembrarmos o historiador italiano Carlo Ginzburg, devem interessar aos historiadores dedicados ao estudo da

---

[20] "Salve, Brasil!" (padre Gerardo Gomes; *Correio da Semana*, Sobral, ano 47, n. 3, p. 2, 11 abr. 1964).

[21] Ibid.

ditadura civil militar brasileira. Os rastros, como pegadas na lama, como sinais não pretendidos, como signos que demonstram uma ausência tornando sensível uma presença, indiciam práticas que precisam ser decifradas, realidades complexas que precisam ser remontadas.

Os esquecimentos reafirmados com o culto de mitos precisam ser revisitados e problematizados. Novos jogos e confrontos entre lembranças e esquecimentos precisam ser operados, a fim de que se possam oxigenar tempos passados que não passam, a fim de que se possam iluminar zonas cinzentas hegemonizadas pela memória.

Operar a memória como objeto da história... É esse o desafio que os historiadores de hoje devem se colocar para o estudo da ditadura civil militar brasileira, foi esse o desafio que intentamos aqui perfazer.

Campo minado, mas ainda assim com muitas trilhas a serem percorridas...

Referências

BÉDARIDA, F. L'historie de la résistance: lecteures d'hier, chantiers de demain. *Vingtième Siècle*, n. 11, jul./set. 1986.

BEZERRA, V. P. *Memória política de Sobral*: ditadura militar em foco. Monografia (licenciatura em história), Universidade Estadual Vale do Acaraú, Sobral, 2004.

_____. *"Porque se nóis não agir o pudê não sabe se nóis isiste nu mundo"*: o MEB e o Dia do Senhor em Sobral (1960-1980). Dissertação (mestrado em história social), UFC, Fortaleza, 2008.

CORDEIRO, J. M. *Direitas em movimento*: a Campanha da Mulher pela Democracia e a ditadura no Brasil. Rio de Janeiro: FGV, 2009.

FARIAS, A. *Além das armas*: guerrilheiros de esquerda no Ceará durante a ditadura militar (1968-72). Fortaleza: Livro Técnico, 2007.

GAGNEBIN, J. M. *Lembrar escrever esquecer*. São Paulo: Ed. 34, 2006.

GINZBURG, C. Sinais: raízes de um paradigma indiciário. In: *Mitos, emblemas, sinais*: morfologia e história. Trad. Federico Carotti. São Paulo: Companhia das Letras, 1989.

HOBSBAWM, E. *Sobre história*. São Paulo: Companhia das Letras, 1998.

LABORIE, P. L'idée de résistance, entre définition et sens: retour sur un questionnement. In: *Les français des années troubles*: de la guerre d'Espagne à la Libertation. Paris: Seuil, 2003.

_____. 1940-1944. Os franceses do pensar-duplo. In: ROLLEMBERG, D.; QUADRAT, S. V. (Org.). *A construção social dos regimes autoritários*: legitimidade, consenso e consentimento no século XX. Rio de Janeiro: Civilização Brasileira, 2010. v. I: Europa.

MARCOT, F. Résistance et autres comportements des français sous l'Occupation. In: MARCOT, F.; MUSIEDLAK, D. (Org.). *Les résistances, miroir des regimes d'oppression*: Allemagne, France, Italie. Actes du Colloque International de Besançon, 24-26 set. 2003, Musée de la Résistance et de la Déportation de Besançon, Université de Franche-Comté et Université de Paris X. Besançon: Presses Universitaires de Franche-Comté, 2006. p. 47-59.

MUSIEDLAK, D. O fascismo italiano: entre consentimento e consenso. In: ROLLEMBERG, D.; QUADRAT, S. V. (Org.). *A construção social dos regimes autoritários*: legitimidade, consenso e consentimento. Europa. Rio de Janeiro: Civilização Brasileira, 2010. v. I.

NORA, P. Entre memória e história: a problemática dos lugares. Trad. Yara Aun Khoury. In: *Projeto História*: revista do Programa de Estudos e Pós-graduados em História e do Departamento de História da PUC-SP, São Paulo, 1981.

REIS FILHO, D. A. *Ditadura militar, esquerdas e sociedade*. Rio de Janeiro: Zahar, 2002.

_____. A revolução socialista em Cuba: ditadura revolucionária e a construção do consenso. In: ROLLEMBERG, D.; QUADRAT, S. V. (Org.). *A construção social dos regimes autoritários*: legitimidade, consenso e consentimento no século XX. Brasil e América Latina. Rio de Janeiro: Civilização Brasileira, 2010. v. II.

_____; MOTTA, R. P. S. (Org.). *O golpe e a ditadura militar*: quarenta anos depois (1964-2004). Bauru: Edusc, 2004. (Col. História).

_____; ROLLAND, D. (Org.). *Modernidades alternativas*. Rio de Janeiro: FGV, 2008.

ROLLEMBERG, D. Esquecimento das memórias. In: MARTINS FILHO, J. R. *O golpe de 1964 e o regime militar*. São Carlos: UFSCar, 2006. p. 81-91.

_____. História, memória e verdade: em busca do universo dos homens. In: SANTOS, C. M. et al. *Desarquivando a ditadura*: memória e justiça no Brasil. São Paulo: Hucitec, 2009. v. 2.

_____. *Definir o conceito de resistência*: dilemas, reflexões possibilidades. Prelo.

SEMELIN, J. "Qu'est-ce que 'résistir'?". *Esprit*, Paris, n. 198, jan. 1994.

SILVEIRA, E. M. *Três décadas de Prado e Barreto*: a política municipal em Sobral, do Golpe à Nova República (1963-96). Tese (doutorado), Programa de Pós-Graduação em História, Uerj, 2013.

THOMPSON, E. P. *A formação da classe operária inglesa*: a árvore da liberdade. Trad. Denise Bottmann. Rio de Janeiro: Paz e Terra, 1987. (Col. Oficinas da História, v. 1).

A *RESISTÊNCIA* AO REGIME MILITAR NO PASSADO MÍTICO DA TV GLOBO*

Katia Krause

FIDÉLIS DOS SANTOS AMARAL NETTO (1921-1995), CONHECIDO NA IMPRENSA ESCRITA desde 1947 como Amaral Netto,[1] também foi pioneiro na televisão. Em 1968, criou um programa no formato reportagem-documentário, então praticamente inédito em televisão, o *Amaral Netto, o Repórter*. Exibido inicialmente na TV Tupi, o programa foi transmitido pela TV Globo de janeiro de 1969 até fevereiro de 1985. O jornalista era, igualmente, um político atuante desde 1960, ao eleger-se deputado pelo antigo estado da Guanabara. Atuou pela UDN (1960-1965), MDB (1965-1967), Arena (1967-1979), PDS (1980-1993) e PPR (1993-1995).

Embora a trajetória de *Amaral Netto, o Repórter* tenha sido marcada por expressivos índices de audiência e considerável ressonância popular, seu lugar no passado mítico e heroico da TV Globo quase não existe. Na construção de memória que dá conta desse passado, pela bibliografia memorialística e no campo da comunicação, estabeleceu-se a ideia de que o programa fora *imposto pela ditadura militar*. Desqualificado, portanto.

---

* Este capítulo é um recorte temático da pesquisa de doutorado em história social na Universidade Federal Fluminense (UFF), em andamento, sob orientação da professora doutora Denise Rollemberg, sobre o tema *O Brasil de Amaral Netto, o Repórter, 1968-1985*.

[1] O nome correto é Amaral Netto, grafado com dois "t", embora seja referido, inúmeras vezes, como "Amaral Neto". Optei por utilizá-lo na grafia "Neto" apenas quando aparece nas citações de fontes ou de outros autores.

Vale ressaltar que, quando a TV Globo surgiu, em abril de 1965, alguns dos conceitos que faziam funcionar o veículo já estavam sedimentados no meio. Roberto Marinho,[2] então dono do jornal *O Globo* e da *Rádio Globo*, conseguira a concessão com Juscelino Kubitschek em 1957[3] e preparou a instalação da TV Globo no contexto de uma tecnologia ainda muito frágil e no complexo quadro político que antecedeu e sucedeu o golpe civil-militar. Em fins de 1968, a emissora ainda funcionava precariamente, procurando consolidar uma grade de programação, embora já estivesse prestes a se transformar numa rede nacional. O jornalista e deputado Amaral Netto viu aí uma oportunidade para seu programa independente e com patrocinadores próprios. Ao transferir-se da TV Tupi para a TV Globo, pode ter se valido da rede de sociabilidades, que incluía o próprio Roberto Marinho e/ou jornalistas e outros profissionais que transitavam pelos jornais e emissoras de rádio e televisão em que Amaral trabalhara. Ou da rede de sociabilidades construída no campo político. Ou de outra forma de negociação que ainda não pôde ser verificada.

A ideia do programa *Amaral Netto, o Repórter* era "explorar territórios, paisagens, costumes e tradições brasileiras desconhecidos pelo grande público".[4] À frente de uma equipe de experientes profissionais, o próprio jornalista apresentava e fazia as reportagens. Exibido inicialmente aos domingos à noite e reexibido aos sábados pela manhã, o programa chegou a ocupar o horário *nobre* da segunda-feira à noite, a partir de 1974, voltando para os domingos a partir de 1978. Marcado por forte tom de aventura, por imagens impactantes e pela exaltação patriótica e ufanista dos temas abordados, o espírito desbravador das reportagens era considerado importante por Amaral "para competir com os seriados norte-americanos e conquistar o público".[5] O programa transmitia em preto e branco as imagens de uma natureza desconhecida, e mesmo de um Brasil desconhecido em muitos aspectos. Numa época em que a grande maioria dos programas de televisão era feita em estúdios, ele inovou trazendo assuntos como a pesca à baleia no litoral nordeste, as cataratas de Foz do Iguaçu, a pororoca, tribos indígenas, festas populares, as atividades dos pelotões de fronteira na selva amazônica, entre outros. A exuberante natureza e os costumes do Norte, do Nordeste e do Centro-Oeste eram exibidos, pela primeira

---

[2] Roberto Pisani Marinho (1904-2003), jornalista e empresário brasileiro, foi presidente das Organizações Globo, conglomerado de jornais, rádios, televisão, entre outros empreendimentos.
[3] Decreto do Executivo nº 42.940, de 30/12/1957, em nome da Rádio Globo, revogado pelo Decreto do Executivo nº 55.782, de 19/2/1965, que transfere a concessão para a TV Globo Ltda. Ver Legislação-Governo Federal. Disponível em: <www4.planalto.gov.br/legislacao>. Acesso em: abr. 2014.
[4] Memória Globo. Disponível em: <http://memoriaglobo.globo.com/Memoriaglobo/0,27723, GYN0-5273-237449,00.html>. Acesso em: 8 jan. 2010.
[5] Ibid.

vez, em imagens em movimento na televisão para o público da região Sudeste. Esta região passava a ser conhecida, do mesmo modo, por aquelas pelas reportagens enviadas às distantes repetidoras da TV Globo.

Amaral Netto aproveitava as reportagens para divulgar o empenho do governo e de empresas brasileiras no desenvolvimento e modernização do país. Tudo isso afinado com o projeto de integração nacional, num processo levado a cabo pelo regime autoritário e que beneficiou a emissora. É preciso que se diga, no entanto, que a integração nacional não foi uma ideia gestada no governo militar, tampouco inventada pela TV Globo. A ideia de uma rede integrando o país pela comunicação por meio da televisão já amadurecia no Brasil desde os anos 1950,[6] mas só se concretizaria efetivamente com a Embratel em 1969.[7]

Muito bem-sucedido, como mostram as medições do Instituto Brasileiro de Opinião e Estatística (Fundo Ibope), o programa era elogiado pela crítica da época. O jornalista Artur da Távola o recomendava assim: "Em termos jornalísticos uma das mais importantes afirmações do que poderia ser a televisão brasileira, se feita por gente inteligente".[8] Ou, ainda, "são altamente recomendáveis. É o Brasil se conhecendo".[9] E mais, "programa inteligente, provando que em televisão a força não está nos estúdios, está lá fora, na vida. Hoje apresentam reprises e amanhã às dez da noite não o percam".[10]

Amaral Netto, o Repórter nasceu numa conjuntura atravessada pelo surgimento de novos recursos tecnológicos de comunicação, num veículo que, assim como o cinema, é um dos fenômenos que revelaram enorme potencial de sedução e fascínio. Ampliado a partir das crescentes inovações no setor e ao ritmo profissional adotado, isso se consolidou numa hegemonia da TV Globo nos anos 1970.[11]

---

[6] Nos anos 1950, a TV Rio tinha um jornal transmitido entre Rio de Janeiro e São Paulo. Em 1960, com JK, a inauguração de Brasília foi transmitida por 1.200 km. Em 1962, a TV Gaúcha interligou estações, formando uma rede de televisão, a futura RBS-TV. No governo Goulart (1962), foi instituído o Código Brasileiro de Telecomunicações e criado o Contel, que autorizava o governo federal a constituir a futura Embratel.

[7] A ideia da integração vem sendo perseguida desde a colonização, com diferentes sentidos. No século XX, a intenção de *preencher os vazios* e de *integrar* o território nacional perpassou governos de diferentes matizes/tendências. Em nossos dias, chegou no formato do atual Ministério da Integração Nacional, instituído em 1999 pelo governo de Fernando Henrique Cardoso. Esse ministério foi mantido com algumas modificações também pelo governo de Luiz Inácio Lula da Silva e pelo governo atual, de Dilma Rousseff.

[8] *Última Hora*, 12 jul. 1969.

[9] *Última Hora*, 19 jul. 1969 e 26 jul. 1969.

[10] *Última Hora*, 2 ago. 1969.

[11] Vale ressaltar que, quando a Globo surgiu, em 1965, o grupo dos *Diários Associados* de Assis Chateaubriand tinha estações em 16 cidades. Em 1967, João Jorge Saad conseguiu colocar no ar a TV Bandeirantes, cuja concessão recebera de JK (Decreto nº 45.047, de 12/12/1958). Em

Cabe lembrar aqui que, na construção do mito de nascimento e consolidação da TV Globo, que como cabe ao tempo mítico é um tempo de adversidades, de superação e de conquistas, como lembra Le Goff (2003), dois heróis se firmaram como consensuais na memorialística: Walter Clark e José Bonifácio de Oliveira Sobrinho, o Boni, antigos altos executivos da emissora, que referem fartamente ao componente heroico e ao pioneirismo, assim como o fazem outros autores. Além da precariedade e da improvisação a serem superadas heroicamente, houve o esforço de inúmeros personagens coadjuvantes nessa saga que merecem/recebem o reconhecimento desses dois heróis, aos quais se atribui a implantação do *padrão globo de qualidade*. Ambos são bastante generosos ao reconhecer as contribuições de atores, atrizes, comediantes, redatores, jornalistas, diretores e outros profissionais necessários ao funcionamento do canal.

Amaral Netto, no entanto, não encontra lugar na grandiosidade desse passado mítico legitimado por Boni e Clark. Ele traz, segundo essas versões, o desconfortável atributo de *ter sido imposto* à TV Globo pelos militares. O programa seria, então, um produto estranho, trazido pronto. Clark, ainda em 1991, achou necessário "se penitenciar" por ter sido o responsável por levar Amaral Netto para a TV Globo (Clark e Priolli, 1991:260), afirmando que a Globo "teve de ceder", "dando a eles os programas do Amaral Neto [...], feitos exclusivamente para puxar o saco" (Clark e Priolli, 1991:228 e 253). Antes disso, repetia em entrevistas, como na que concedeu a Santuza Naves Ribeiro e Isaura Botelho, em 1979, que o programa fora colocado na linha de produção da Globo por pressões da extrema direita (Ribeiro e Botelho, 1979-1980:93-102). Oliveira Sobrinho sequer o menciona no *Livro do Boni* (2011), nem em *50 anos de TV no Brasil* (2000), mas corrobora a tese da imposição em depoimento. Além desses dois autores, toda uma vasta bibliografia produzida sobre televisão credita, ampara e reforça a ideia de que o sucesso da TV Globo se deve à atuação da dupla Clark e Boni, a partir dos anos 1965-1967 e 1970, respectivamente, à frente da emissora.[12] É esse reconhecimento que dá credibilidade ao discurso que sustenta a memória sobre o período e o passado da emissora.

É bem verdade que no site Memória Globo, a memória oficial da emissora, *Amaral Netto, o Repórter* é elencado como um dos seus na área do jornalismo, pioneiro em muitos aspectos, merecedor de diversos destaques, embora marcado por uma

---

1970 a TV Excelsior teve a concessão cassada por problemas com a ditadura. Em 1977, a TV Continental decretou falência. Em 1980, a TV Tupi também fechou por problemas financeiros. Em 1981, o governo deu a concessão do SBT a Silvio Santos e da TV Manchete a Adolpho Bloch, ambos empresários.

[12] Ver, por exemplo: Bial (2004), Ferreira (1998), Rixa (2000), Silva Jr. (2001), Simões (1986) e Wallach (2011).

"exaltação ufanista dos temas abordados, afinado com o ideal de *Brasil grande*".[13] A memória oficial não se detém nas minúcias e sutilezas relacionadas com uma produção independente ou com a colocação e a manutenção do programa no ar. Importa ali a qualidade de um produto pioneiro e a descrição sucinta de seu conteúdo. O site registra, por exemplo, que esse foi "o primeiro programa fixo da TV Globo exibido em cores, em 1972".[14] Nessa memória catalogada alfabeticamente, o lugar do programa é assegurado por sua própria natureza de programa jornalístico, por sua antiguidade e pela efetiva exibição na emissora. Para todos os efeitos, trata-se ali de um produto genuinamente "global".

Não se pode ignorar que o poder que a TV Globo (ainda hoje) representa começou e se consolidou justamente no período da ditadura, em consonância com a política de integração nacional idealizada pelo regime autoritário. Nem se pode ignorar o papel da emissora como uma instituição de poder. De poder político. Antes do golpe civil-militar, Roberto Marinho já era recebido por presidentes. Foi amigo, ou foi próximo, ou aconselhou, ou apoiou quase todos os presidentes que estiveram no poder, desde Castelo Branco, por quem tinha "uma admiração definitiva" (Bial, 2004). Na transição para a democracia, após a ditadura, foi próximo a Tancredo Neves e a José Sarney. Depois a Fernando Collor, Itamar Franco e FHC.

Como já vêm demonstrando historiadores contemporâneos como Daniel Aarão Reis Filho e Denise Rollemberg, entre outros, no processo de construção de uma memória coletiva após o término da ditadura brasileira, complexidades foram simplificadas pelo senso comum a partir de conciliações e esquecimentos. A construção recorrente de memória coletiva em relação ao período acabou dando conta de que o governo autoritário "foi imposto", o que vem sendo desconstruído com estudos recentes que demonstram como se deu a construção social desse regime (por exemplo: Rollemberg e Quadrat, 2010). O caso da TV Globo é um bom exemplo de como uma construção de memória institucional pode simplificar sua atuação no contexto da recente ditadura. Para mostrar como a Globo e Roberto Marinho "não foram subservientes ao regime" (Oliveira Sobrinho, 2011), a relação da televisão com a censura é a primeira a ser invocada como prova. Em seguida, fatalmente, vem a justificativa de que foi na Globo que se abrigaram comunistas como Ferreira Gullar, Dias Gomes, Gianfrancesco Guarnieri, Oduvaldo Vianna Filho, Mario Lago, Francisco Milani, entre outros.

A relação da TV Globo com os comunistas que Roberto Marinho supostamente chamava de *seus* (por exemplo: Oliveira Sobrinho, 2011:443-451, e Bial,

---

[13] Memória Globo. Disponível em: <http://memoriaglobo.globo.com/Memoriaglobo/0,27723, GYN0-5273-237449,00.html>. Acesso em: dez. 2012.

[14] Ibid.

2004:23), como reza o discurso do passado mítico, já vem sendo relativizada em estudos históricos sobre a relação de intelectuais de esquerda com a televisão. O de Denise Rollemberg (2009:377-397) sobre o trabalho de Dias Gomes e o de Giordano Bruno Santos (2011) sobre o de Oduvaldo Vianna Filho, por exemplo, mostram que a Globo não simplesmente apoiava o regime, mas sim, por suas ideias e práticas, o integrava. E que, absorvidos por esse mercado que a TV representava, esses intelectuais parecem ter vivido um conflito interior que Rollemberg percebe ser muito mais em função do binômio arte/mercado do que arte/política. Ou, no caso, arte/ditadura. Ademais, a ideia de uma *resistência democrática* já havia sido abraçada pelo PCB, e foi na TV Globo que os artistas intelectuais desempregados (muitas vezes cassados pelo regime) encontraram espaço, e salários, para oferecer reflexões que "não subestimavam a inteligência do espectador" (Rollemberg, 2009:391). Ao absorver talentosos intelectuais comunistas, ao mesmo tempo que impunha uma postura de relativa independência (empresarial? ideológica?), e até de poder, a Globo resolvia um de seus principais problemas, que era contar com autores mais antenados com a renovação de uma linguagem televisiva (e novelística) que já soava antiga e ultrapassada. Na competição com outras emissoras, principalmente com a Tupi, a TV Globo percebeu que tinha de reagir com produtos que se caracterizassem por uma linguagem voltada "para o registro de aspectos da realidade nacional" (Kornis, 2007a) e que atingissem um público telespectador crescente. Era a essa demanda que esses profissionais atendiam.

Em relação à censura, cabe ressaltar que, embora censurada como todos os outros meios de comunicação, a Globo encampou, exaltou e defendeu o regime em vários momentos. O argumento da censura se torna, então, uma forma de defesa para se explicar perante a sociedade brasileira após o fim da ditadura. É provável que só a ampliação de pesquisas sobre a censura no período permita balizar como funcionaram os limites impostos pelo regime e os da autocensura da Globo.

Com a Abertura, e com o processo de redemocratização, a Globo passou a incorporar em sua construção de memória uma insinuação de resistência. Insinuação, enfatizo, já que o termo não é usado explicitamente. Não é por acaso que o discurso da Globo para explicar sua atuação durante a ditadura se apoia em dois pés: na tentativa de contornar/driblar a censura oficial do regime e no acolhimento profissional de intelectuais de esquerda. Ambos, de fato, aconteceram, e a emissora os incorporou a seu passado mítico. E aí reside um grande desafio para nossa compreensão histórica, porque a emissora que integrava o regime autoritário, cujo proprietário dialogava com generais presidentes, também enfrentava e administrava as dificuldades e restrições impostas pela censura, além de contar em seus quadros com pessoas não simpáticas ao regime, funcionários presos/perseguidos, alguns dos quais chegaram a precisar de proteção.[15] Portanto, a seu modo, a empresa *resistia*.

Resistia? Desde já, lembremos que, no vocabulário das forças que atuam em situações de confronto e/ou repressão, o termo *resistir* se coloca em oposição a *colaborar*. Para compreender as especificidades da *colaboração* e da *resistência*, durante a recente ditadura brasileira, e especificamente no caso da Globo e de seus funcionários (mais ou menos graduados na hierarquia da empresa), haveria de se recorrer a uma conceituação cujos critérios ainda não se consolidaram na historiografia brasileira. No caso de *colaborar*, é necessário explicar que o termo podia, no caso da ditadura brasileira, alcançar uma gama de comportamentos que, no campo das produções culturais, poderia incluir livros, letras de música, filmes, novelas, entre outras manifestações que não incomodassem ou ultrapassassem os limites estabelecidos, ou que estivessem em conformidade aos parâmetros delimitados pelo Departamento de Censura e Diversões Públicas (DCDP). Todavia, há uma distância entre os que podem ser considerados benquistos pela ditadura e os *colaboradores*. Alguns dos primeiros, inclusive, podem ter sido apropriados pelo regime por conta de sua popularidade, sem ao menos terem se dado conta, ou ao trabalho de contradizer (por quaisquer motivos) essa apropriação; as nuanças entre essas duas pontas abrangem toda sorte de possibilidades, às quais o historiador deve ter atenção para não incorrer no erro de participar da caça às bruxas que o termo *colaborador* costuma incitar. Mas, se isso vale para *colaborar*, por que não para *resistir*? Afinal, o que é *resistir* no contexto da ditadura brasileira?

Denise Rollemberg vem trabalhando no sentido de discutir critérios que possibilitem a formação de um conceito de *resistência*, levando em conta que a naturalização de seu uso exclui toda uma gama de complexidades existentes entre os polos criados de *resistentes* e *colaboradores* quando se pensa a ditadura brasileira.[16] Dado

---

[15] Há relatos de interferência da direção da TV Globo na defesa de jornalistas presos/torturados, assim como de atores como Carlos Vereza e Bete Mendes, por exemplo. Alice Maria, chefe do jornalismo, chamada a depor no Dops, foi acompanhada pelo próprio Roberto Marinho e advogado (Memória Globo).

[16] Rollemberg (2015) parte dos estudos da historiografia francesa, cujo amadurecimento na discussão sobre o conceito de *resistência* já produziu o *Dictionnaire historique de la Résistance*, organizado por François Marcot. Jacques Semelin (1994), seguindo a discussão iniciada por François Bédarida sobre a mitificação da *Resistência* francesa, faz uma clara distinção entre as noções de *defesa*, *dissidência*, *desobediência civil* e *resistência*. Para ele, *resistência* implica uma ação voluntária, consciente, civil, com risco pessoal, improvisada (no sentido de ter de se organizar diante da situação que se apresenta). O fenômeno seria uma espécie de fase avançada de manifestações multiplicadas de oposição social, já que a *resistência* demandaria necessariamente uma ação coletiva em direção à dignidade humana e à democracia. Marcot (2006) também distingue o conceito de *resistência* das variadas "estratégias de sobrevivência" no comportamento dos franceses sob a ocupação alemã, considerando a diferença entre os conceitos de *oposição* e

que a realidade da *resistência* é uma realidade em movimento, aplicá-la de forma naturalizada ao período histórico de 21 anos, do golpe à saída do último general presidente, é, no mínimo, temerário.

O conceito da ambivalência, a possibilidade levantada por Pierre Laborie (2010:31-44) de um "pensar-duplo" presente nos agentes históricos, pode nos ajudar a compreender algumas das práticas da TV Globo em relação ao regime autoritário, ressalvando todas as especificidades envolvidas, também como uma estratégia "de sobrevivência, de contornamentos". Menos no sentido de uma ideologia, mas muito mais no sentido de defender o negócio que a emissora, afinal, representa(va). Esse conceito é importante para a compreensão dos comportamentos e ações que acontecem na "zona cinzenta",[17] o espaço entre *colaboração* e *resistência*, no qual Laborie (2009:79-97) considera que grande parte das sociedades atua. Vale lembrar que os comportamentos que operam na "zona cinzenta" podem ocorrer tanto nos regimes democráticos quanto nos autoritários, e em relação a diferentes assuntos, como mostram estudos sobre opinião. Essas contradições e ambivalências da "zona cinzenta" tornam instigante o trabalho historiográfico, embora, como nos lembra Rollemberg (no prelo), haja um desequilíbrio na produção de pesquisas brasileiras sobre o tema *resistência*, sobretudo em relação ao "que foi *a nossa zona cinzenta*, as posições e comportamentos *ambivalentes* na maior parte da sociedade entre os extremos resistência e colaboração".

Denise Rollemberg e Daniel Aarão Reis vêm revisitando o conceito da *resistência* na historiografia brasileira. Ele já mostrou como, no auge da crise política que resultou no golpe civil-militar que depôs João Goulart da presidência, "as esquerdas não ofereceram resistência, quedando-se aparvalhadas, desmoralizadas" (Aarão Reis, 2000). Ela já mostrou como a OAB (Ordem dos Advogados do Brasil) e a ABI (Associação Brasileira de Imprensa), entidades que construíram toda uma memória de resistência e luta contra as arbitrariedades do regime, atuaram de forma condescendente (a OAB) e ambivalente (a ABI) na relação com a ditadura — pelo menos até 1974 —, quando o regime iniciou o projeto da Abertura (Rollemberg, 2008:57-80, 2010:97-144). Nesse sentido, trata-se então, muito mais, de tentar compreender

---

resistência. O primeiro, comportamentos contra o ocupante, dentro de uma margem de manobra legalmente possível; o segundo, práticas de transgressão contra o ocupante do país, em nome da luta pela democracia. As estratégias de sobrevivência englobariam, para Marcot, um leque que vai da *colaboração*, ou *adaptation contrainte*, passando pelas *desobediências afetivas e espirituais*, *insubmissões de espírito e vontade*, até os comportamentos de *resignação*, *indiferença*, e mesmo de *oportunismo*.

[17] A ideia da *zona cinzenta* foi originalmente empregada por Primo Levi para explicar as contradições nos comportamentos de pessoas submetidas a situações-limite, como os campos de concentração. Pierre Laborie se apropria do termo e desenvolve o conceito para explicar as ambivalências humanas sob regimes autoritários, como a França de Vichy.

como as sociedades constroem seus regimes autoritários, como já mostrou a coleção organizada por Rollemberg e Samantha Viz Quadrat, uma reunião de trabalhos que dá conta da sustentação social ao regime autoritário brasileiro, não como uma exceção, mas como um fenômeno observado em outros tempos e espaços. As autoras lembram que são "os valores e as referências, as culturas políticas que marcam as escolhas, sinalizando relações de identidade e consentimento, criando consensos, ainda que com o autoritarismo".[18]

É interessante perceber que a ideia de que a Globo possa também ter funcionado como *lugar de resistência* encontra respaldo numa historiografia que percebe os liberais (e Roberto Marinho definitivamente era um deles) como resistentes ao regime, já que davam voz aos agentes de produção cultural identificados com as esquerdas. Nesse caso, como afirma Marcos Napolitano, de uma esquerda representada pelos comunistas e disposta a negociar "até certo ponto o próprio conteúdo de suas ideias, materializadas em peças de teatro, filmes, canções e novelas". De acordo com Napolitano (2011), "abertos à negociação com o regime, as vozes políticas liberais foram fundamentais como interlocutores entre a oposição de esquerda e o Estado, sobretudo ao longo do processo de 'abertura' política, após 1974".

Por outro lado, como explica Itania Maria Mota Gomes, analisando o principal produto jornalístico da empresa e em torno do qual foi montada a grade de programação do horário nobre, o *Jornal Nacional*, cuja viabilidade dependia do investimento governamental na tecnologia de micro-ondas oferecida pela Embratel,

a Globo manteve o hábito de oferecer tratamento bastante generoso às autoridades governamentais ao mesmo tempo em que não abre mão de sua independência econômica, aquela que lhe garante poderio tecnológico, qualidade de seus produtos e, consequentemente, altos índices de audiência [Gomes, 2010:5-14].

Ou seja, o "duplo agir", ou, como prefere Laborie, o "pensar-duplo", parece ser uma característica do comportamento da Globo no período. Ainda em 1972, para compreender o alcance das ambiguidades com que atuavam esses agentes, vemos Clark (a essa altura o principal executivo da rede e que falava em nome da empresa) numa palestra no Ministério do Exército elogiando o programa *Amaral Netto, o Repórter*, que era produzido "em cores por equipes especializadas para mostrar ao público a realidade brasileira" (Kehl, 1986:250). O próprio Clark vai perceber como "paradoxos da política brasileira" o fato de que a Globo "conseguia reunir no

---

[18] Rollemberg e Quadrat (2010, apresentação). Sobre a sustentação social ao regime autoritário brasileiro entre 1964 e 1985, ver também: Aarão Reis, Ridenti e Motta (2014), Cordeiro (2012), Ferreira (2011), Magalhães (2013), Motta (2014) e Presot (2004).

mesmo barco um Dias Gomes e um Amaral Neto" e não parar de crescer nos anos 1970 (Clark e Priolli, 1991:265). Já Antônio Delfim Netto, que integrou o regime e conheceu bem Amaral Netto, considera um exagero o discurso da *imposição* do programa. Ele afirma categoricamente em seu depoimento: "Que imposto coisa nenhuma. O programa passava porque eles aderiram". E complementa: "Alguém iria impor alguma coisa ao Roberto Marinho?".

O programa de Amaral Netto surge no final dos anos 1960. Com o país pronto para a colheita dos dividendos do *milagre econômico* na década de 1970, os anos do binarismo *ouro/chumbo*, como dar conta das nuanças do cotidiano na (e da) TV Globo? Como compreender, agora a distância, todas as possibilidades daqueles comportamentos? Como sói acontecer nos processos de construção de memória, a formação, a reorganização, os rearranjos e enquadramentos de memória fazem parte do processo de construção de uma memória coletiva e mesmo da memória nacional, como já explicou Michael Pollak (1989). Quando se trata do processo da construção da memória de si mesma, ou da memória construída por seus principais arautos, a TV Globo não encontrou lugar para as complexidades de um comportamento, no mínimo, ambivalente, em que se reconheça como um dos apoiadores do regime. Não há zonas cinzentas. Essa construção de memória que se ampara no enfrentamento à censura e no acolhimento dos intelectuais de esquerda deixa de fora, convenientemente, os benefícios colhidos pela emissora a partir de seu alinhamento com o regime. O próprio Marinho qualificou essa conjuntura de uma "coincidência de ter sido planejada e inaugurada no período 64" (Roberto Marinho apud Kehl, 1986). Reduz-se a complexidade do encontro de formas e vontades que houve entre o estilo empresarial de Marinho e o estilo de governar dos generais presidentes militares a uma simples coincidência.

Atuando no processo de construção de memória de si mesma e do Brasil, não é por acaso que a emissora produz, em 1992, a série *Anos rebeldes* e que retoma, em 2003, no programa *Linha direta*, crimes políticos de nossa história recente. Como mostra Monica Kornis, na primeira, ambientada no período da ditadura, a vida política do país assume papel preponderante num momento em que se vivia a crise do governo Collor; no segundo, a Globo retoma a morte de Zuzu Angel e de Vladimir Herzog, revelando, na construção narrativa que inclui a fala do então ministro da Defesa do governo Lula, a força da ligação entre o tema abordado e aquela nova conjuntura política (Kornis, 2007a; ver também: Kornis, 2011). Kornis não trabalha com o conceito de *resistência* e tampouco propõe que a TV Globo estivesse incorporando esse discurso em sua temática. Mas a autora aponta para como a emissora formula um discurso sobre a nação, o que a transforma em agente de construção de uma identidade nacional, e que pode ser analisado nas minisséries produzidas pela emissora

(Kornis, 2001). O trabalho de Kornis sobre as minisséries da Globo voltadas para a recente história do país,[19] incluindo *Anos dourados*, sobre o período JK, demonstra que a história é mais do que mera ambientação na narrativa que se constrói ali sobre o Brasil. Porque a emissora não só contextualiza a ação, mas também

> organiza as situações, os próprios personagens, ao colocá-los identificados com comportamentos, valores e posições políticas no interior de uma estrutura narrativa codificada nos moldes do melodrama, além de corresponder ao momento da própria produção ficcional [Kornis, 2007b].

Vale ressaltar que *Anos rebeldes* foi estrelada por artistas de grande identificação popular à época e acabou por ter grande ressonância junto à população jovem que se mobilizou em passeatas de *caras-pintadas* a favor do *impeachment* do então presidente Collor, em setembro de 1992, apenas um mês após o fim da série. Os manifestantes cantavam canções e repetiam os *slogans* da época veiculados nela. Os personagens mais velhos na trama tinham sido representados por atores atuantes politicamente nos anos 1960-1970, como Bete Mendes (VAR-Palmares), Gianfrancesco Guarnieri e Francisco Milani (PCB), e/ou consagrados em filmes do Cinema Novo, como Geraldo del Rey. A essa altura, a própria TV Globo vinculava a ideia de as manifestações estarem ligadas à série *Anos rebeldes* num anúncio institucional pró-*impeachment* veiculado aos domingos.[20] E, como percebe Roberto Abdala Jr. (2012:94-111), a minissérie, "forjada no bojo das disputas pelas memórias da ditadura, dialogava com a cultura histórica dos brasileiros relativa ao período da ditadura, mais precisamente com obras memorialísticas e/ou históricas que circulavam na sociedade ao longo dos anos 1980". Retomava-se ali, de forma simbólica, pela ficção, uma oposição/resistência ao regime autoritário, mas que se canalizava, "na vida real", contra um novo inimigo, o presidente acusado de desvios financeiros, a quem cabia opor-se (que se confunde com *resistir) democraticamente*. Tudo pela tela da TV Globo.

A presença inquestionável de Amaral Netto no passado da TV Globo, e do que ele representa(va), é um complicador nessa construção de memória. Como explicá-lo durante quase 16 anos na grade de programação de uma televisão altamente comercial? Encampando abertamente a imagem do *Brasil grande*, do *país que vai pra frente*, que remetia à propaganda oficial do governo (o que, aliás, também fazia grande parte da publicidade à época), as reportagens de Amaral focalizavam em-

---

[19] Segundo Kornis, é a partir de 1986, com *Anos dourados*, que a política começa a aparecer claramente num grande conjunto de minisséries, ainda que a intensidade no tratamento da questão seja diferenciada.

[20] "Globo vincula manifestações a *Anos rebeldes* em anúncio" (*Folha de S.Paulo*, p. 12, 29 set. 1992).

preendimentos desenvolvimentistas públicos ou privados. Em sua parcialidade, expunham sua franca identificação com os valores representados pelo regime, tendo como denominador comum a otimista apresentação das soluções encontradas pela sociedade e pelo governo no sentido da modernização e da construção de um *novo Brasil*. Um *Brasil grande*, feito por brasileiros para brasileiros, como Amaral gostava de enfatizar. E isso nos leva ao importante aspecto do comportamento dos telespectadores. O expressivo público ao qual o programa, em tese, não era imposto, já que havia outras opções em outros canais, além do botão liga/desliga. Os dados do Ibope (Fundo Ibope), em diferentes anos, estados, dias e horários de exibição, mostram a significativa preferência pela TV Globo na faixa de horário do programa de Amaral Netto. Isso é um dado que não pode ser ignorado. E leva à conjetura possível de que o programa se sustentava também no ar por força de uma parcela da sociedade que se identificava, em alguma medida, ou com a estética do produto, ou com o teor das mensagens, ou com ambos.

Como equacionar na construção de memória sobre o período uma *resistência* que, por naturalizada, nos remete a concepções mitificadas? Naturalizado, o fenômeno histórico francês passou a servir para outras realidades no tempo e no espaço (Rollemberg, no prelo). Naturalizado, o fenômeno também foi apropriado pela construção de memória que dá conta da ditadura brasileira. Naturalizado, o fenômeno tem sido apropriado, no Brasil, em campos tão opostos quanto a luta armada e a cultura. E tem sido apropriado como um fenômeno daquele viver cotidiano.

No caso do programa *Amaral Netto, o Repórter* e seu tão longo período de exibição na TV Globo, é muito difícil não reconhecer aí um comportamento de adesão ao regime autoritário. O do jornalista Amaral Netto é cristalino e explícito. Já o da TV Globo, em relação ao programa, passou para a memória construída pelos principais executivos como *vítima da imposição do regime*. Uma *imposição* que só pode ser medida pela memória. À história cabe a relativização que mostra como as intenções de Amaral Netto em mostrar o Brasil aos brasileiros, enquanto defendia a política do regime, coincidiam tanto com os interesses da emissora em promover uma integração nacional pela televisão quanto com os do governo autoritário nessa unificação. E coincidiam com uma ideia de integração aceita socialmente na longa duração. E esses interesses coincidiam com os de uma sociedade brasileira disposta a conhecer, naquele momento, pela televisão, o país que a TV Globo mostrava, da forma como o apresentava.

Para além disso, talvez seja menos importante saber se a Globo foi ou não um *lugar de resistência* numa construção de memória apoiada na negociação com a censura, no acolhimento de profissionais de esquerda e na exibição de programa "*chapa-branca* concebido para aquietar os militares" (Bial, 2004:277). A complexidade desse comportamento parece corresponder muito mais às *estratégias de sobrevivên-*

cia, de *oportunismo* mesmo, na concepção de Marcot (2006). Mas é importante tentar compreender por que também a Globo tenta construir um discurso da *resistência possível*. Porque é dessa forma que determinados comportamentos e/ou manifestações culturais (como programas de TV), de pouca ou grande ressonância à época, acabam entrando na memória coletiva, simplificadamente, como *colaboracionistas* ou como *resistentes*. Ou são convenientemente esquecidos, e somem.

Referências

AARÃO REIS, D. Ditadura militar no Brasil: uma incômoda memória. In: *Ditadura militar, esquerdas e sociedade no Brasil*. Rio de Janeiro: Zahar, 2000.

_____; RIDENTI, M.; MOTTA, R. P. S. (Org.). *A ditadura que mudou o Brasil*. Rio de Janeiro: Zahar, 2014.

ABDALA JR., R. Brasil anos 1990: teleficção e ditadura — entre memórias e história. *Topoi*, v. 13, n. 25, p. 94-111, jul./dez. 2012.

CORDEIRO, J. M. *Direitas em movimento*: a Campanha da Mulher pela democracia e a ditadura no Brasil. Rio de Janeiro: FGV, 2009.

_____. *Lembrar o passado, festejar o presente*: as comemorações do sesquicentenário da Independência entre consenso e consentimento (1972). Tese (doutorado em história), UFF, 2012.

FERREIRA, G. A. A. *Cowboys do asfalto*: música sertaneja e modernização brasileira. Tese (doutorado em história), UFF, 2011.

GOMES, I. M. M. O Jornal Nacional e as estratégias de sobrevivência econômica e política da Globo no contexto da ditadura militar. *Revista Famecos*: dossiê ditadura, Porto Alegre, v. 17, n. 2, maio/ago. 2010, p. 5-14.

KORNIS, M. A. Uma memória da história nacional recente: as minisséries da Rede Globo. In: XXIV CONGRESSO BRAS. COMUNICAÇÃO. *Anais...* Campo Grande: Intercom-Soc. Bras. Est. Interdisciplinares Comunicação, set. 2001.

_____. Ficção televisiva e identidade nacional: o caso da Rede Globo. In: CAPELATTI, M. H.; MORETTIN, E.; NAPOLITANO, M.; SALIBA, E. T. *História e cinema*. São Paulo: USP/Alameda, 2007a.

_____. Televisão, história e sociedade: trajetórias de pesquisa. In: I ENCONTRO NACIONAL OBITEL: a pesquisa da ficção televisiva no brasil. Organização do Núcleo Pesq. Telenovela ECA-USP/Programa Globo Universidade. *Anais...* São Paulo, 2007b.

_____. Linha direta justiça e a reconstrução do regime militar brasileiro, ou quando o "fazer justiça" cria uma memória da história. In: BORGES, G.; PUCCI JR., R. L.; SELIGMAN, F. (Org.). *Televisão*: formas audiovisuais de ficção e de documentário. Faro: Ciac/Univ. Algarve; São Paulo: Socine, 2011.

LABORIE, P. 1940-1944. Memória e opinião. In: AZEVEDO, C.; ROLLEMBERG, D.; KNAUSS, P.; BICALHO, M. F. B.; QUADRAT, S. V. *Cultura política, memória e historiografia*. Rio de Janeiro: FGV, 2009. p. 79-97.

_____. Os franceses do pensar-duplo. In: ROLLEMBERG, D.; QUADRAT, S. V. (Org.). *A construção social dos regimes autoritários. Europa.* Rio de Janeiro: Civilização Brasileira, 2010. p. 31-44.

LE GOFF, J. *História e memória.* Campinas: Unicamp, 2003.

MAGALHÃES, L. G. *Com a taça nas mãos*: sociedade, Copa do Mundo e ditadura no Brasil e na Argentina. Tese (doutorado em história), UFF, 2013.

MARCOT, F. Résistence et autres comportements des français sous l'Occupation. In: MARCOT, F.; MUSIEDLAK, D. *Les résistences miroirs des régimes d'oppression*: Allemagne, France, Italie. Paris: Presses Universitaires Franche-Comté, 2006.

MOTTA, R. P. S. *As universidades e o regime militar*: cultura política brasileira e modernização autoritária. Rio de Janeiro: Zahar, 2014.

NAPOLITANO, M. *Coração civil*: arte, resistência e lutas culturais durante o regime militar brasileiro (1964-1980). Tese (livre-docência), USP, 2011.

POLLAK, M. Memória, esquecimento e silêncio. *Estudos Históricos*, Rio de Janeiro, v. 2, n. 3, 1989.

PRESOT, A. A. *As marchas da família, com Deus, pela liberdade e o golpe de 1964.* Dissertação (mestrado em história), UFRJ, 2004.

ROLLEMBERG, D. Memória, opinião e cultura política: a Ordem dos Advogados do Brasil sob a ditadura: 1964-74. In: AARÃO REIS, D.; ROLLAND, D. *Modernidades alternativas.* Rio de Janeiro: FGV, 2008. p. 57-80.

_____. Ditadura, intelectuais e sociedade: o *Bem-Amado* de Dias Gomes. In: AZEVEDO, C.; ROLLEMBERG, D.; KNAUSS, P.; BICALHO, M. F. B.; QUADRAT, S. V. *Cultura política, memória e historiografia.* Rio de Janeiro: FGV, 2009. p. 377-397.

_____. As trincheiras da memória: a Associação Brasileira de Imprensa e a ditadura (1964-1974). In: ROLLEMBERG, D.; QUADRAT, S. V. *A construção social dos regimes autoritários.* Rio de Janeiro: Civilização Brasileira, 2010. p. 97-144.

_____. Definir o conceito de Resistência: dilemas, reflexões, possibilidades. In: QUADRAT, S. V.; ROLLEMBERG, D. (Org.). *História e memória das ditaduras do século XX.* Rio de Janeiro: FGV, 2015. v. 1, p. 77-95.

_____; QUADRAT, S. V. (Org.). *A construção social dos regimes autoritários.* Rio de Janeiro: Civilização Brasileira, 2010.

SANTOS, G. B. R. dos. *Vianninha e a Grande Família*: intelectuais de esquerda no Brasil dos anos 1970. Dissertação (mestrado em história), UFF, 2011.

SEMELIN, J. Qu'est-ce que "résister"?. *Esprit*, Paris, n. 198, jan. 1994.

Fontes

Fundos

FUNDO Cinemateca do MAM. Acervo Plantel. Arquivo Nacional. Rio de Janeiro, RJ.

FUNDO Ibope. Arquivo Edgard Leuenroth. Unicamp, Campinas, SP.

Jornais

FOLHA DE S.PAULO, p. 12, 29 set. 1992.

ÚLTIMA HORA, Seções Hoje/Amanhã na TV, Artur da Távola, 12 jul. 1969, 19 jul. 1969, 26 jul. 1969, 2 ago. 1969, 9 ago. 1969.

Sites

LEGISLAÇÃO GOVERNO FEDERAL. Disponível em: <www4.planalto.gov.br/legislacao>.

MEMÓRIA GLOBO. Disponível em: <http://memoriaglobo.globo.com/>.

Depoimentos à autora

ANTÔNIO DELFIM NETTO, 26 fev. 2013.

JOSÉ BONIFÁCIO DE OLIVEIRA SOBRINHO, por e-mail, por intermédio de Carlos Alberto Vizeu, 21 nov. 2012.

Livros

BIAL, P. *Roberto Marinho*. Rio de Janeiro: Zahar, 2004.

CARVALHO, E.; KEHL, M. R.; RIBEIRO, S. N. *Anos 70*: 5-Televisão. Rio de Janeiro: Europa, 1979-1980. 7 v.

CLARK, W.; PRIOLLI, G. *O campeão de audiência*. Rio de Janeiro: BestSeller, 1991.

FERREIRA, P. C. *Pilares via satélite*: da Rádio Nacional à Rede Globo. Rio de Janeiro: Rocco, 1998.

KEHL, M. R. Eu vi um Brasil na TV. In: SIMÕES, I. F.; COSTA, A. H. da; KEHL, M. R. *Um país no ar*. Rio de Janeiro: Brasiliense, 1986.

OLIVEIRA SOBRINHO, J. B. *50 anos de TV no Brasil*. São Paulo: Globo, 2000.

_____. *O livro do Boni*. Rio de Janeiro: Casa da Palavra, 2011.

RIBEIRO, S. N.; BOTELHO, I. A televisão e a política de integração nacional. In: CARVALHO, E.; KEHL, M. R.; RIBEIRO, As. N. *Anos 70*: 5-Televisão. Rio de Janeiro: Europa, 1979-1980.

RIXA. *Almanaque da TV*: 50 anos de memória e informação. Rio de Janeiro: Objetiva, 2000.

SILVA JR., G. *Pais da TV*: a história da televisão brasileira contada por... São Paulo: Conrad, 2001.

SIMÕES, I. F.; COSTA, A. H. da; KEHL, M. R. *Um país no ar*. Rio de Janeiro: Brasiliense, 1986.

WALLACH, J. *Meu capítulo na TV Globo*. Rio de Janeiro: Topbooks, 2011.

O CONSELHO FEDERAL DE EDUCAÇÃO
E A FORMAÇÃO DE PROFESSORES
ENTRE OS ANOS 1960-1970:
a constituição de um projeto educacional
durante o regime militar*

Thiago Rodrigues Nascimento

"NOVA ESCOLA, NOVO MAGISTÉRIO." COM ESSA FRASE, O CONSELHEIRO VALNIR Chagas[1] (1976), um dos principais articuladores das reformas educacionais ocorridas pós-1964, defendia que eram imperativas mudanças na formação de professores. A citação é a primeira passagem da abertura do livro *Formação do magistério: novo sistema.*[2]

As décadas de 1960 e 1970 se caracterizaram por profundas alterações nas estruturas educacionais brasileiras, do ensino de 1º grau ao superior. Para o desafio de

---

* Pesquisa desenvolvida entre 2010 e 2012, sob orientação da professora doutora Helenice Aparecida Bastos Rocha e financiada pela Fundação de Amparo à Pesquisa do Estado do Rio de Janeiro (Faperj).

[1] Raimundo Valnir Cavalcante Chagas (1921-2006), nascido no Ceará, foi professor catedrático da Faculdade de Filosofia, Ciências e Letras da Universidade Federal do Ceará (UFC) e posteriormente docente na Faculdade de Educação da Universidade de Brasília (UnB), onde se aposentou no início dos anos 1990. Atuou no Conselho Federal de Educação (CFE) entre 1962 e 1976.

[2] Publicado em 1976, ano em que Valnir Chagas deixa o CFE, sintetiza suas principais propostas para a formação do professor no Brasil. Reúne um conjunto de pareceres, resoluções, indicações e projetos formulados por Chagas durante sua permanência no conselho.

um novo ensino, a primeira questão que se há de colocar é a da formação de professores, enfatizava o conselheiro. Essa preocupação não foi invenção de determinado contexto histórico. Tão antiga quanto a arte de ensinar é a necessidade daquele que dedique uma parcela de seu tempo a essas atividades. Nova é a ideia de que exista uma pessoa responsável exclusivamente para esse labor e de que o professor precisa de uma formação específica para exercer seu ofício. No Brasil, essa é uma perspectiva recente.[3] De fato, os primeiros cursos de formação de professores para o ensino secundário, ou atuais anos finais do ensino fundamental e ensino médio, foram criados a partir de 1930 no bojo de intensos debates educacionais. A renovação educacional passava, segundo o conselheiro, pela formação de professores. De acordo com essa concepção, para uma nova escola era necessário um novo magistério! Com esse objetivo, o Conselho Federal de Educação formulou e aplicou uma série de pareceres, indicações e resoluções sobre o professor e sua formação.

Apesar do significativo número de trabalhos que versam sobre as reformas educacionais implementadas a partir de 1964, só recentemente historiadores e educadores têm se dedicado ao estudo da formação de professores sob o regime militar. Durante esses anos foi elaborado pelo Conselho Federal de Educação (CFE)[4] um projeto de formação de professores e de ensino. Entre as alterações mais significativas impostas por essa reforma encontram-se a criação das licenciaturas curtas ou de 1º grau, por meio da *Indicação s/nº*, produzida pelo conselheiro Newton Sucupira em outubro de 1964, e o estabelecimento da doutrina do Núcleo Comum, que fixou o ensino de três grandes áreas de estudo no 1º grau: comunicação e expressão, ciências e estudos sociais. Esses dois atos afetaram diretamente o ensino de história, que se processava tanto nas universidades (os cursos de formação de professores) quanto nas escolas.

---

[3] Os primeiros cursos de formação de professores surgem, no Brasil, com a criação das Escolas Normais no século XIX. Entretanto, a formação do professor secundário, especialista em matérias como história ou matemática, só se processa a partir da década de 1930, com a criação de universidades. Nesse contexto, são fundadas, por exemplo, a Universidade de São Paulo (1934) e a Universidade do Distrito Federal (1935).

[4] O CFE foi criado pelo Decreto nº 51.404, de 5 de fevereiro de 1962. Martins (2000:21) define o CFE como "órgão público normatizador [cujas] decisões são tornadas públicas por meio de documentos relativos aos processos instaurados internamente. Tais processos são distribuídos para estudos e pareceres dos conselheiros, que posteriormente os apresentam para discussão da Câmara de Ensino a que estiver vinculado. Depois de aprovado na câmara, o parecer do relator é enviado para conhecimento dos outros conselheiros, na Plenária Executiva (Pleno). Somente após aprovação no Pleno é que os resultados podem ser divulgados". Ainda segundo a autora, no período entre os anos 1970-1980, o CFE dividia-se em duas câmaras setoriais: a Câmara de Ensino Superior (CESu) e a Câmara de Ensino de 1º e 2º graus. Para compreender a estruturação e a composição do CFE no período das reformas educacionais, ver o cap. 1 da tese de Martins (2000).

Ao longo de toda a década de 1970, inúmeras foram as reações contrárias a essa política educacional e às licenciaturas curtas, consideradas apenas e, durante muito tempo, como uma forma de desqualificação da formação de professores. A historiografia tende a argumentar que grande parte da legislação educacional produzida sob o regime militar se articula a um projeto político de descaracterização da educação e das ciências humanas, em especial da história. Entretanto, o projeto tinha concepção pedagógica, cujas principais características eram a defesa do professor polivalente e a crítica ao modelo "3+1", ou seja, três anos de formação específica ou de conteúdos somados a um ano de formação pedagógica ou licenciatura. Seu principal formulador foi o conselheiro Valnir Chagas. Este texto tem por objetivo analisar a concepção de formação de professores produzida pelo CFE, por meio de suas indicações, pareces e resoluções publicados a partir de outubro de 1964 e do contexto em que foi produzida, salientando seu caráter de projeto educacional. Priorizamos a análise dos fatores que levaram à criação das licenciaturas curtas.

Regime militar e educação

A historiadora Flávia Eloísa Caimi (2001:99) adverte que "nenhum período histórico recebeu tantas críticas no que se refere às políticas educacionais implementadas pela ação governamental quanto o chamado Regime Militar [1964-1985]". Imediatamente após o golpe, os novos dirigentes do país se organizaram para pensar as principais reformas que eram necessárias na educação. Dermeval Saviani (2008) analisa em trabalho recente os simpósios organizados pelo Instituto de Estudos Políticos e Sociais (Ipes) em dezembro de 1964 e o fórum "A educação que nos convém", realizado entre outubro e novembro de 1968. Esses encontros pavimentaram um caminho que seria posteriormente seguido pelos formuladores das políticas educacionais, contribuindo para a elaboração de uma "visão pedagógica assumida pelo regime militar". Saviani (2008:297) denomina essa orientação "concepção produtivista da educação", incorporada à legislação do ensino e baseada em alguns pontos principais, como: princípios de racionalidade técnica, eficiência e produtividade, "máximo resultado com o mínimo dispêndio", valorização dos aspectos quantitativos em detrimento da qualidade do ensino e favorecimento da participação privada nas atividades de ensino. Na mesma vertente de interpretação, José Luís Sanfelice (2011:328) argumenta que a política educacional adotada durante o regime militar "sofreu reflexo dos objetivos e metas que o Estado incorporou para a instância econômica".

Assim, o governo militar propôs e implantou uma série de reformas, em todos os níveis de ensino, da educação básica à universidade, entre 1968 e 1971 (Germano, 2008:324). Esses anos, importantes para a constituição da política educacional que guiaria o ensino no Brasil durante as décadas de 1970 e 1980, foram marcados pelo gradativo fechamento político do país, a partir da publicação dos diferentes atos institucionais (AI), principalmente o AI-5, editado em dezembro de 1968, período que se caracteriza pela sistematização do aparato repressivo e perda das liberdades individuais e coletivas, tortura, luta armada e pelo chamado "milagre econômico".[5]

Otaíza Romanelli (2007:196), em texto cuja primeira edição data de 1978, traça uma periodização para a análise das políticas educacionais adotadas a partir de 1964 em dois momentos principais:

> O primeiro corresponde àquele [período] em que se implantou o regime e se traçou a política de recuperação econômica. Ao lado da contenção e da repressão, que bem caracterizaram esta fase, constatou-se uma aceleração do ritmo do crescimento da demanda social de educação, o que provocou, consequentemente, um agravamento da crise do sistema educacional, crise que já vinha de longe [...].
>
> O segundo momento começou com as medidas práticas, a curto prazo, tomadas pelo Governo, para enfrentar a crise.

O primeiro momento destacado pela autora corresponde aos estudos e acordos com agências internacionais. O segundo momento se caracteriza pelas medidas práticas tomadas para conter a crise educacional — o período das reformas processadas entre o fim dos anos 1960 e o início dos anos 1970 (Romanelli, 2007:195). Essa crise se manifestava de diferentes formas: o crescente número de estudantes que buscavam vagas no ensino superior e não conseguiam o ingresso nesse nível de instrução; a expansão do ensino e consequente necessidade de formação de professores etc. Considera-se que os dois momentos delineados por Romanelli (2007) se complementam e que, desde o início, o novo regime lançou mão de mecanismos a fim de diminuir os efeitos da crise educacional, em suas características políticas ou pedagógicas. Portanto, compreendem-se esses dois períodos como um só no interior de um crescente processo de crise do sistema educacional brasileiro e de edificação de um projeto educacional delineado tanto pelos militares quanto pelos órgãos responsáveis pela normatização e interpretação das leis, como o CFE.

---

[5] O historiador Carlos Fico (2010:169) salienta que "há muitas maneiras de se contar a história do regime militar [e, consequentemente, do golpe de 1964], todas praticadas pela crescente historiografia sobre o período". Não é objetivo deste capítulo realizar uma análise dos anos em que o Brasil foi governado pelos generais. Sobre esse período, ver: Alves (2005), Germano (2008), Reis Filho (2001, 2004) e as coletâneas organizadas por Reis Filho, Ridenti, Motta (2004) e Ferreira e Delgado (2010).

Uma apresentação detalhada das diferentes leis que compõem as reformas de ensino a partir de 1964 não é possível em virtude dos limites de extensão deste texto e fugiria a seu objetivo principal. As mais conhecidas e que tiveram efeito mais duradouro sobre a organização da educação no Brasil foram as Leis nº 5.540, de 28 de novembro de 1968, também denominada Lei da Reforma Universitária ou do Ensino Superior, e a Lei nº 5.692, de 11 de agosto de 1971, que fixou as bases para o ensino de 1º e 2º graus. Analisaremos, nas próximas páginas, seu impacto no processo de institucionalização das licenciaturas curtas.

A licenciatura curta no Brasil: criação e institucionalização

As discussões sobre a criação das licenciaturas de curta duração no Brasil não surgiram no cenário educacional brasileiro nos anos 1960, muito embora se generalizem depois do golpe de 1964. As primeiras experiências com os cursos superiores de curta duração surgiram no Brasil no século XIX nas áreas de engenharia, medicina e direito, "com o objetivo de formar mão de obra para tarefas específicas". Foram oferecidos na Escola Politécnica do Rio de Janeiro e de São Paulo e nas Faculdades de Medicina da Bahia e do Rio de Janeiro. No entanto, esses cursos tiveram vida breve. Em 1948, o primeiro projeto de Lei de Diretrizes e Bases da Educação Nacional já previa a criação de cursos de duração reduzida para formação de professores e especialistas em educação, "a fim de minimizar a demanda em relação à oferta" (Ferreira, 1982:6 e 15).

Com a aprovação — após 13 anos de debate no Congresso Nacional — da Lei nº 4.024/1961 (LDBN), os cursos de curta duração ganharam nova força. Ferreira (1982) salienta que o art. 9º (que delimitava no item *m*, como uma das atribuições do Conselho, a possibilidade de "adotar ou propor modificações e medidas que visem à expansão e ao aperfeiçoamento do ensino") e o art. 104 (que permitia "a organização de cursos ou escolas experimentais, com currículos, métodos e períodos escolares próprios", desde que autorizados pelo CFE e pelo Conselho Estadual de Educação [CEE]) já previam, antes do golpe militar de 1964, a criação das licenciaturas curtas. De fato, amparado por essa legislação, o conselheiro Newton Sucupira, do CFE, na *Indicação s/nº Sobre o exame de suficiência e formação do professor polivalente para o ciclo ginasial*, de 9 de outubro de 1964, propôs a criação de licenciaturas polivalentes em ciências, estudos sociais e letras. Aprovadas pelo conselho "em caráter experimental", teriam duração de três anos e destinavam-se à formação do professor do ensino ginasial (Ferreira, 1982:16).

Segundo esse documento, "a escola média brasileira [vinha] se defrontando com sério obstáculo ao seu processo de expansão, isto é, o sensível *déficit* de pessoal qualificado, o que obriga à improvisação de professores em detrimento dos padrões de ensino" (Sucupira, 1964:107). Os índices de escolaridade, segundo a *Indicação s/nº* de 1964, haviam crescido significativamente, mas sem uma política de formação de professores que correspondesse às novas necessidades da escola brasileira.

A historiografia da educação aponta a década de 1930 como marco inicial para o processo de construção de um sistema nacional de ensino. Nesses anos, estabeleceram-se as primeiras faculdades de filosofia, ciências e letras,[6] responsáveis por formar, em nível superior, os professores para atuar no ensino secundário. Entretanto, como demonstram diferentes estudos e trabalhos publicados na *Revista Brasileira de Estudos Pedagógicos* (RBEP) entre os anos 1950 e 1960, essas instituições ainda não formavam professores em número suficiente para suprir as carências de docentes. Martins (2000:92) assinala que

> não havia muitos cursos que formavam profissionais voltados para o ensino de História. A maioria dos professores de História era formada em Direito durante os primeiros 50 anos de República — já que eram poucas as faculdades que constituíam as seções de história em seu interior.

Para além da dificuldade das faculdades de filosofia em construírem seções de história, é preciso destacar a concentração destas nos grandes centros urbanos, gerando um agrupamento de formados em certas áreas e uma carência constante em outras.[7] Romanelli (2007:124) esclarece que, em 1958, dos 4.419 professores registrados no Ministério da Educação para exercício do magistério, no ensino secundário, apenas 724 tinham sido diplomados em faculdades de filosofia. Sobre a desproporção entre o número de formados nessas faculdades e aqueles que efetivamente exerciam o magistério, a autora aponta, a partir da leitura de artigo de Jaime Abreu intitulado "*Status* do professor de ensino médio no Brasil" e publicado na RBEP, que até "1960 eram 41.033 os diplomados em Faculdades de Filosofia contra um registro de apenas 5.395 para o exercício da docência" (Abreu, 1960:96,

---

[6] Instituída no contexto de publicação do Estatuto das Universidades Brasileiras e de reorganização da Universidade do Rio de Janeiro, em 1931, durante a gestão de Francisco Campos no recém-criado Ministério dos Negócios da Educação (1930), ficou responsável por formar os professores para atuar no ensino secundário. A partir de 1939, em nova reforma, passou a ser nomeada Faculdade de Filosofia.

[7] Ferreira (1982:50-51), citando um estudo do Instituto de Recursos Humanos da Fundação Getulio Vargas (FGV) sobre o curso superior de duração reduzida de 1976, destaca que as faculdades de filosofia, ciências e letras se concentravam nas regiões mais desenvolvidas economicamente. "Das 88 Faculdades de Filosofia existentes no país, 52 encontram-se localizadas em apenas seis Estados: Guanabara, São Paulo, Estado do Rio, Minas Gerais, Paraná e Rio Grande do Sul, englobando 80% da matrícula nacional".

apud Romanelli, 2007:124). Esses dados indicam que a grande maioria dos professores era leiga em exercício, ou seja, atuava possivelmente sem ter recebido formação alguma para esse fim.

Jaime Abreu (1961), em relatório apresentado no Encontro Regional de Educadores Brasileiros organizado pelo Ministério da Educação e Cultura em janeiro de 1961, destacava como uma das deficiências da educação brasileira o despreparo dos professores. Segundo o educador:

> Quanto ao magistério, há grande número de integrantes dele sem formação própria nem ingresso qualificado para o desempenho da função, vivendo do preenchimento de formas de licença docente, a título precário, que se eternizam, ou de experiências de breves "aperfeiçoamentos" que não resolvem [Abreu, 1961:17].

Os "exames de suficiência" foram adotados para a seleção de professores para atuação no nível secundário. Exigia-se desses profissionais o mínimo de capacitação para lecionar. No caso da história, por exemplo, o conhecimento da matéria a ser ensinada não era tão importante. Sabendo ler e escrever, seriam os selecionados capazes de lecionar a disciplina escolar história. Sobre esse aspecto destacou o professor Imídio Giuseppe Nérici (1957:216), em artigo publicado originalmente no jornal *Correio da Manhã*, do Rio de Janeiro: "Até bem pouco tempo exigia-se do candidato ao magistério secundário que conhecesse a disciplina a lecionar e nada mais. Não se exigia a mínima preparação didática". Os professores eram selecionados nas mais diferentes áreas do conhecimento: direito, medicina e outras disciplinas de cunho liberal. Ao mesmo tempo que surgiram grandes mestres, autodidatas em sua maioria, outros não tão capazes eram responsáveis por ministrar história para as gerações futuras. "O sistema educacional brasileiro deparava-se, assim, com o grande desafio de preparar em curto prazo um número de professores que suprissem as necessidades do magistério em termos não só de quantidade, e como também de qualidade" (Ferreira, 1982:9). É a essa tarefa que se propõe a *Indicação* de Sucupira.

A licenciatura curta surgiu, nesse momento, em "caráter experimental" e emergencial. A prioridade deveria ser a política de valorização e reformulação das faculdades de filosofia e suas licenciaturas e a "aplicação sistemática do exame de suficiência tendo em vista o maior número de professores a curto prazo". A perspectiva era a do mínimo por menos, isto é, o mínimo de qualificação necessária ao exercício da atividade docente pelo menor custo e tempo possíveis. Nessa perspectiva, mais valeria uma formação aligeirada do que formação alguma. Na supracitada *Indicação*, o relator apresenta o setor das ciências da natureza e da matemática como o mais carente em termos de formação de professores e defende "a criação de um professor polivalente para o ciclo ginasial, de ciências naturais e matemática e ciências sociais". Segundo Sucupira (1964:111):

> Esta figura do professor polivalente se justificaria sob vários aspectos: em primeiro lugar o professor ginasial não há de ser um especialista puro; em segundo lugar, do ponto de vista pedagógico formativo o ideal seria que, no primeiro ciclo, o mesmo mestre se ocupasse de várias matérias; finalmente, porque contribuiria para resolver o problema da falta de professores.

A ênfase recaía no aspecto quantitativo do problema, em detrimento do qualitativo. Não seria preciso que o professor do ensino de 1º grau tivesse formação aprofundada. Um professor habilitado, mesmo que minimamente, a ensinar um bloco de disciplinas diminuiria a carência de profissionais. Uma vez mais aparece a lógica do mínimo pelo menos. Uma diminuição do período de integralização da licenciatura de quatro para três anos e um acúmulo de conteúdos a serem vistos nesse breve espaço de tempo (Ferreira, 1982:17). As licenciaturas de 1º grau seriam: a de letras, compreendendo o ensino de português e de uma língua viva; a de estudos sociais, habilitando ao magistério de história, geografia e organização política e social do Brasil; e a de ciências, para o ensino de ciências físico-biológicas, iniciação às ciências e matemática (Sucupira, 1964: 111). O problema maior ficava entre as licenciaturas em estudos sociais e ciências, que habilitavam ao ensino de várias disciplinas.

> Para concretização de tais licenciaturas o Conselho Federal de Educação, em três Pareceres distintos, fixou os currículos mínimos e a duração em horas/aulas dos cursos que formariam os professores: o Parecer de nº 81/65, que definiu o currículo e a duração do Curso de Ciências, o Parecer de nº 236/65, que trata do currículo mínimo de duração do currículo do Curso de Letras; e o Parecer nº 106/66, que trata do currículo mínimo e duração do Curso de Estudos Sociais [Ferreira, 1982:18].

A duração dos cursos, que tinha sido objeto de restrições por parte do conselheiro Valnir Chagas nas discussões sobre a *Indicação* de Sucupira em 1964, passou a ter 2.025 horas, e não mais três anos, como estabelecido anteriormente.[8] O *Parecer*

---

[8] Nova alteração da duração dos cursos foi feita pela Resolução nº 1/72, de 8 de janeiro de 1972, relatada por Valnir Chagas. Como justificação para a mudança, o conselheiro destacava que "na área de Humanidades, enquanto a licenciatura plena em Pedagogia pode ser ministrada em 2.200 horas e a da Música em 2.160, para as de curta duração em Estudos Sociais e Letras ainda se exige quase o mesmo: 2.025 horas. Na área científica, por outro lado, enquanto a licenciatura plena em Ciências Biológicas pode ser ministrada em 2.500 horas, para a de curta duração em Ciências ainda se exigem 2.430 horas". Chagas propõe "uma correção que se impõe". As

nº 106/1966 do CFE, relatado por Newton Sucupira, argumentava que esses cursos deveriam "fornecer professores polivalentes para as matérias fundamentais ao primeiro ciclo onde se verificava o maior índice de expansão da escola média (Sucupira, 1966)". O relator sugeria a interiorização dessas licenciaturas, já que as maiores carências de professores licenciados estavam no interior (Ferreira, 1982:18). Seguindo essa argumentação, o parecer afirma que, "sendo de mais modestas exigências, tais licenciaturas se tornam mais acessíveis no interior". o currículo mínimo do curso de estudos sociais se constituiria a partir do seguinte conjunto de matérias: história (antiga, moderna, contemporânea e do Brasil, organização social e política do Brasil); geografia (elementos de geografia física, humana e do Brasil); fundamentos de ciências sociais; e formação pedagógica. O diploma do curso habilitava para o ensino de história e geografia, organização social e política do Brasil e estudos sociais (disciplina que não constava da *Indicação s/nº* de 1964).

A Lei de Reforma Universitária, Lei nº 5.540/1968, no art. 23, estabeleceu diferentes modalidades de duração para os cursos no ensino superior institucionalizando as licenciaturas curtas. Ao mesmo tempo que alterou profundamente a estrutura administrativa e acadêmica da universidade brasileira, a Lei nº 5.540/1968, e antes dela o Relatório Final do Grupo de Trabalho da Reforma Universitária (GTRU), propôs alternativas que solucionassem a carência de mão de obra para certas profissões. O relatório do GTRU estabeleceu algumas metas para o ensino superior e sua expansão em consonância com a crescente "demanda demográfica social por mais alto nível de ensino" e pelas condições do mercado de trabalho. O magistério e sua formação são destacados, por exemplo, no item 1.9. *Expansão do ensino superior*, subitem 1.9.2, *Metas mínimas de expansão do ensino superior* esclarecem sobre a necessidade de deflagração de uma "Operação-produtividade":

4. A "Operação-produtividade", a ser deflagrada mediante adesão de certo número de estabelecimentos, destina-se a permitir a ampliação de matrículas nas modalidades profissionais prioritárias, num mínimo de tempo e com dispêndio limitado de recursos, elevando a produtividade das unidades de ensino superior já instaladas. As principais carreiras seriam: profissões da saúde (Medicina, Odontologia, Enfermagem, Farmácia). Profissões da área tecnológica e formação de professores para os níveis superior e médio [Relatório Final do Grupo de Trabalho da Reforma Universitária, 1968].[9]

---

licenciaturas de 1º grau em estudos sociais, letras e pedagogia passavam a ter duração de 1.200, com integração a fazer-se no mínimo de um ano e meio e no máximo de quatro anos letivos. A licenciatura curta em ciências deveria ter o mínimo de 1.500 horas de atividades.

[9] Complementando, dever-se-ia evitar "a expansão de vagas e criação de novas unidades para aquelas profissões já suficientemente atendidas (exceto no caso de unidades destinadas a

A formação de professores assumiu um lugar importante no projeto educacional do CFE. A área sofria de carência crônica, e era preciso contornar esse problema com o aumento do número de matrículas nos cursos superiores de formação de professores e a partir do estabelecimento de diferentes modalidades de ensino superior na área.[10] No que se refere à constituição dos cursos profissionais, a Lei nº 5.540/1968 explicitava no art. 23 que estes poderiam "apresentar modalidades diferentes quanto ao número e à duração, a fim de corresponder às condições do mercado de trabalho". Ainda segundo o artigo, em seu § 1º, estaria permitida a organização de "cursos profissionais de curta duração, destinados a proporcionar habilitações intermediárias de grau superior" (Brasil, 1968). O art. 2º da Lei nº 5.540/1968 estabeleceu que o ensino superior seria ministrado em universidades e, excepcionalmente, em estabelecimentos de ensino isolados, organizados como instituições de direito público ou privado. Em 18 de abril de 1969, amparado pelo AI-5, decretado em dezembro de 1968, o governo autorizou, pelo Decreto-lei nº 547, a organização e o funcionamento dos cursos profissionais superiores de curta duração (Fonseca, 2010:26). O Grupo de Trabalho da Reforma de Ensino de 1º e 2º Graus retomou as argumentações expostas na *Indicação* proposta por Newton Sucupira em 1964. De acordo com o documento:

> O problema de recursos humanos constitui um dos maiores obstáculos a enfrentar num programa de atualização e expansão do ensino de 1º e 2º graus. Nele se envolvem aspectos da qualidade e quantidade que vão desde a filosofia mesma de formação, recrutamento e manutenção dos quadros até a capacitação e distribuição dos fundos necessários à concretização do que se planeje. É verdade que ainda nos encontramos em estágio predominantemente quantitativo: temos apenas, em serviços, 57% de professores regularmente habilitados para o atual ensino primário e 36% para o ginásio e o colégio reunidos, não chegando a um décimo desse total de áreas científicas e técnicas. Isso explica por que, nos últimos cinco anos, nada menos de 50 mil leigos ingressaram no magistério elementar.
>
> Pior é que tais números estão referidos à situação atual. Quando se projeta para os próximos dez anos o crescimento da faixa escolar de que nos ocupamos, mesmo com os índices do decênio passado, então as dificuldades se multiplicam. Para atender, por exemplo, à expansão do que hoje se chama o ensino médio, teremos de

---

desempenhar papel excepcional na renovação do ensino na área)" (Relatório Final do Grupo de Trabalho da Reforma Universitária, 1968).

[10] De acordo com o professor José Carlos Rothen (2008:468), "os cursos de curta duração foram apresentados, nos dois Relatórios [produzidos pela Comissão Meira Mattos e GTRU], como compensação da formação rápida de profissionais que atendesse ao mesmo tempo as necessidades do mercado de trabalho e a reivindicação de vagas no ensino superior. Nas duas propostas encontram-se três tipos de cursos: os de curta duração, os com duração prolongada e a pós-graduação".

preparar cerca de 200 mil professores até 1980, sem considerar a quota suplementar de crescimento, e recuperação do atraso, que apesar de tudo se vem mostrando auspiciosa. Até pouco, eram comuns certas improvisações que bem ou mal, e às vezes bem, possibilitavam às pequenas comunidades — já que as maiores sempre foram mais bem aquinhoadas — contar com seu ginásio. Já agora, o número de alunos é tal que, mesmo no interior, não há como enfrentá-los com a abnegação do juiz, do vigário, do médico, do contabilista e do farmacêutico. *Temos de resolver diretamente o problema* [Aguiar, 1975:47; grifos nossos].

O que precisava ser resolvido era o aspecto quantitativo. De acordo com a legislação educacional definida pelo CFE, seria preferível um professor "curto" ao leigo (Fenelon, 1984:13). Na instalação desses cursos, deveriam ser levadas em conta as diferenças regionais.

Há Estados brasileiros em que se vai tornando rotina o professor primário exibir formação superior de duração plena, como há outras regiões em que mais de 70% dos mestres, na escola elementar, são leigos sem qualquer formação além de estudos primários, via de regra incompletos. Daí a necessidade de soluções, ou de uma solução bastante ampla, cuja flexibilidade permita atender a essas distintas realidades [Aguiar, 1975:48].

O fato de ser o Brasil um país de proporções continentais e com múltiplas realidades econômicas e sociais deveria ser levado em consideração durante o processo de elaboração das políticas educacionais. Assim, as soluções propostas eram, para seus formuladores, flexíveis ao atender às diferenças regionais. Na letra da Lei nº 5.692/1971, o preparo para o magistério deveria se processar em níveis que se elevassem progressivamente, da licenciatura curta à plena.

CAPÍTULO V

Dos Professores e Especialistas

Art. 29. A formação de professores e especialistas para o ensino de 1º e 2º graus será feita em níveis que se elevem progressivamente, ajustando-se às diferenças culturais de cada região do País, e com orientação que atenda aos objetivos específicos de cada grau, às características das disciplinas, áreas de estudo ou atividades e às fases de desenvolvimento dos educandos.

Art. 30. Exigir-se-á, como formação mínima para o exercício do magistério:
a) no ensino de 1º grau, da 1ª à 4ª séries, habilitação específica de 2º grau;

b) no ensino de 1º grau, da 1ª à 8ª séries, habilitação específica de grau superior, ao nível de graduação, representada por licenciatura de 1º grau obtida em curso de curta duração;

c) em todo o ensino de 1º e 2º graus, habilitação específica obtida em curso superior de graduação correspondente a licenciatura plena.

§ 1º. Os professores a que se refere a letra *a* poderão lecionar na 5ª e 6ª séries do ensino de 1º grau se a sua habilitação houver sido obtida em quatro séries ou, quando em três mediante estudos adicionais correspondentes a um ano letivo que incluirão, quando for o caso, formação pedagógica.

§ 2º. Os professores a que se refere a letra *b* poderão alcançar, no exercício do magistério, a 2ª série do ensino de 2º grau mediante estudos adicionais correspondentes no mínimo a um ano letivo.

§ 3º. Os estudos adicionais referidos nos parágrafos anteriores poderão ser objeto de aproveitamento em cursos ulteriores [Brasil, 1971].

Os artigos destacados estabeleciam uma formação diferenciada, dependendo do nível de ensino em que o futuro docente fosse atuar. Uma formação que seria progressiva e visava fazer avançar a formação existente, isto é, formar mais professores em menos tempo.[11] Para tanto, em 1973, pela *Indicação nº 22/73* relatada por Valnir Chagas, o conselho fixou as matérias, distribuídas em cinco licenciaturas de curta duração e 18 habilitações, conforme apresentadas no quadro a seguir.

Matérias, cursos e habilitações

Matéria	Licenciatura curta	Habilitações
Ciências	Ciências	Matemática
		Física
		Química
		Biologia
Estudos sociais	Estudos sociais	Geografia
		História
		OSPB
		Educação moral e cívica

▼

---

[11] De acordo com o professor Valnir Chagas (1984:310), a ideia de progressividade "tem muito a ver com o País em conjunto e com as diferenças de regiões, de escolas e de professores. Por isso, a formação exigida é sempre expressa em termos de requisitos 'mínimos' que aos sistemas de ensino cabe ajustar às suas peculiaridades e mesmo superar".

Matéria	Licenciatura curta	Habilitações
Comunicação e expressão	Letras	Língua portuguesa Língua estrangeira moderna Língua clássica, com os necessários estudos literário-culturais
	Educação artística	Música Artes plásticas Desenho Artes cênicas
	Educação física	Ginástica e atletismo Técnica desportiva Recreação

Fonte: Chagas (1984:328).

A formação de professores teria "de refletir o currículo que lhes cabia desenvolver [...] no ensino de 1º e 2º graus" (Chagas, 1984:313) em dois sentidos: o escalonamento, proposto no art. 5º da Lei nº 5.692/1971 e na Resolução nº 8/1971, em atividades, áreas de estudo e disciplinas, e a polivalência presente nas grandes matérias comunicação e expressão, ciências e estudos sociais. A polivalência, na visão de Chagas (1984:311), é uma categoria que se refere tanto à formação do professor quanto ao exercício de sua prática docente. A formação deveria inserir o professor, gradativamente, no "contexto de um campo mais amplo do saber".

Com ela visa-se à organização de cursos ou ciclos de formação que abranjam amplos setores de conhecimento: de um lado, como resposta ao ensino integrado de "atividades" e "áreas de estudo" no 1º grau; de outro, como abertura ainda tímida para a figura de um professor mais generalista, capaz de situar-se na perspectiva do aluno, do saber e [...] "da vida em todas as suas manifestações" [Chagas, 1984:311].

Ainda segundo o autor,

um licenciado em Estudos Sociais habilitado em Geografia, por exemplo, irá simplesmente dizer-se "licenciado em Geografia", se o desejar; mas será capaz de situar sua disciplina no mundo físico-humano que fez do "espírito geográfico" a expressão da universalidade [Chagas, 1984:323].

A formação de professores, portanto, deveria seguir a mesma perspectiva integradora e interdisciplinar presente na concepção do Núcleo Comum. Por outro lado, ao introduzir as grandes linhas de formação e suas várias habilitações, diminuíam-se os cursos. Na argumentação da historiadora mineira Selva Guimarães Fonseca (2010:26), "a implantação das licenciaturas curtas expressa a dimensão econômica da educação, encarada como investimento, geradora de mercadoria (conhecimentos) e mão de obra para o mercado". Ainda segundo essa autora:

> Daí uma vinculação cada vez mais estreita do 1º, 2º e 3º graus com o mercado capitalista. O papel dos cursos de licenciatura curta atendia à lógica deste mercado: habilitar um grande número de professores da forma mais viável economicamente: cursos rápidos e baratos exigindo poucos investimentos para sua manutenção. Este fato fez com que os mesmos proliferassem em grande número em instituições de ensino privado, uma vez que se tornam grandes lucros para empresas educacionais [Fonseca, 2010:26-27].

Com a Reforma do Ensino Superior (1968) e do ensino de 1º e 2º graus, responsáveis pelos fundamentos legais sobre a formação de pessoal docente, as licenciaturas curtas foram generalizadas, mas os objetivos de tais cursos progressivamente se transformaram, deixando de ser uma forma de sanar a carência de professores para ser uma mercadoria altamente lucrativa. Entretanto, é preciso destacar que os interesses do mercado se apropriaram da organização legal para a expansão das licenciaturas de 1º grau, inclusive em locais onde inexistia a carência de professores. Isso não significava que os conselheiros visassem essa mercantilização do ensino superior e, especificamente, da formação de professores.

A argumentação de Fonseca (2010), pioneira na análise da história do ensino de história no Brasil, ao criticar a formação de professores nas licenciaturas curtas em estudos sociais, delimita como parte de um mesmo processo as intenções das leis, pareceres, indicações e resoluções (ou projeto) e o que ocorreu (o processo de proliferação indiscriminado das licenciaturas curtas nas diferentes regiões do país). A análise da legislação sobre formação de professores produzida pelo CFE a partir de 1964 e do contexto em que foi produzida aponta outras questões. O debate sobre o tema não era novo no cenário educacional brasileiro, remontando aos anos 1930, quando foram criados os primeiros cursos de licenciatura no país. No início dos anos 1960, a discussão principal era a necessidade de reforma universitária, expansão das universidades para as diferentes regiões do país e necessidade de formar mais docentes.

Assim, o processo de criação das licenciaturas curtas se liga muito mais a uma questão de mercado e carência de professores do que a uma tentativa ou projeto de descaracterização e controle da educação brasileira. Era uma questão educacional e urgente. O ensino havia se expandido, sem que o número de docentes formados tivesse crescido significativamente. No entanto, os objetivos que nortearam a criação desse curso foram subvertidos ao longo do seu processo de institucionalização a partir das Leis nº 5.540/1968 e nº 5.692/1971 e, sobretudo, ao longo dos anos 1970, quando esses cursos foram, aos poucos, se tornando uma "solução definitiva", como defende Ferreira (1982).

Considerações

A criação das faculdades de filosofia, apesar de seu crescimento ao longo dos anos 1930 e 1960, não deu conta de atender à demanda colocada pelo aumento da rede escolar brasileira, algo que se intensificou com a ampliação da obrigatoriedade do ensino para oito anos de escolaridade (Brasil, 1971). O CFE, utilizando como justificativa a real carência de professores, promoveu, entre os anos 1960 e 1970, modificações no ensino superior brasileiro. Tratava-se da continuidade de um projeto educacional de formação do professor no Brasil. As reformas implantadas nos primeiros anos do regime militar, ao criarem as licenciaturas curtas em outubro de 1964, alteraram profundamente a lógica de formação de professores que vinha sendo praticada até então. O objetivo era formar mais professores em menos tempo. Organizadas em três grandes áreas, estudos sociais, ciências e letras, surgiram com o objetivo de formar docentes habilitados a ministrar diferentes disciplinas escolares.

As reformas promovidas no pós-1964 não estão dissociadas dos debates que se processaram na sociedade brasileira durante a primeira metade do século XX. Os legisladores, ao tecerem um projeto próprio de educação e Brasil, que nem sempre estava ligado diretamente aos interesses do regime militar, se apropriaram dessas discussões. A criação das licenciaturas curtas se liga à real carência de professores, que persistia, em algumas regiões do país, durante os anos 1960. Portanto, nesse momento, não existia um programa de descaracterização das ciências humanas, como tem argumentado a historiografia sobre o tema. Foram instituídas licenciaturas curtas em todas as grandes áreas do conhecimento, incluindo as de linguagem e ciências naturais. Ao instituir as bases do Núcleo Comum e dos estudos sociais pela Lei nº 5.692/1971 e pelo Parecer nº 853/1971, o CFE tornou essa modalidade de formação de professores uma necessidade e gerou a proliferação das licenciaturas curtas em todo o país.

A atuação do conselheiro Valnir Chagas em todo o processo de institucionalização da licenciatura curta no Brasil, a partir de sua participação na elaboração das Leis de Reforma do Ensino Superior e de Ensino de 1º e 2º Graus, esta última relatada por ele, e nos diferentes pareceres que deram organicidade a essa modalidade de formação, demonstra o forte viés pedagógico das reformas educacionais desenvolvidas na década de 1970. Assim, diferentemente do que está posto como "as intenções do governo militar", a criação das licenciaturas curtas se associa diretamente à tentativa do conselho de sanar a carência de professores no Brasil. Certamente, o projeto não saiu como o esperado e propagado pelo CFE. As intenções do conselho eram um dos motivadores para a implantação da licenciatura curta, em um contexto de regime autoritário e de claros interesses mercantis. Ao se estabelecerem prioritariamente nos grandes centros urbanos, as licenciaturas curtas deixaram de cumprir seu papel primordial.

Referências

ALVES, M. H. M. *Estado e oposição no Brasil (1964-1984)*. Bauru: Edusc, 2005.

CAIMI, F. E. *Conversas e controvérsias*: o ensino de história no Brasil (1980-1998). Passo Fundo: UFP, 2001.

FENELON, D. A questão de estudos sociais. In: ZAMBONI, E. (Org.). *A prática do ensino de história.* São Paulo: Vozes/Cedes, 1984. p. 11-22.

FERREIRA, E. F. *Licenciatura de curta duração*: solução emergencial ou definitiva?. Dissertação (mestrado em educação), PUC-Rio, 1982.

FERREIRA, J.; DELGADO, L. (Org.). *O Brasil republicano*: o tempo da ditadura — regime militar e movimentos sociais em fins do século XX. 4. ed. Rio de Janeiro: Civilização Brasileira, 2010.

FICO, C. Espionagem, polícia política, censura e propaganda: os pilares da repressão. In: FERREIRA, J.; DELGADO, L. (Org.). *O Brasil republicano*: o tempo da ditadura — regime militar e movimentos sociais em fins do século XX. 4. ed. Rio de Janeiro: Civilização Brasileira, 2010. p. 167-205.

FONSECA, S. G. *Caminhos da história ensinada.* 11. ed. Campinas: Papirus, 2010.

GERMANO, J. W. O discurso político sobre a educação no Brasil autoritário. *Cadernos Cedes*, Campinas, v. 28, n. 76, p. 313-332, set./dez. 2008.

MARTINS, M. do C. *A história prescrita e disciplinada nos currículos escolares?* Quem legitima estes saberes. Tese (doutorado em educação), Unicamp, 2000.

NASCIMENTO, T. R. A criação das licenciaturas curtas no Brasil. *Revista HISTEDBR On-line*, Campinas, n. 45, p. 340-346, mar. 2012a.

_____. *Licenciatura curta em estudos sociais no Brasil*: sua trajetória na Faculdade de Formação de Professores de São Gonçalo/RJ (1973-1987). Dissertação (mestrado em história social), Faculdade de Formação de Professores de São Gonçalo, Uerj, 2012b.

OLIVEIRA, I. *A formação de recursos humanos, em nível superior, para o ensino de 1º e 2º graus*: sua operacionalização no município de São Gonçalo. Dissertação (mestrado em educação), UFF, 1978.

REIS FILHO, D. A. O colapso do colapso do populismo ou a propósito de uma herança maldita. In: FERREIRA, J. (Org.). *O populismo e sua história*: debate e crítica. Rio de Janeiro: Civilização Brasileira, 2001. p. 319-377.

_____. Ditadura e sociedade: as reconstruções de memória. In: REIS FILHO, D. A.; RIDENTI, M.; MOTTA, R. P. S. (Org.). *O golpe e a ditadura militar*: 40 anos depois (1964-2004). Bauru: Edusc, 2004. p. 29-52.

_____; RIDENTI, M.; MOTTA, R. P. S. (Org.). *O golpe e a ditadura militar*: 40 anos depois (1964-2004). Bauru: Edusc, 2004.

ROMANELLI, O. de O. *História da educação no Brasil (1930/1973)*. 32. ed. Petrópolis: Vozes, 2007.

ROTHEN, J. C. Os bastidores da Reforma Universitária de 1968. *Educação & Sociedade*, Campinas, v. 29, n. 103, p. 453-475, maio/ago. 2008.

SANFELICE, J. L. O Estado e a política educacional do regime militar. In: SAVIANI, D. (Org.). *Estado e políticas educacionais na história da educação brasileira*. Vitória: Edufes, 2011. p. 317-342.

SAVIANI, D. O legado educacional do regime militar. *Cadernos Cedes*, Campinas, v. 28, n. 76, p. 291-312, set./dez. 2008.

Fontes

ABREU, J. Status do professor de ensino médio no Brasil. *Revista Brasileira de Estudos Pedagógicos*, Rio de Janeiro, v. 46, n. 103, p. 91-108, jul./set. 1960.

_____. Ensino médio em geral e ensino secundário. *Revista Brasileira de Estudos Pedagógicos*, Rio de Janeiro, v. 35, n. 81, p. 7-24, jan./fev. 1961.

AGUIAR, J. M. (Org.). *CFE – pareceres básicos*: reforma – ensino de 1º e 2º graus. Brasília: MAI, 1975.

BRASIL. Congresso Nacional. Lei nº 5.540, de 28 de novembro de 1968. Fixa normas de organização e funcionamento do ensino superior e sua articulação com a escola média, e dá outras providências. Disponível em: <www.planalto.gov.br/ccivil_03/Leis/L5540compilada.htm>. Acesso em: 20 jun. 2011.

_____. Lei nº 5.692, de 11 de agosto de 1971. Fixa as diretrizes e bases para o Ensino de 1º e 2º graus, e dá outras providências. Disponível em: <www.planalto.gov.br/ccivil_03/Leis/L5692.htm>. Acesso em: 20 jun. 2011.

CHAGAS, V. *Formação do magistério*: novo sistema. São Paulo: Atlas, 1976.

_____. *O ensino de 1º e 2º graus*: antes, agora e depois. São Paulo: Saraiva, 1984.

NÉRICI, I. G. Formação do professor do ensino secundário. *Revista Brasileira de Estudos Pedagógicos*, Rio de Janeiro, v. 27, n. 65, p. 216-222, jan./mar. 1957.

SUCUPIRA, N. Sobre o exame de suficiência e formação do professor polivalente para o ciclo ginasial. *Documenta*, Rio de Janeiro, n. 31, p. 107-111, 1964.

_____. Parecer nº 106/66 do Conselho Federal de Educação. Currículo mínimo de licenciatura em estudos sociais. *Documenta*, Rio de Janeiro, n. 46, 1966.

DISSONÂNCIAS INTERNAS:
a Polifonia Conceitual na *História geral da África* (Unesco)

Felipe Paiva

A *HISTÓRIA GERAL DA ÁFRICA* MOSTRA-SE, AINDA HOJE — EXATOS 20 ANOS APÓS SUA conclusão — como um dos projetos mais ambiciosos sobre a história do continente africano. Trata-se da síntese de estudos empreendidos por diferentes intelectuais com variadas tendências ideológicas e áreas diversas do conhecimento.[1] Intenta-se, neste espaço, realizar uma análise do conceito de *resistência* como é definido pelos autores que compõem a *História geral da África*.

Sendo obra coletiva, seria natural, e frutífero, que as concepções em torno da resistência africana fossem distintas, variando de acordo com a filiação teórico- -ideológica de cada autor. Entretanto, há mais do que mera distinção entre as concepções. Existe, de fato, um dissenso epistêmico.

A diversidade de tendências teóricas acaba desembocando em uma multiplici- dade conceitual no tocante à definição da resistência, tornando a obra um espaço habitado por inúmeras vozes conflitantes que, se partilham formalmente o termo, não o preenchem, necessariamente, com o mesmo conteúdo.

O conceito de resistência mostra-se, dessa forma, *polifônico* — tomando de em- préstimo essa noção musical. Metaforicamente, a *História geral da África* tem diferen-

---

[1] Contribuíram tanto historiadores, eminente maioria, quanto antropólogos, sociólogos, demó- grafos, cientistas políticos, críticos literários, economistas e arqueólogos.

tes *linhas melódicas*, ou melhor, *vozes*, que soam simultaneamente (Sadie, 1994:733).[2] Posta, assim, em termos musicais, esta discussão coloca-se na esteira de Koselleck quando propõe o "conceito" como vocábulo, no qual estaria concentrada uma multiplicidade de significados, tendo, portanto, um caráter polissêmico (Koselleck, 2006:109).

Todavia, afirmar que além de polissêmico o conceito de resistência é também polifônico implica ancorar a análise no aspecto nem sempre harmonioso, e mesmo conflitante, das definições postas em tela. Enfatizando, assim, a *voz* do indivíduo que se põe a teorizar sobre o fenômeno histórico em questão: o ato de resistir ao jugo colonial.

Contexto geral

O projeto da coleção *História geral da África* (doravante *HGA*) iniciou-se em 1965 com o preparo do *Guia das fontes da história da África*, publicado em nove volumes até 1969. Posteriormente, de 1969 a 1971, passou-se ao detalhamento e articulação do conjunto da obra e à posterior definição dos autores responsáveis pelos capítulos específicos. A publicação foi iniciada somente em 1981, com a editoração do primeiro volume. Em todas as suas diferentes fases o projeto esteve sob os auspícios da Organização das Nações Unidas para a Educação, a Ciência e a Cultura (Unesco).

O conceito de *resistência* é utilizado sobretudo no volume VII, publicado em 1985, tendo sido planejado e escrito entre 1960 e 1980. Esse contexto inclui uma variedade considerável de conjunturas. A análise permanecerá centrada nesse tomo específico, pois é nele que são primeiramente estabelecidas tanto tipologias de iniciativas e reações africanas anticoloniais quanto temporalidades próprias a estas.[3]

Entre os anos 1960 e 1970, por exemplo, ainda estavam em curso algumas das guerras de libertação nacional, a exemplo das então colônias portuguesas — Angola, Moçambique e Guiné-Bissau. Já nos anos 1980, praticamente todas as nações africanas encontravam-se formalmente independentes e mergulhadas em problemáticas pós-coloniais: regimes autoritários, guerras civis, golpes de Estado.

---

[2] Empréstimos transdisciplinares muito mais complexos da noção de polifonia já foram feitos no campo da teoria literária por Bakhtin, e, mais recentemente, a noção foi utilizada por D'Assunção Barros para definir sua ideia de "devir histórico". Para mais, ver Bakhtin (2010) e Barros (2011:293-294).

[3] Isso não exclui a inserção de *resistência* no léxico de análise nos volumes precedentes, especialmente o II, o III e o VI. Mas é somente no volume VII que *resistência* mostra-se como conceito analítico, e não mais como vocábulo, tendência seguida no volume VIII. Optou-se, neste estudo, por questões de espaço, por analisar somente o volume VII.

Dissonâncias internas | 205

Essa diferença de conjunturas explica em parte a diversidade conceitual que a ideia de resistência tomou na *HGA*.

Quando o conceito começou a ser correntemente utilizado, em meados dos anos 1960,[4] havia uma necessidade premente de colocar os conflitos de libertação em uma perspectiva mais ampla e destacada ao mesmo tempo que também se fazia necessário devolver ao africano o caráter de agente de sua própria história.

As escolhas terminológicas da *HGA* estavam, dessa forma, intimamente relacionadas com o entorno político do momento. Em uma das atas, datada de 1977, de reunião do comitê científico responsável pela preparação da obra são feitas referências importantes a essas escolhas terminológicas para o volume VII.

As opções conceituais refletem a tentativa de superar os clichês da historiografia colonial e demonstrar o papel central das ações anticoloniais africanas. Ações estas vistas em um passado recente como "sanguinárias" e "irracionais", ou mesmo sequer inexistentes, sendo o sujeito africano caracterizado como passivo diante da iniciativa colonial.[5]

Enfatizar a resistência mostrava-se um caminho possível para a superação desses estereótipos negativos. Assim, lê-se na ata citada que seria conveniente, para os autores que iriam compor o volume, descartar, nesse momento, "toda expressão que perpetue o velho clichê da 'passividade africana' ou a eterna referência às 'iniciativas europeias' e às 'reações africanas'" (Unesco, 1977). É, portanto, pelo conceito de resistência que o sujeito africano se firma na historiografia como personagem que se opõe à colonização europeia (Barbosa, 2012:119). A partir daí, a resistência é estabelecida como vetor analítico, com suas tipologias e marcos temporais próprios.

A onda de conflitos libertadores levou, em grande medida, os historiadores a explicar tais conflitos recorrendo ao passado. Buscava-se estabelecer laços entre um primeiro momento de resistência datado entre os fins do século XIX e o início do XX, e um segundo momento datado na segunda metade do século XX, em que se fazem presentes reivindicações nacionalistas e revolucionárias. A resistência tornou-se, assim, a "dimensão histórica" do moderno nacionalismo pan-africano (Vail e White, 1986:193).

---

[4] Apesar de a primeira aparição com referência à história da África que conseguimos encontrar datar dos anos 1920 em Norman (1924).

[5] Escreveu, já em 1961, portanto no mesmo contexto em que a *HGA* foi idealizada, o historiador canadense Richard Patte que as incursões militares coloniais em solo africano davam provas da "tenacidade e resistência [*sic*]" europeias. Deixando, com o colonialismo, de ser a África "terra de ninguém, sujeita inteiramente aos caprichos e vontade dos indígenas" (Patte, 1961:259, 295). Trata-se somente de um curto exemplo dos clichês coloniais que ainda vigoravam em grande parte da historiografia sobre o continente.

Todavia, na data da publicação do volume VII, a ideia de resistência havia perdido muito de sua importância nas análises então em curso em virtude dos diferentes problemas de ordem política — em especial os golpes e contragolpes de Estado — que tiveram lugar nas jovens nações africanas recém-independentes.

Com efeito, em meados dos anos 1980 e 1990, outro consenso se firmava: o de que o conceito de resistência mostrava-se uma categoria de fraco poder analítico.[6]

A própria *HGA* aparece, dessa forma, no compasso de dois tempos distintos, o primeiro, de conflitos de libertação nacional em larga escala associados à resistência para explicá-los; e o segundo, quando para uma parcela da historiografia a complexidade e a especificidade das independências nacionais passaram a ser fatores que desqualificavam a importância conceitual da resistência.

Entre o local e o global

Para o desenvolvimento da ideia de resistência como aporte conceitual, foi preciso, dentro do projeto da *HGA*, torná-la um fenômeno africano global. Passava-se a encarar a resistência como um fenômeno que não precisaria de confirmação, dando-lhe um tom próximo ao axiomático.

Entretanto, por esse viés a experiência concreta poderia ficar refém de um modelo teórico fixo, o que acabaria ferindo o próprio estatuto epistêmico do conhecimento histórico, qual seja, segundo Gadamer (2007:300), que esse conhecimento não é constituído pelos "fatos extraídos da experiência e posteriormente incluídos em uma referência axiomática", mas antes seu próprio alicerce é a historicidade interna da própria experiência. Os conceitos históricos, por isso, devem declinar da experiência histórica, e não o contrário.

Dessa forma, transformar a resistência — algo que de fato perfez uma historicidade interna de determinada experiência — em um axioma seria desastroso, pois retiraria sua originalidade e validade teórica.

Terence Ranger (2010:54; grifo nosso), no volume VII da *HGA*, generaliza o fenômeno da resistência na tentativa de torná-la um conceito global:

Em resumo, praticamente todos os tipos de sociedade africana resistiram, e a resistência manifestou-se em quase todas as regiões de penetração europeia. *Podemos aceitar isso como um fato que não mais precisa de demonstração.* Cumpre-nos agora passar da

---

[6] Vail e White (1986:194). Esses autores datam o declínio do conceito em fins da década de 1960, quando, ao que parece levando-se em consideração a *HGA*, mas também outras publicações, ocorre seu apogeu.

classificação para a interpretação; em vez de nos restringirmos à tarefa de provar que houve resistência, cabe-nos determinar e explicar os diversos graus de intensidade em que ela ocorreu.

Mesmo não caindo necessariamente no tom axiomático, Ranger pretende generalizar a ideia de resistência, tornando seu conceito global.

Dessa forma, no escopo do volume VII da *HGA*, a resistência, como fenômeno generalizante, e as rebeliões localizadas, ocorridas entre finais do século XIX e as três primeiras décadas do XX, são tratadas como categorias analíticas distintas, ao menos no plano teórico. Todavia, nos capítulos que vieram a público, ambas são muitas vezes tratadas como sinônimas, sendo as rebeliões localizadas apresentadas como subproduto do fenômeno da resistência.

Tal ocorre, por exemplo, na categorização mais geral proposta por Allen Isaacman e Jan Vansina, segundo a qual a resistência poderia variar entre: (1) oposição ou confronto na tentativa de manter a soberania das sociedades autóctones; (2) resistência localizada na tentativa de atenuar abusos específicos do regime colonial; (3) rebeliões destinadas à destruição do sistema estrangeiro que havia gerado tais abusos (Isaacman e Vansina, 2010:192).

A tipologia proposta por Isaacman e Vansina, mais até do que a generalização empreendida por Ranger, faz crer, corretamente, que as trajetórias de resistência são diversas e multilineares, o que tornam problemáticos empreendimentos teóricos que visem homogeneizar fenômenos diferentes, fazendo-os orbitar ao redor de linhas mestras globais.

Na verdade, isso perpassa uma questão de fundo que deve ser considerada: ao teorizar sobre a resistência, estamos tratando de uma *práxis* que antecede à *teoria*. O ato de resistir precede qualquer teorização abstrata sobre a própria resistência. Colocando a questão nos termos gerais sugeridos por Slavoj Žižek (2009:21): se há uma teoria da resistência, ela é "em seu aspecto mais radical a teoria de uma prática fracassada". Por esse motivo, esquemas são sempre problemáticos por tangenciarem uma coisificação dessa práxis.

A prática não é estática; ao contrário, ela envolve determinada ação e por isso só pode ser corretamente apreendida como processo. A resistência é antes de tudo um processo, multilinear e heterogêneo em suas formas e em seus conteúdos. Qualquer tentativa de homogeneização conceitual que se faça não pode dar conta dessa dinâmica processual.

Para tornar a resistência um conceito passível de utilização em contextos históricos específicos, é preciso, portanto, pôr em diálogo o conceito global com as experiências locais. No projeto da *HGA*, Elisha Atieno é, talvez, quem melhor soube aproximar essas duas pontas do mesmo arco.

Em sua tentativa de definir o que foi a oposição ao colonialismo, Atieno vai empregar um novo termo: *siasa*. Palavra de origem *kiswahili*, *siasa* significa, segundo Atieno (2010:757), simultaneamente oposição, reivindicação, agitação e ação militante, compreendendo, assim, tanto as ações desenvolvidas por grupos organizados quanto iniciativas espontâneas e individuais.

Atieno propõe *siasa* como um conceito que conjugue a resistência como fenômeno global e suas expressões mais organizadas e bem-delineadas do ponto de vista ideológico com aquelas experiências de caráter mais local e pouco organizado. Nesse contexto, insere-se desde a manifestação política autorizada pela própria metrópole até os "comícios provocadores sobre as colinas e os treinamentos bélicos nas florestas", de maneira que

> a *siasa* representa, portanto, uma consciência coletiva dos malefícios do sistema colonial em dado lugar e momento. O termo abrange ao mesmo tempo a consciência de clãs, de nacionalidades e de classes sociais. As atividades políticas a que se dedica este capítulo embasavam-se, portanto, numa consciência de grupo concreta. Eram atividades de massa. Cada movimento exigia um chefe, mas eram as massas que o formavam, sendo os dirigentes apenas a vanguarda. [...]. E, de acordo com o nível e o terreno de intervenção escolhidos, algumas dessas atividades foram mais tarde classificadas como manifestações de nacionalismo [Atieno, 2010:759].

A noção de *siasa* tem o mérito de usar uma terminologia original para o estudo da reação anticolonial, empregando uma semântica própria para a questão, semântica essa advinda da própria prática da resistência, sendo, por isso, sua utilização restrita às áreas de povoação *kiswahili*, não tendo, inicialmente, maior abrangência teórica.

Ponto problemático é quando o autor aponta a *siasa* como predecessora/sinônima do moderno nacionalismo de massas. Há nesse aspecto do argumento de Atieno a manifestação da tendência geral da *HGA*, um dos poucos pontos de consonância da obra, em tratar a oposição anticolonial como predecessora e, em alguns casos, fenômeno idêntico do posterior nacionalismo africano dos anos pós-Segunda Guerra Mundial, quando da eclosão de conflitos de libertação nacionais.

Dessa forma, considerada generalização teórica e fenômeno global, ou reformulada linguisticamente em seus contornos locais pela noção de *siasa*, a resistência é apresentada por Albert Adu Boahen, editor do volume, por meio da questão-chave: "Qual foi a atitude dos africanos perante a irrupção do colonialismo que traz consigo tão fundamental mutação na natureza das relações existentes entre eles e os europeus nos três últimos séculos?". A resposta, afirma Boahen (2010a:3-4), é "clara e inequívoca":

[...] na sua esmagadora maioria, autoridades e dirigentes africanos foram profundamente hostis a essa mudança e declararam-se decididos a manter o *status quo* e, sobretudo, a assegurar sua soberania e independência, pelas quais praticamente nenhum deles estava disposto a transigir, por menos que fosse.

São traçadas, assim, as linhas mestras que, segundo Boahen, caracterizariam a resistência: a manutenção do modo de vida tradicional diante da emergência do colonialismo e a oposição às mudanças sociais e culturais que ele implicava, ressaltando o papel das elites tradicionais como defensoras do *status quo*.

Para avaliar seu modelo, Boahen faz emergir em seu texto as vozes de diversos monarcas africanos. Entre eles: Prempeh I, rei dos Ashanti; Lat-Dior, o *Damel* de Cayor; e Menelik II, imperador da Etiópia. Nas palavras deste último: "Os inimigos vêm agora se apoderar de nosso país e mudar nossa religião [...]. Com a ajuda de Deus, não *lhes entregarei meu* país [...]. Hoje, que os fortes *me emprestem* sua força e os fracos *me ajudem* com suas orações" (apud Boahen, 2010a:5; grifos nossos). Declarações como essas são, nas palavras de Boahen, as "respostas textuais *dos homens* que tiveram de fazer frente ao colonialismo: elas mostram, incontestavelmente, sua determinação em opor-se aos europeus e em defender sua soberania, sua religião e seu modo de vida tradicional" (Boahen, 2010a).

A identificação da resistência africana com os líderes tradicionais é clara tanto na passagem do próprio Menelik II quanto no julgamento histórico de Boahen. A palavra de ordem do imperador etíope é extremamente personalista, dirigindo-se no singular contra os inimigos vindos da Europa: "Não entregarei *meu* país". Da mesma forma, Boahen também personaliza a resistência, afinal são "as respostas textuais *dos homens*" que fazem frente ao colonialismo.

Além de personalista, o tom é também claramente masculino. A resistência, encarada como conflito direto de duas forças, encarna-se na imagem do líder, o herói. As figuras pessoais dos líderes são tratadas como espécie de catálise das iniciativas anticoloniais.

Trata-se, na verdade, de um constructo narrativo bastante seletivo, pois com esse modelo Boahen acaba falhando, segundo Frederick Cooper (2008:28), em tratar das contradições originadas de estruturas sociais específicas do próprio contexto africano, da qual a mais saliente é a escravidão. Se havia, por um lado, o ímpeto de manter-se politicamente independente, havia, em contrapartida, a dependência econômica dos Estados africanos — sobretudo no que concerne às nações da costa ocidental do continente; presos que estavam ao papel que lhes era dado na economia-mundo de então: o de fornecedores de gente; escravos.

Não se pode desprezar o fato de que os principais opositores ao avanço imperial europeu na África Ocidental tenham sido "irredutíveis em sua determinação de produzir e vender escravos". Daí deriva o fato de que, cerrados na contradição entre a dependência econômica, de um lado, e a busca da manutenção da autonomia política, de outro, as figuras pessoais de muitos dos monarcas africanos revelados por Boahen acabam sendo "trágicas" e mesmo "amargas", nas palavras de Alberto da Costa e Silva (2011:130).

Em linhas gerais, o tradicionalismo africano é tratado como oposto à modernização europeia pós-revolução industrial e, portanto, resistente a ela. O modelo de Boahen encontra-se alicerçado na dicotomia entre a modernidade invasora e a tradição resistente.

Subsiste nessa narrativa a visão dicotômica característica da própria ideologia colonial, gerada pela oposição do "colonizador civilizado e do colonizado primitivo". Assim, fala-nos Cooper (2008:22-23): "O risco de explorar o binário colonial está na sua redução, seja através de novas variações dicotômicas (o moderno *versus* o tradicional), seja pela inversão (o imperialista destruidor *versus* a tolerante comunidade de vítimas)".

Nessa lógica cercada por binômios, um fator emerge fundamental como meio de definição teórica da resistência: o capitalismo.

Capitalismo e resistência

O capitalismo é visto, ao correr da *HGA*, como um fator essencial para o entendimento do desencadear das iniciativas anticoloniais africanas. Tal acontece porque são nas relações de produção e reprodução do sistema capitalista que tanto o imperialismo quanto o colonialismo convergem como ideologias e formas de organização socioeconômicas que suscitam reações contrárias dos africanos.

Klass van Walraven e Jon Abbink (2008:17-18) afirmaram, acertadamente, que nesse momento considerava-se resistência qualquer coisa, que, de alguma forma, ajudara a frustrar as ações do capitalismo. Um dos principais nomes dessa linha, Allen Isaacman, argumenta na *HGA* que

> a resistência oferecida pelos camponeses e operários em começos do século XX decorria diretamente dos esforços desenvolvidos pelos regimes para reforçar sua hegemonia e impor relações capitalistas, a fim de explorar os recursos humanos e naturais da África Central [Isaacman e Vansina, 2010:203].

Nessa leitura, a resistência é vista especialmente como reação às consequências do capitalismo na África. Todo o choque entre africanos e europeus seria consequência, em última análise, da implantação desse modo de produção e de suas decorrências, como o trabalho forçado, as migrações laborais, os impostos etc.

Segundo Martin Kaniki, responsável pela parte dedicada aos aspectos econômicos do colonialismo na *HGA* (juntamente com Walter Rodney e Coquery-Vidrovitch), a tributação, por exemplo, não foi desenvolvida com vistas a aumentar a receita pública, mas com o "objetivo de obrigar os africanos a se colocarem a serviço dos interesses do capitalismo internacional" (Kaniki, 2010:455).

Em síntese, as colônias foram "integradas ao sistema capitalista ocidental, no contexto de um sistema econômico coerente de exploração colonial" (Coquery--Vidrovitch, 2010:401), e, segundo Rodney (2010:377; grifo nosso), diante dessa tentativa de "destruição de sua independência econômica, os africanos respondiam com *violência*".

Na argumentação de Rodney, parece haver um traço fundamental do pensamento de Frantz Fanon. Para Fanon (2011:453), a força motriz da descolonização seria justamente a violência, pois o "mundo estreito" do colonialismo não poderia ser impugnado senão pela "violência absoluta".[7] Dessa forma, violência e resistência conjugam-se contra o capitalismo colonial-imperialista.

Tal interpretação remete ao fato de que o desenvolvimento do capitalismo engendrou novas formas de resistências, tanto no nível da ação (as fugas do trabalho forçado, as retenções da produção da lavoura, a sonegação de impostos) quanto no organizacional, especialmente com a formação dos sindicatos de operários, que acabaram em alguns casos pluralizando racial e etnicamente a resistência.

Em muitos casos, a resistência transpôs a barreira racial, sendo exemplares movimentos ocorridos na África do Sul. Nesse sentido, o fenômeno da resistência passa a ser muito mais complexo do que o binômio branco (invasor colonizador)/ negro (colonizado resistente) pode fazer supor.

Em áreas mais industrializadas com um nascente movimento operário, a perspectiva de classe, por exemplo, acabava por conjugar brancos pobres com negros. Em um trecho de panfleto intitulado *Apelo aos trabalhadores bantu*, lia-se: "Que importa a cor da sua pele! Vocês pertencem às massas laboriosas do mundo inteiro. Daqui por diante, todos os assalariados fazem parte da grande confraria dos trabalhadores" (apud Fanon, 2011:805). É contrariado o binômio racial que aparece, ainda que de forma implícita, na própria *HGA*. Trabalhos mais recentes têm criticado

---

[7] Cabe frisar que a tendência de privilegiar os choques diretos, violentos é geral na *HGA*. Naturalmente, a tese de Fanon ressoou implícita ou explicitamente em vários outros trabalhos sobre a resistência africana, e não só no estudo de Rodney.

esse possível "racialismo" da resistência por se centrar demais nas reações do africano ao "homem branco".[8]

Essa reflexão inaugura o tema mais problemático quanto à reflexão sobre a ideia de resistência na *HGA*. Afinal, incluir os sindicatos e os operários como expressões de resistência seria romper com o vínculo entre manutenção do *status quo* da tradição e resistência. Da mesma forma, mais problemático ainda seria incluir entidades como a citada International Socialist League na resistência. Isso porque a organização estava filiada a uma ideologia que, para todos os efeitos, tem sua origem na Europa moderna pós-Revolução Industrial, e não na África "tradicional".

Admite-se, agora, a continuidade da *Era Clássica da resistência*, que compreende os fins do século XIX e o início do XX, com as oposições anticoloniais posteriores, transpondo-se, assim, da ênfase no *status quo* da tradição e nas figuras pessoais dos chefes tradicionais para organizações de feições modernas (sindicatos, partidos etc.) e com um apelo mais coletivo.

Resistência e política

Coube a Terence Ranger levar a cabo a discussão sobre o caráter tradicional e moderno da resistência. Vale lembrar, mais uma vez, que a *HGA* foi semeada em plena onda de guerras de libertação nacional e que alguns movimentos nacionalistas "manifestadamente se inspiraram nas lembranças de um passado *heroico*" (Ranger, 2010:65). Os historiadores do projeto da *HGA* veicularam a ideia de resistência intimamente ligada ao nacionalismo revolucionário africano do século XX e, tal como muitos militantes deste último, buscaram traçar uma continuidade entre a fase da expansão colonial do final do século XIX e as guerras de libertação nacional.

A *HGA*, de maneira geral, se contrapõe, dessa forma, àquela parcela da historiografia que não vê ligação entre a resistência e as guerras de libertação encabeçadas por movimentos nacionalistas. Tal é o caso de Henri Brunschwig (1974:61 e 64), para quem a resistência estaria somente vinculada aos laços étnicos, de modo que os movimentos nacionalistas estariam em outro plano organizativo, em que as

---

[8] Como argumentaram Walraven e Abbink (2008:16) em um estudo recente: "Um ponto fundamental na crítica aos primeiros trabalhos sobre o conceito de resistência é que se centram nas reações dos africanos contra o homem branco ou contra o colonialismo e não em seu verdadeiro papel no desenvolvimento histórico". O problema é que Walraven e Abbink não especificam concretamente em seu trabalho o que seja esse "verdadeiro papel [da resistência] no desenvolvimento histórico", o que torna sua crítica aos primeiros estudos sobre a resistência — e, consequentemente, a alguns trabalhos da *HGA* — incompleta.

ideologias "importadas do Ocidente" seriam flexíveis e ambíguas o suficiente para adaptarem-se a novas pessoas e circunstâncias.

Outro autor a questionar tal vínculo é Edward Steinhart. Para ele, tratar as insurreições militares datadas dos anos iniciais do colonialismo como precursoras das guerras de libertação nacional seria dar legitimidade aos numerosos regimes autoritários que se instalaram em vários países africanos no pós-independência e consolidar uma espécie de "mito nacionalista autoritário". Assim, em lugar de analisar os movimentos de resistência anticolonial pelas lentes distorcidas da mitologia nacionalista, seria preciso criar um "mito" melhor, mais adequado para interpretar a realidade africana (Steinhart, 1993:362).

Para opor-se a essas teses, Terence Ranger faz uso, na *HGA*, do trabalho de Allen Isaacman. Este último argumenta, partindo do caso moçambicano, que as lutas camponesas da *Era Clássica* acabaram por ser o germe da contestação que desembocaria na formação da Frente de Libertação Nacional de Moçambique (Frelimo), um moderno movimento nacionalista que encabeçou a guerra de libertação: "A revolta [camponesa] de 1917 constitui a culminação da longa tradição de resistência zambeziana e simultaneamente se torna precursora da recente luta de libertação" (Isaacman, 1979:290).

Essa forma de encarar a resistência acabava se conjugando ao entorno político do período de sua formulação. O próprio Isaacman abre sua obra com uma fala de Samora Machel, líder máximo da Frelimo de então:

> No curso do [...] processo histórico das guerras de conquista, o Povo Moçambicano sempre se bateu heroicamente [...] contra o opressor colonialista. Desde a resistência do Monomotapa à insurreição do Barué, a história moçambicana orgulha-se dos gloriosos feitos das massas na luta pela defesa da liberdade e da independência [apud Isaacman, 1979:6].

A argumentação de Isaacman contém, de forma perceptível, a mesma base ideológica do discurso de Machel. Entretanto, não se tratava somente de uma posição pessoal de Samora Machel, posteriormente absorvida por Isaacman. Ao contrário, a força desse discurso se fará sentir em toda a África, ecoando do Cairo à Cidade do Cabo.

No Egito, Gamal Abdel Nasser (1963:68) escreverá que "os germes" da insubordinação anticolonial eram "uma herança das antigas gerações". Já na África do Sul, o então jovem líder político Nelson Mandela (1965:147) afirmava procurar inspiração nas histórias das guerras travadas por seus antepassados em defesa da pátria, vendo tais histórias não somente como parte das narrativas ancestrais, mas como uma forma de orgulho e glória da "nação africana".

Contudo, foram feitas outras leituras menos sofisticadas e mais problemáticas da resistência por parte de certos políticos nacionalistas africanos. O então chefe de Estado da Guiné-Conacri, Sekou Touré, por exemplo, nesse mesmo período reclamava a ascendência materna de Samori Touré, o *Almamy* do império malinquê da África ocidental que se opôs militarmente à invasão imperialista francesa em meados do século XIX.

Sekóu Touré evocou a memória de seu suposto antepassado para criar consenso nacional e legitimar-se no poder. De acordo com Ibrahima Kaké (1987:21-22), Sekóu Touré apresentava-se como o descendente de Samori "escolhido pelos anjos" para vingar o *Almamy*, articulando, dessa forma, seu poder político de chefe de Estado com o de portador de poderes sobrenaturais herdados de sua suposta linhagem imperial.

Criava-se, para fins político-pragmáticos, não mais puramente teóricos ou historiográficos, o vínculo entre as insurreições armadas de finais do século XIX e a política nacionalista então corrente, não havendo necessariamente oposição direta entre o discurso nacionalista e o vínculo étnico ou entre organizações políticas modernas e modelos de hierarquias ancestrais. Algo que ajuda a desconstruir a tese de Brunschwig, segundo a qual seria característica específica da resistência estar vinculada aos elementos étnicos, ao contrário do moderno nacionalismo de massas.

A chamada "tradição de resistência" fornecia um valioso substrato simbólico para ajudar a consolidar a ideia de nação, desembocando em um uso anacrônico dos nomes de alguns dos chefes africanos do passado. Esse uso abriu margem para a crítica de Steinhart ao "mito nacionalista autoritário".

Contudo, apesar do diálogo inevitável entre o pragmatismo político dos anos 1970 e 1980, de um lado, e a teoria historiográfica, de outro, não se pode reduzir esta última ao primeiro. Henry Mwanzi (2010:167-168) é o autor que mais se esforça em demonstrar que o projeto da *HGA* não compactua com os usos e abusos do passado insurgente:

> Os envolvidos [nas lutas nacionalistas do pós-Segunda Guerra] tendiam a considerar-se herdeiros de uma longa tradição de combate, que remontava aos começos do século atual, se não a antes. Posto nestes termos, este ponto de vista é uma tentativa de utilizar critérios do presente — de utilizá-los retroativamente — na interpretação dos acontecimentos do passado.

Mesmo referenciando outros autores da *HGA*, Boahen em particular, Mwanzi mostra-se, por seu posicionamento, como espécie de ponto fora da curva. Trata-se do único autor que problematiza o vínculo direto entre o nacionalismo africano moderno e as ações de insubordinação datadas do início da invasão colonial. Sua crítica às elites africanas que encabeçaram as independências vem cortante dentro da narrativa linear e homogênea que perpassa grande parte dos demais escritos.

Sua assertiva mostra-se, por isso, como aviso. Buscar, por meio de uma perspectiva historiográfica, imune aos anacronismos da pragmática política, a mediação necessária entre dois momentos, que, se comportam claras diferenças conjunturais, têm o mesmo vínculo causal: o colonialismo.

Conclusão

De acordo com o que foi discutido, é possível concluir que a resistência ao colonialismo se configurou nessa historiografia atuante na *HGA* como um termo polissêmico, empregado como sinônimo de muitos outros: rebeliões, insurgências, *siasa*, protestos etc. Há na *HGA* uma diversificação de impressões sobre a resistência. Retornando aos termos em que sustentamos a análise: é possível afirmar que várias vozes habitam a *HGA* e tentam conceituar a resistência, ocorrendo uma polifonia do conceito.

Apesar do largo uso que tinha o termo, ele não foi, de fato, sistematizado de maneira a construir um consenso epistemológico mínimo. Assim, "resistência" foi se tornando cada vez mais uma definição vaga que denotava qualquer tipo de empreitada anticolonial, qualquer reação gerada pelo capitalismo, ou mesmo ganharia tons quase axiomáticos e, como tal, não mais precisaria ser comprovada.

A ideia de resistência da *HGA* acaba, portanto, tendo uma série de implicações paradoxais: em um momento enfatiza-se a manutenção da tradição, em outro os aspectos da modernidade; apela ao modo como a resistência antecipou os conflitos de libertação nacional, mas também comporta a ideia de que ela mesma foi um conflito nacionalista. Ao fim, o maniqueísmo político é rejeitado, o que não impede de tratar a resistência de forma politizada.

Referências

ATIENO, E. S. Política e nacionalismo na África Oriental, 1919-1935. In: BOAHEN, A. A. (Ed.). *História geral da África*: África sob dominação colonial. Brasília: Unesco, 2010. v. VII.

BAKHTIN, M. *Problemas da poética de Dostoiévski*. Rio de Janeiro: Forense Universitária, 2010.

BARBOSA, M. S. *A África por ela mesma*: a perspectiva africana na *História geral da África* (Unesco). Tese (doutorado), FFLCH, USP, 2012.

BARROS, J. d'A. *Teoria da história*: acordes historiográficos. Petrópolis: Vozes, 2011. v. IV.

BOAHEN, A. A. A África diante do desafio colonial. In: BOAHEN, A. A. (Ed.). *História geral da África*: África sob dominação colonial. Brasília: Unesco, 2010a. v. VII.

_____. (Ed.). *História geral da África*: África sob dominação colonial. Brasília: Unesco, 2010b. v. VII.

BRUNSCHWIG, H. De la résistance africaine à l'impérialisme européen. *The Journal of African History*, Londres, Cambridge University Press, v. 15, n. 1, 1974.

COOPER, F. Conflito e conexão: repensando a história colonial da África. *Anos 90*, Porto Alegre, UFRGS, v. 15, n. 27, 2008.

COQUERY-VIDROVITCH, C. A economia colonial das antigas zonas francesas, belgas e portuguesas (1914-1935). In: BOAHEN, A. A. (Ed.). *História geral da África*: África sob dominação colonial. Brasília: Unesco, 2010. v. VII.

FANON, F. *Oeuvres*. Paris: La Découverte, 2011.

GADAMER, H.-G. *Verdade e método*: traços fundamentais de uma hermenêutica filosófica. Petrópolis: Universitária São Francisco/Vozes, 2007. v. I.

ISAACMAN, A. *A tradição de resistência em Moçambique*: o vale do Zambeze, 1850-1921. Porto: Afrontamento, 1979.

_____; VANSINA, Jan. Iniciativas e resistências africanas na África Central, 1880-1914. In: BOAHEN, A. A. (Ed.). *História geral da África*: África sob dominação colonial. Brasília: Unesco, 2010. v. VII.

KAKÉ, I. B. *Sékou Touré*: le héros et le tyran. Paris: Jeune Afrique, 1987.

KANIKI, Martin H. U. A economia colonial: as antigas zonas britânicas. In: BOAHEN, A. A. (Ed.). *História geral da África*: África sob dominação colonial. Brasília: Unesco, 2010. v. VII.

KOSELLECK, R. *Futuro passado*: contribuição à semântica dos tempos históricos. Rio de Janeiro: Contraponto/PUC-Rio, 2006.

MANDELA, N. *No easy walk to freedom*. Heinemann: Portsmouth N. H., 1965.

MWANZI, H. A. Iniciativas e resistência africanas na África Oriental, 1880-1914. In: BOAHEN, A. A. (Ed.). *História geral da África*: África sob dominação colonial. Brasília: Unesco, 2010. v. VII.

NASSER, G. A. *A revolução no mundo árabe*. São Paulo: Edarli, 1963.

NORMAN, L. *Kenya*. Londres: Hogarth, 1924.

PATTE, R. *Portugal na África contemporânea*. Rio de Janeiro: PUC- Rio, 1961.

RANGER, T. O. Iniciativas e resistência africanas em face da partilha e da conquista. In: BOAHEN, A. A. (Ed.). *História geral da África*. Brasília: Unesco, 2010. v. VII.

RODNEY, W. A economia colonial. In: BOAHEN, A. A. (Ed.). *História geral da África*: África sob dominação colonial. Brasília: Unesco, 2010. v. VII.

SADIE, S. *Dicionário Grove de música*. Rio de Janeiro: Zahar, 1994.

SILVA, A. da C. e. *Um rio chamado Atlântico*: a África no Brasil e o Brasil na África. Rio de Janeiro: Nova Fronteira, 2011.

STEINHART, E. The Nyangire rebellion of 1907: anti-colonial protest and the nationalism myth. In: MADDOX, G. (Ed.). *Conquest and resistance to colonialism in Africa*. Nova York/Londres: Garland, 1993.

UNESCO. *Septième reunion du bureau du Comité Scientifique International pour la redaction d'une Histoire générale de l'Afrique*. Paris, 18-29 jul. 1977. Disponível em: <http://unescodoc.unesco.org/images/0003/000324/032484ed.pdf>. Acesso em: 6 set. 2013.

VAIL, L.; WHITE, L. Forms of resistance: songs and perceptions of power in colonial Mozambique. In: CRUMMEY, D. (Ed.). *Banditry, rebelion and social protest in Africa*. Londres: James Currey; Heinemann: Portsmouth N. H., 1986.

WALRAVEN, K. van; ABBINK, J. Repensar la resistencia en la historia de África. In: ____; ____; BRUJIN, M. *A propósito de resistir*: repensar la insurgencia en África. Barcelona: Oozebap, 2008.

ŽIŽEK, S. *Em defesa das causas perdidas*. São Paulo: Boitempo, 2009.

O *NEW YORK TIMES* E A CRIAÇÃO DE ISRAEL (1937-1948)

Luiz Salgado Neto

ENTRE 1945 E 1948, HOUVE UM ACALORADO DEBATE NOS EUA SOBRE A QUESTÃO DA Palestina.[1] No cerne da controvérsia estava a decisão do presidente Harry Truman (1945-1953) de apoiar ou rejeitar o projeto de erigir um Estado judeu na Palestina. Após a Segunda Grande Guerra, especialmente depois de o Holocausto ter sido conhecido em toda a sua extensão, a legitimidade do sionismo político[2] se consolidou, e a demanda pela criação de um Estado judeu, destinado a impedir que tais horrores se repetissem, tornou-se bastante contundente.

A discussão tornou-se extremamente problemática para o presidente Truman, já que ele passou a estar exposto a dois vetores de pressão. Por um lado, havia o

---

[1] O que denomino "Questão da Palestina" é o impasse ocasionado pelo conflito entre judeus sionistas e árabes palestinos quanto à posse e ao uso do território para objetivos nacionais. Ambos os lados reivindicavam para si a Palestina como o solo sobre o qual seria construído seu "Estado nacional". Em primeiro lugar, portanto, deve-se ter em mente que esse é um conflito fundamentalmente *político*. Embora ambos os lados façam frequentes alusões a fundamentos religiosos, o conflito se caracteriza como uma luta entre dois grupos por um mesmo território. Como diz François Massoulié (1996:47), "o conflito se resume a esse dado fundamental: a ocupação efetiva, simbólica e política por um grupo humano de um território já habitado por outro grupo humano".

[2] O sionismo político foi fundado oficialmente no Primeiro Congresso Sionista, ocorrido em 1897, na cidade de Basileia, Suíça. Convocado pelo jornalista judeu-húngaro Theodore Hertzl, o Congresso definiu o programa oficial do sionismo político: criar um lar judeu na Palestina. Também no âmbito do Congresso foi criada a Organização Sionista Mundial, entidade responsável por levar adiante o programa do movimento.

campo antissionista, formado principalmente por órgãos governamentais voltados para a diplomacia, defesa e inteligência — o Departamento de Estado, o Departamento da Defesa e a Agência Central de Inteligência (CIA); por outro, havia o campo pró-sionista, composto por uma parcela expressiva da opinião pública (judaica e não judaica), pela maioria dos congressistas (democratas e republicanos), por organizações e associações civis e religiosas, pelas duas maiores centrais sindicais do país, a *American Federation of Labor* (AFL) e o *Congress for Industrial Organizations* (CIO) e por uma variedade de veículos de imprensa.

O papel da opinião pública nas discussões a respeito da decisão norte-americana de apoiar a criação de um Estado judeu não pode ser negligenciado. Certamente, há um acalorado debate na academia e em círculos políticos sobre a efetividade da opinião pública em processos decisórios. Alguns autores manifestam ceticismo sobre o papel exercido pelas opiniões do público em matéria de política externa (Becker, 2003:202-203; Cohen, 1970:68-72). No entanto, muitos estudiosos, ao analisar casos concretos em democracias, demonstram que debates públicos são ouvidos nos níveis governamentais, cujos representantes eleitos devem observar, e realmente observam, a ação prescrita pela maioria da sociedade, o que traz restrições a suas ações (Kelly, 1970:88). Para alguns analistas, a opinião do público não determina a política adotada, mas delimita a esfera do "politicamente possível" (Evensen, 1992:8), enquanto outros demonstram que a opinião da sociedade "limita opções" (Small, 1970:15).

Nesse sentido, um aspecto importante da análise da opinião pública é o papel da imprensa. Evidentemente, veículos de imprensa não são os únicos representantes da opinião pública. Cometeríamos um grande equívoco se limitássemos nossas análises de opinião aos jornais e revistas. Para Pierre Laborie (2009, n. 4, p. 83), uma das principais características da opinião pública é seu caráter diverso, dinâmico e complexo. Na verdade, segundo esse autor, nossa preocupação deve ser analisar os "fenômenos de opinião", plurais e móveis, assim como problemáticos e conflituosos.

Assim, a imprensa é *parte* da opinião pública, mas *não é* a opinião pública. Por outro lado, é inegável sua importância nos debates públicos. Ela assume um poder de fala considerável em diversas discussões, notadamente os veículos de expressão ampla, como os jornais de circulação em massa. Seja por sua difusão, seja por conta da maior disponibilidade dos meios materiais acessíveis para sua propagação, esses veículos de comunicação são importantes atores nos debates sobre a tomada de decisões políticas.

Nesse sentido, o *New York Times* cumpre um papel extremamente relevante no debate político norte-americano. Especificamente no caso da discussão em torno do sionismo, esse jornal teve atuação significativa, tanto por conta de seu destaque em meio aos demais veículos de comunicação quanto por causa de suas origens sociais.

O *New York Times* é o principal jornal dos EUA e é dedicado a um amplo e variado público. Fundado em 1851, em 1896 foi comprado por Adolf Ochs, um judeu de origem germânica, que implantou uma grande transformação no periódico, em termos jornalísticos e empresariais. Uma das principais mudanças ocorreu assim que o jornal foi adquirido por ele. O novo proprietário se empenhou em diferenciar o *New York Times* de seus competidores locais da chamada "*yellow press*" (imprensa sensacionalista, dedicada principalmente a publicar crimes), *New York Sun* e *New York World*, fazendo da credibilidade uma das pedras fundamentais do projeto editorial do jornal (Evensen, 2008:338; Teel, 2006:3). Essa postura fez com que o jornal se tornasse atrativo para leitores de diversos estratos sociais, interessados em notícias diversificadas sobre política interna e externa.

Quando Adolf Ochs morreu, em 1935, o jornal era o mais vendido nos EUA. Em 1937, alcançou a circulação de 500 mil exemplares nos dias de semana e 770 mil aos domingos (Talese, 1969:53). Na década de 1930, o *New York Times* já era o jornal mais importante do país. O periódico era visto por muitos como o relato fidedigno da "realidade" (Talese, 1969:7), enquanto alguns o consideravam a "bíblia da opinião informada" (Evensen, 1992:10).

Assim, este capítulo analisará os editoriais e algumas reportagens do *New York Times* sobre o sionismo, a Questão da Palestina e o Holocausto. De especial importância serão os editoriais, pois apresentam a opinião oficial do jornal e se constituem na contribuição específica de seus editores para o debate sobre a construção de um Estado judeu na Palestina entre 1937 e 1948.

O principal objetivo deste texto é problematizar a atuação do *New York Times* em toda a discussão a respeito do sionismo nesses 11 anos em que eventos significativos ocorreram na história da comunidade judaica europeia, na história da Palestina e na história mundial.

O fato de o *New York Times* ser um jornal de propriedade de uma família judia frequentemente leva a análises equivocadas. Para muitos, isso teria como consequência lógica o apoio irrestrito de seus editores, jornalistas e articulistas à criação de um Estado judeu. Contudo, a decisão pelo apoio foi alcançada de modo complexo e sujeito a diversos enquadramentos intelectuais e sociológicos.

Com efeito, inicialmente o *New York Times* era contrário à criação de um Estado judeu e foi um dos mais ferrenhos opositores do sionismo político na esfera pública. Somente em um período próximo à fundação de Israel o jornal manifestou-se favorável à criação do Estado. Como poderemos compreender essa postura? Como entender a contrariedade inicial e a mudança de opinião? Talvez o primeiro passo seja necessariamente inserir o periódico e seus proprietários judeus na dinâmica sociológica da comunidade judaica dos EUA desde os fins do século XIX até 1948, quando o sionismo se tornou alvo de um acalorado debate entre os judeus norte-americanos.

Em primeiro lugar, é preciso ressaltar que até a Segunda Grande Guerra os segmentos judaicos mais estabelecidos na sociedade norte-americana rejeitavam o projeto de criar um Estado judeu na Palestina. Até as ondas migratórias iniciadas nas últimas décadas do século XIX, a comunidade judaica dos EUA era hegemonizada por judeus asquenazes de origem germânica, que haviam imigrado, em seu maior número, entre os anos 1820 e 1870. A despeito de um antissemitismo disseminado em várias esferas sociais, estavam relativamente bem integrados à sociedade norte-americana mais ampla, não sofrendo perseguições oficiais ou restrições legais quanto à sua vida religiosa ou inserção profissional.

Porém, com as ondas de imigração que se iniciaram por volta de 1880,[3] houve uma mudança significativa na comunidade judaica norte-americana. Os grupos recém-chegados alteraram a configuração social judaica no país, fazendo emergir sérias divergências entre os "judeus germânicos" e os "judeus leste-europeus", termos comumente utilizados para diferenciar os dois grupos.[4]

Houve várias diferenças entre os dois grupos (Nadel, 2008). Porém, o que despertou a divergência mais acirrada entre as duas comunidades foi o sionismo. Com efeito, a noção de que era necessário construir um Estado para os judeus foi levada aos EUA em grande parte pelos imigrantes judeus do Leste Europeu. Contudo, para a maioria dos judeus de origem germânica, enfatizando que os judeus norte-americanos não sofriam perseguições oficiais nem eram vítimas de ataques da população civil, manifestar-se sobre a necessidade de uma "pátria judaica" significava uma traição aos EUA. Os judeus de origem germânica afirmavam que o sionismo era uma ideologia "não americana" (*un-American*), uma "ideologia de gueto", que criava separações entre judeus e não judeus. A meta dos judeus de origem germânica era exatamente o oposto disso, isto é, a plena integração à sociedade norte-

---

[3] Segundo o American Jewish Committee, havia na virada do século XIX para o XX cerca de 1 milhão de judeus nos EUA (*American Jewish Year Book*, 1899:284). Não há como saber a distribuição exata entre os judeus de migração germânica e os de migração do Leste Europeu, mas estimativas indicam que entre 2,5 e 3 milhões de judeus chegaram aos EUA entre 1880 e 1924 vindos das áreas orientais da Europa (Diner, 2004:88).

[4] A historiadora Hasia Diner (2004:78-80) nos alerta a não tomar essa divisão com rigidez, pois em geral tal classificação é excessivamente simplista. Porém, segundo ela, de maneira geral, essa distinção pode ser traçada para indicar diferenças linguísticas e culturais e para entender as relações sociais entre distintos grupos de judeus norte-americanos.

-americana. Para eles, os judeus recém-chegados deveriam abandonar sua postura de clã (*clanishess*) e "tornarem-se americanos".

Foram necessários trágicos acontecimentos durante a Segunda Guerra e profundas alterações na comunidade judaica europeia para que houvesse uma aceitação mais ampla do projeto de criar um Estado judeu na Palestina. E, ainda assim, o sionismo norte-americano tinha como premissa central a crença de que o Estado a ser fundado seria destinado aos judeus europeus, que sofriam graves perseguições no Velho Continente. Assim, a pátria judaica não seria destinada aos judeus norte-americanos, que já desfrutavam de liberdade na "América", mas para aqueles que eram oprimidos na Europa.

Nesse sentido, torna-se compreensível a oposição dos proprietários do jornal *The New York Times* ao sionismo. Adolph Ochs era parte de uma família judaica de origem germânica, cujos pais haviam chegado aos EUA em 1845 vindos da Baviera e que haviam se integrado favoravelmente à sociedade. Condizente com essa realidade social, o objetivo de Ochs era fazer do *New York Times* um jornal para todos os norte-americanos, e não um "jornal judeu".

Toda a discussão em torno do sionismo permaneceu acalorada nas primeiras décadas do século XX. Mas, na década de 1930, o debate adquiriu um novo elemento quando Adolf Hitler ascendeu ao poder na Alemanha e passou a perseguir a comunidade judaica alemã,[5] o que culminaria, durante a Segunda Guerra Mundial, no Holocausto. Tal situação demandou novas avaliações dos judeus norte-americanos. Assim, ao longo das décadas de 1930 e 1940, muitas organizações e indivíduos judaicos que eram anteriormente contrários ao sionismo tornaram-se favoráveis.

Porém, em primeiro lugar, a questão era tratada de forma humanitária. A implacável perseguição aos judeus gerou uma onda de refugiados, que buscavam abrigo onde quer que fosse possível. Sua situação era altamente dramática, pois muitos países recusavam a lhes oferecer autorização de entrada ou permanência, entre eles França, Grã-Bretanha e EUA. Muitos judeus norte-americanos pediam com insistência que os governos ocidentais providenciassem refúgios.

No entanto, para os sionistas, só havia uma opção: a Palestina. Com efeito, com as portas de muitos países fechadas, o número de judeus a ingressarem na Palestina

---

[5] Em 1935, com as Leis de Nuremberg, ficaram proibidos casamentos entre judeus e "arianos" e foram criadas duras restrições profissionais, privando muitos de ganhar sua vida. O ataque aos direitos, contudo, era somente o primeiro passo de um terrível projeto de eliminar a população judaica da Alemanha e, depois, de toda a Europa. Além da perseguição legal, iniciaram-se, também, ataques civis à comunidade judaica alemã, estimulados ou tolerados pelas autoridades. Com a expansão da Alemanha para o Leste Europeu, esses ataques começaram a ocorrer também na Áustria e na Polônia. O episódio mais conhecido foi a chamada *Kristallnacht* (ver nota 8).

aumentou drasticamente nesse período. E foi nesse contexto, por causa exatamente do aumento da população judaica na Palestina, que eclodiu o que é conhecido como a Grande Revolta Árabe da Palestina.

A Grande Revolta Árabe da Palestina foi uma rebelião de grandes proporções que eclodiu no Mandato Britânico[6] entre 1936 e 1939. Embora tenha havido atos de violência anteriores, essa revolta foi generalizada, produzindo grande quantidade de mortos e feridos, entre judeus, árabes e britânicos. Como resultado, os britânicos enviaram uma comissão governamental presidida por Earl Peel (chamada "Comissão Peel") para averiguar as causas da revolta e propor soluções para o que já era tratado como "Questão da Palestina" (*Palestine Question*, *Palestine Issue*). Os membros da comissão concluíram que a solução mais adequada para o conflito entre "duas entidades nacionais" era a partilha da Palestina em dois Estados — um árabe e um judeu.

Diante disso, pela primeira vez o *New York Times* teve de se pronunciar oficialmente a respeito do Estado judeu, já que agora havia uma possibilidade real de que tal Estado fosse criado. Em editorial,[7] o jornal se pronunciou contrário à partilha proposta pela comissão:

> É difícil não concluir que a partilha é uma solução de um homem fraco baseada no derrotismo. [...] É possível que os extremistas sionistas e árabes, insatisfeitos com a metade do pão que agora lhes está sendo oferecido, continuarão a exercer a mesma pressão que no passado para assegurar suas reivindicações maximalistas. [...] A verdade é que a partilha proposta oferece pouca ou nenhuma esperança de eliminar, ou mesmo de atenuar os efeitos dessas forças na Palestina, internas e externas, que de acordo com a comissão [Peel] fez a paz entre sionistas e árabes impossível. A partilha não responde às questões vitais para os extremistas de ambos os grupos. [...] Apenas para a Grã-Bretanha a partilha é claramente vantajosa. Ela colocaria a responsabilidade definitivamente sobre os dois povos opostos.

O editorial continua, fazendo uma veemente defesa das opiniões moderadas e criticando os extremistas nos dois lados. Segundo o *New York Times*, os moderados apresentavam uma proposta que determinava: (1) "uma trégua de 10 anos" e (2) "a manutenção, pelo menos a curto prazo, do *status* de minoria para os judeus da Palestina, mantendo viva a noção de uma Terra Santa unida para as três grandes

---

[6] O Mandato Britânico da Palestina foi conferido pela Liga das Nações, após a dissolução do Império Turco-Otomano, que controlava a Palestina até a Primeira Guerra Mundial. O mandato foi instituído oficialmente em 1923.

[7] "Partition of Palestine" (*The New York Times*, 8 jul. 1937, editorial).

religiões". O *New York Times* concorda com essa abordagem, afirmando que ela poderia ser "a base para uma solução". O editorial então diz quais seriam os pontos-chave desse plano:

Primeiro: uma distribuição equitativa de emprego entre as comunidades árabe e judaica. Segundo: maior participação de judeus e árabes no governo. Terceiro: adequadas salvaguardas para os camponeses árabes e para os agricultores arrendatários na questão da venda de terras. Quarto, e mais importante: a fixação de um número máximo para a imigração judaica durante todo o período da trégua.

Segundo o editorial, a proposta dos moderados determinava que a população de judeus chegasse ao máximo de 40% de toda a população da Palestina. O editorial termina com a manifestação de sua crítica à partilha:

Diante desta trégua de dez anos, adequadamente aplicada, é razoável acreditar que poderia ocorrer um progresso rumo à paz e ao entendimento neste pequeno país, que é o berço do pensamento e do espírito religioso do mundo Ocidental. Na melhor atmosfera criada por este compromisso, tanto os sionistas quanto os árabes teriam uma melhor oportunidade de reconciliar suas visões do que provavelmente terão se a afiada espada da partilha descer sobre sua terra comum.

Percebe-se que o *New York Times* está alinhado com as premissas da comunidade judaica de origem germânica, defendendo uma solução liberal para o conflito. Evidentemente, o modelo a ser seguido eram os EUA, onde diferentes comunidades, de origens étnicas distintas, conviviam em um mesmo Estado. Para os editores e proprietários do jornal, o Estado a ser criado na Palestina deveria garantir direitos para ambas as comunidades, independentemente de filiação religiosa ou origem étnica.

Portanto, fica claro pela leitura desse editorial que, em 1937, o *New York Times* era avesso à partilha proposta pela Comissão Peel e, logo, contrário à criação de um Estado judeu.

Contudo, a situação na Palestina foi se complicando à medida que a Alemanha de Hitler ia ganhando terreno na Europa — com a anexação da Áustria em 1938 e com a invasão da Polônia em 1939 —, e os ataques aos judeus iam se avolumando e se agravando também em outras partes da Europa. E, por fim, durante a Segunda Grande Guerra, um elemento importantíssimo veio a ser integrado às discussões sobre a Questão da Palestina: o Holocausto.

Contrariamente ao que afirmam alguns historiadores (Leff, 2005, 2006), o *New York Times* não foi negligente quanto ao Holocausto nem à perseguição aos judeus iniciada na década de 1930. Em 1938, quando houve o que é chamado de *Kristallnacht*,[8] o jornal condenou de forma contundente os ataques à população judaica. Em editorial intitulado "Grande Alemanha"[9] (aspas no original), o *New York Times* foi severo ao analisar o episódio, afirmando que foi "um dia de terror que ultrapassou qualquer coisa que mesmo o Terceiro Reich já tenha presenciado".

Quanto ao Holocausto, as primeiras notícias no *New York Times* foram publicadas em 25 de novembro de 1942. Uma delas, de autoria do correspondente em Londres James MacDonald, trazia o título: "Programa de Himmler mata judeus poloneses".[10] A reportagem diz que, "à guisa de reassentamento no Leste, o assassinato em massa da população judaica está ocorrendo". E, no mesmo dia, o jornal apresenta outra reportagem, em que diz que foram recebidas informações na Palestina sobre a "carnificina" [*slaughter*] de judeus, que eram mandados para "prédios de concreto na antiga fronteira russa" que "estão sendo usados pelos alemães como câmaras de gás nas quais milhares de judeus foram mortos".[11] E, no início de dezembro de 1942, em editorial intitulado "Os primeiros a sofrer",[12] o *New York Times* afirma que "a mania homicida dos nazistas chegou ao ápice [...], em uma ordem de Adolf Hitler demandando o extermínio de todos os judeus nos territórios controlados pela Alemanha".

Porém, mesmo com toda a extensão do Holocausto tendo se tornado conhecida, o *New York Times* declarava que a Palestina poderia ser o refúgio para os judeus oprimidos, mas não um Estado judeu. Na verdade, quando se discutia a transformação da Palestina em Estado judeu, o *New York Times* criticava abertamente os sionistas. Em pronunciamento diante da Fraternidade do Templo da Avenida Madison, em 5 de novembro de 1942, o editor do jornal Arthur Hays Sulzberger afirmou que judeus e árabes deveriam conviver "lado a lado em paz e criar um destino comum no interior de uma *commonwealth*", e que os judeus deveriam ter o direito de chamar de lar qualquer lugar que desejassem.[13]

---

[8] A *Kristallnacht* ("Noite dos Cristais" ou "Noite dos Vidros Quebrados") foi uma onda de ataques a lojas e indivíduos judeus e incêndios de sinagogas na Alemanha e na Áustria, ocorrida em novembro de 1938. O partido nazista alegava que os atos de violência eram produto de um espontâneo acesso de fúria da população alemã, que reagia ao assassinato de um diplomata alemão cometido por um jovem judeu refugiado na França.

[9] "Great Germany" (*The New York Times*, 11 nov. 1938, editorial).

[10] "Himmler program kills Polish Jews" (MacDonald, James; *The New York Times*, p. 10, 25 nov. 1942).

[11] "Details reaching Palestine. Wise gets confirmation" (*The New York Times*, p. 10, 25 nov. 1942).

[12] "The first to suffer" (*The New York Times*, 2 dez. 1942, editorial).

[13] "Asks evaluation of British effort: says pressure on Palestine issues at this time may prove to be unwise" (*The New York Times*, p. 13, 6 nov. 1942).

Percebe-se que o ideal liberal permanece: ambas as comunidades deveriam encontrar meios de conviver em um único Estado. Porém, tal proposta começava a parecer cada vez menos realista diante do quadro humanitário do pós-guerra, pois a situação dos judeus na Europa não havia sido resolvida simplesmente com a queda da Alemanha de Hitler. Ao contrário, surgia a questão de onde assentar os sobreviventes do Holocausto. Surgia o problema dos DPs[14] judeus.

A situação dos judeus sobreviventes foi alvo de maior discussão quando foi publicado o que é conhecido como "Relatório Harrison" em abril de 1946. O documento, preparado por Earl Harrison, enviado dos EUA aos campos administrados pelos norte-americanos na Alemanha e na Áustria para investigar a situação dos sobreviventes, diz que os refugiados judeus estavam em péssimas condições. A taxa de mortalidade continuava alta, mesmo após a liberação, pois os suprimentos médicos eram raros, e a comida, escassa.[15] Tal quadro era confirmado pelos dados estatísticos. Entre maio e junho de 1945, 18 mil judeus morreram de doenças só nos campos de Bergen-Belsen (Radosh e Radosh, 2009:73).

Diante disso, a Palestina passa a ser vista por muitos como o lugar de reconstrução da vida dos sobreviventes do Holocausto.[16] Seria um lugar onde os judeus poderiam refazer sua vida, pois muitos não desejavam voltar para seus antigos lares, depois de tudo o que lhes ocorrera. Do mesmo modo, emergiu nos EUA a percepção de que os judeus sobreviventes não poderiam ser vizinhos de pessoas que colaboraram, apoiaram ou fecharam os olhos para o Holocausto.

O *New York Times* também manifestava essa visão. Em editorial de 18 de julho de 1945, o jornal adotou uma postura muito diferente de sua posição precedente. O periódico sempre defendera a ideia de que, onde quer que vivessem, os judeus deveriam ter seus direitos civis assegurados e deveriam ser reconhecidos como cidadãos. No entanto, nesse editorial, o entendimento é bem diferente:

---

[14] Os DPs judeus foram aqueles que permaneceram nos campos mesmo após a derrota da Alemanha nazista. O termo vem da expressão em inglês *"displaced persons"*. Literalmente, esta pode ser traduzida como "pessoas deslocadas". Porém, a expressão não significava apenas que essas pessoas foram deslocadas pela guerra e não tinham moradia, mas trazia um significado mais profundo, pois se referia aos sobreviventes dos massacres nazistas (judeus, ciganos, comunistas etc.), que tinham escassas possibilidades de retornarem a seus locais de origem e haviam perdido completamente suas raízes. Muitos deles estavam desprovidos de cidadania. Portanto, eram pessoas que haviam perdido seu lugar, viviam em um não lugar. Os campos de sobreviventes eram, para esses sobreviventes, um limbo nacional.

[15] Harrison report. United States Holocaust Memorial Museum. Disponível em: <www.ushmm. org/museum/exhibit/online/dp/resourc1.htm>. Acesso em: 25 abr. 2013.

[16] "Orphans in Exodus from Buchenwald" (*The Christian Science Monitor*, p. 7, 6 jun. 1945); "Nazi victims cared for" (*The New York Times*, 13 out. 1945); "Immigrants receive village in Palestine" (*The New York Times*, p. 10, 20 out. 1945); "148 Jews land at Haifa" (Currivan, Gene; *The New York Times*, p. 4, 26 out. 1945).

O sentimento deve ser disseminado entre eles [judeus] de que eles não podem viver em comunidades onde foram tão espantosamente injuriados. Os assassinos podem estar mortos, na prisão ou escondidos, mas as pessoas que simplesmente toleraram assassinatos ou fecharam seus olhos ainda são em grande número. Com que estranho e horrível embaraço devem eles agora encarar seus poucos vizinhos judeus sobreviventes!

O jornal está afirmando, pela primeira vez, que a vida dos judeus na Europa era praticamente inviável.[17]

Além disso, mesmo após a derrota dos nazistas, os judeus continuavam a sofrer preconceitos e muitos ainda sofriam ataques físicos ou eram mortos por grupos antissemitas. Em editorial, o *New York Times* lamenta: "O antissemitismo não está morto". Então, pergunta: "O grande problema permanece — o que será dos judeus remanescentes da Europa?".[18]

Com isso, cada vez mais a situação dos refugiados se atrelava à solução para o problema político da Palestina. As discussões tornaram-se mais acaloradas. Nem todos que tinham preocupações humanitárias entendiam que era necessária a criação de um Estado judeu. Porém, para outros, especialmente para os sionistas políticos, somente com a criação de um Estado os judeus estariam livres de um novo Holocausto. Por outro lado, é claro, os árabes discordavam veementemente dessa proposta e reagiam de forma violenta.

Diante do impasse que se formou, emergiu uma percepção, compartilhada por muitos nos EUA, de que a recém-fundada Organização das Nações Unidas (ONU) deveria ter a responsabilidade de resolver o problema da Palestina. Tal proposta recebeu o apoio de diversos grupos liberais norte-americanos, entre eles o *New York Times*.

Com efeito, o periódico era um grande entusiasta da ONU. Em editorial de 18 de janeiro de 1946, afirmava que os EUA tinham o dever de agir para que a ONU funcionasse, por meio de seu "poder físico e moral".[19] E, em editorial de maio de 1947, o jornal referiu-se à organização como expressão da "opinião mundial", enfatizando que qualquer decisão da Assembleia Geral teria um "efeito moral" sobre os envolvidos. O *New York Times* manifestava esperança de que a ONU fosse

---

[17] Houve tentativas de assentar os judeus em partes da Europa e nos EUA. Porém, muitos não queriam viver na Europa, e as leis de imigração norte-americanas da década de 1920 não permitiam que um elevado número de imigrantes judeus entrasse no país. Houve a criação de um comitê conjunto entre norte-americanos e britânicos (o Anglo-American Committee of Inquiry, de 1946), mas não se chegou a uma solução satisfatória.

[18] "Refuge for Jews" (*The New York Times*, 14 out. 1945).

[19] "Faith in UNO" (*The New York Times*, 18 jan. 1946, editorial).

capaz de resolver contendas políticas com "procedimentos internacionais".[20] Por conseguinte, a organização deveria lidar com a questão mais problemática naquele momento: a Questão da Palestina.

Tais manifestações eram, evidentemente, sinais de apoio à ONU como instância internacional pautada pelo debate democrático, em que todos seriam ouvidos; um apelo à legalidade internacional; e expressão do anseio por uma entidade internacional criada com o objetivo de resolver pacificamente os problemas do pós-guerra. E, portanto, a decisão da Assembleia Geral, embora não tivesse o poder de forçar os envolvidos a cumpri-la, era investida da legitimidade de apresentar recomendações "apoiadas pela força da persuasão moral e da opinião pública".[21] Era uma demanda política baseada em preceitos liberais de ação internacional.

E foi exatamente por isso que, quando a partilha finalmente foi aprovada na Assembleia Geral da ONU, em 29 de novembro de 1947, o *New York Times* apoiou a proposta. Em editorial publicado em 1º de dezembro, o jornal declarou oficialmente sua posição favorável à partilha:

> Muitos de nós tivemos, durante um longo tempo, dúvidas sobre a prudência de erigir um estado político fundamentado na crença religiosa. Mas essas dúvidas devem agora ceder ao fato de uma decisão tomada pela maioria necessária de dois terços das nações votantes [na Assembleia Geral da ONU], depois de uma abrangente investigação e depois de um amplo e justo debate. Tornou-se claro após muitos meses que o atual e precário impasse na Palestina requer uma nova solução. Ficou igualmente claro que o fórum mais apropriado para encontrar tal solução era a Assembleia Geral das Nações Unidas. A Assembleia agora fez sua escolha, e sua decisão exige a aquiescência, o respeito e o leal apoio de todas as nações e de todos os povos. O prêmio pode não ter sido tão amplo, em termos territoriais, como muitos sionistas esperavam. Ele irá gravemente desapontar os árabes. Mas agora trata-se de uma decisão das Nações Unidas; é a melhor decisão que esta grande agência da opinião mundial foi capaz de descobrir, e nós confiamos que a decisão irá ter o solícito cumprimento dos dois povos cujo futuro ela envolve. Fracassando isso, o Conselho de Segurança deve, de forma corajosa e resoluta, fornecer os meios necessários para efetivar a decisão. Tenhamos esperança que com essa decisão uma solução, enfim, tenha sido alcançada para os trágicos e desoladores problemas da Palestina.[22]

---

[20] "Setting a precedent" (*The New York Times*, 1º maio 1947, editorial).
[21] Ibid.
[22] "The partition of Palestine" (*The New York Times*, 1º dez. 1947, editorial).

Portanto, o *New York Times* só apoiou a partilha da Palestina, com a consequente criação de um Estado judeu, porque foi uma decisão da ONU, organização vista pelos editores como o fórum apropriado para dirimir controvérsias internacionais, e não porque era um jornal de propriedade de judeus.

Porém, diante da negativa dos árabes em aceitar a partilha, o governo norte--americano passou a ser alvo de duras críticas do *New York Times*, pois para seus editores ele deveria trabalhar com todos os meios à sua disposição para a efetivação da partilha. Diante do impasse na Palestina, os EUA deveriam contribuir em um esforço internacional destinado a forçar a decisão da Assembleia Geral.

Com efeito, o governo dos EUA fora ativo durante todo o tempo em que se discutiu a criação de um Estado judeu no pós-guerra. Na ONU, o papel dos representantes norte-americanos foi decisivo para que a partilha fosse aprovada.[23] No entanto, com a explosão da violência entre árabes e judeus que acometeu a Palestina após a votação na ONU, tanto o presidente quanto os estrategistas de política externa começaram a duvidar da possibilidade de que a partilha fosse posta em vigor.

Muitos requeriam que os EUA fornecessem tropas para fazer valer a decisão da ONU. Porém, havia setores no governo e grupos na sociedade radicalmente contrários ao envio de soldados para o Oriente Médio, em um momento de grande pressão para desmobilização de tropas, após a Segunda Grande Guerra. Com isso, o governo demonstrava hesitação, enquanto o momento da retirada britânica, 15 de maio de 1948, se aproximava. No interior do Departamento de Estado e do Departamento de Defesa, a solução ideal era reverter a partilha e propor um sistema de *Trusteeship*[24] para a Palestina.

Com isso, emergiu uma divergência nos EUA entre aqueles que propunham a insistência no projeto de partilha e aqueles que defendiam a criação de um Trusteeship. O debate público e no interior do governo ainda estava ocorrendo quando o embaixador dos EUA na ONU, Warren Austin, fez um controverso pronunciamento no Conselho de Segurança, em 19 de março de 1948, que gerou enorme repercussão. No discurso, Austin afirmou que, diante da situação violenta na Palestina, a partilha não poderia ser executada por meios pacíficos e propôs um regime de Trusteeship das Nações Unidas para a Palestina.

---

[23] Porém, não houve pressão oficial norte-americana para que outros países votassem a favor da partilha. O que houve foi um intenso *lobby* sionista sobre outras delegações, alguns afirmando que falavam em nome do governo dos EUA.

[24] Dispositivo contido no capítulo XII da Carta das Nações Unidas, permitindo que uma área conflituosa, que se configurasse como uma ameaça à paz e à segurança internacionais, fosse posta sob a administração do Conselho de Trusteeship até que se chegasse a uma solução negociada.

Houve um rebuliço na ONU. Oficialmente, os EUA, que haviam defendido o plano de partilha, agora defendiam um plano diferente. Por uma série de ruídos de comunicação ou por uma ação deliberada do Departamento de Estado (o episódio ainda é alvo de controvérsias[25]), a proposta apresentada representou um recuo na posição oficial norte-americana de apoio à partilha.

Tomando o discurso como política governamental, já que Austin era um representante oficial na ONU, líderes sionistas e indivíduos pró-sionistas fizeram severas críticas ao governo Truman. Da mesma forma, o *New York Times* não poupou o governo pela mudança de posição, entendendo o pronunciamento como fruto da desonrada *realpolitik*. Isto é, o governo norte-americano deu precedência aos interesses militares e econômicos no Oriente Médio e não considerou os aspectos morais e legais da questão.

Em editorial, o jornal foi duro ao avaliar a declaração de Austin:

> Na terra uma vez conhecida pelo leite e mel agora flui o petróleo, e a terra natal das três grandes religiões está tendo seu destino decidido pela expediência, sem qualquer sinal das considerações espirituais e éticas que deveriam reger, pelo menos, essa parte do mundo.[26]

No dia 25 de março, diante das imensas críticas, Truman teve de se pronunciar. Em declaração oficial, o presidente afirmou que a proposta de Trusteeship era apenas temporária, e não um abandono da partilha. No entanto, para o *New York Times* o plano de partilha havia sido "descartado" [*discarded*]".[27] E, em editorial no dia 26, o jornal considerou que o pronunciamento de Truman era "uma tentativa muito necessária de explicar e justificar uma política americana para a Palestina

---

[25] Clark Clifford disse posteriormente que Truman leu o pronunciamento, mas o enxergou como um plano de contingência, a ser utilizado somente após serem esgotadas as tentativas de implementar a partilha por meios pacíficos. Suas afirmações sugerem que Austin apresentou o plano apressadamente a Truman e não o explicou satisfatoriamente, o que levou o presidente a se equivocar (Radosh e Radosh, 2009:303-304). Contudo, Clifford foi um personagem atuante nos acontecimentos e um pró-sionista que sempre afirmou que Truman esteve convicto de que era necessário apoiar a criação de um Estado judeu na Palestina. Assim, o testemunho de Clifford não será utilizado neste trabalho para afirmar que o Departamento de Estado enganou Truman. O próprio Truman (1956:161-163), em suas memórias, não diz nada sobre o ocorrido entre ele e Austin. Ele se limita a dizer que Austin fez a declaração, que a proposta de Trusteeship era apenas temporária e que era parte da política norte-americana. Com isso, não foi possível pela documentação apreender se Truman deu aval ou não à declaração de Austin. Em minha avaliação, o mais provável é que tenha havido um ruído na comunicação. Contudo, o episódio permanece controverso.

[26] "The switch on Palestine" (*The New York Times*, 21 mar. 1948, editorial).

[27] "The new Palestine proposal" (*The New York Times*, 21 abr. 1948, editorial).

que foi atabalhoadamente conduzida, confusa e inconsistente como nenhuma política conseguiria ser".[28]

No entanto, a proposta de Trusteeship teve vida curta, pois a própria situação na Palestina desacreditou esse rumo. Os sionistas conseguiram vencer militarmente os árabes palestinos na luta por território. E, por fim, emergiu a percepção de que a partilha era fato consumado.

Porém, isso não solucionou as controvérsias internas. Com a posição de vantagem militar, os sionistas publicaram sua intenção de declarar a fundação do Estado judeu assim que as forças britânicas se retirassem completamente da Palestina. A discussão passou a ser: reconhecer ou não o Estado judeu?

Após muitos debates públicos e acaloradas discussões internas, Truman decidiu reconhecer o Estado de Israel, assim que proclamado. Foi uma decisão difícil a ser tomada. Truman estava imerso em dúvidas e somente decidiu por esse rumo quando já não havia tempo de hesitar.[29] Condizente com sua postura de apoio a uma decisão da ONU, o *New York Times* elogiou a decisão:

> Embora o reconhecimento americano do novo Estado de Israel constitui outra reversão abrupta da política americana na Palestina, e embora o anúncio tenha vindo tão repentinamente e inesperadamente que pegou os próprios delegados nas Nações Unidas de surpresa, a decisão propriamente dita foi uma resposta lógica e necessária às circunstâncias existentes no dramático momento em que foi dita.[30]

Portanto, de tudo que foi apresentado, a postura do *New York Times* quanto ao sionismo político mudou consideravelmente ao longo desses 11 anos analisados. De uma posição completamente contrária à criação de um Estado judeu na Palestina, o jornal passou a ser um ardoroso defensor da partilha da Palestina, que, como consequência, criava o Estado judeu. Tal mudança deveu-se às respostas dos proprietários e editores do jornal a uma série de eventos que se sucederam dramaticamente entre 1937 e 1948.

Assim, como vimos, a posição do *New York Times* não foi automática, nem a defesa da partilha após a aprovação da resolução da Assembleia Geral da ONU, em novembro de 1947, foi "natural", pelo simples fato de ser um jornal de propriedade de judeus. O *New York Times* defendeu a partilha porque tinha uma ideia clara sobre o que julgava ser o melhor para o mundo pós-guerra. O jornal manifestava a defesa

---

[28] "Mr. Truman on Palestine" (*The New York Times*, 26 mar. 1948, editorial).

[29] Sobre a política de Truman para a Palestina e a decisão de reconhecer o Estado de Israel, ver Salgado Neto (2010:63-82, 2013:202-219).

[30] "Israel recognized" (*The New York Times*, 16 maio 1948, editorial).

de um internacionalismo liberal, em que a ONU cumpria um papel crucial. Segundo os editores do jornal, a organização era a instituição central para a manutenção da paz internacional e para resolver contendas localizadas. Era uma percepção que tinha como premissa a capacidade das nações de decidir, por meio do diálogo, o rumo da política internacional.

Além disso, percebemos que o simples fato de alguém ser judeu — como os proprietários, editores e alguns dos principais articulistas do *New York Times* — não era suficiente para ser defensor da criação de um Estado judeu. Isso demonstra, inequivocamente, a pluralidade da vida judaica nos EUA, que resiste a qualquer tentativa homogeneizadora e reducionista.

Em um nível mais profundo, a análise da posição do *New York Times* quanto ao sionismo demonstra que os seres humanos fazem escolhas, refletem sobre o mundo que os cerca e conseguem, por seus próprios méritos, articular a defesa de propostas que entendem ser as melhores para solucionar os problemas que se apresentam. Não devem, portanto, ser enquadrados em um "modelo de comportamento" dado *a priori*.

Referências

Documentação

AMERICAN JEWISH COMMITTEE. Statistics of Jews. *American Jewish Year Book*, 1899-1900. Disponível em: <www.ajcarchives.org/main.php?GroupingId=10032>. Acesso em: 18 maio 2013.

THE NEW YORK TIMES ARTICLE ARCHIVE (1937-1948). Nova York: The New York Times Company, 1853-1980. Disponível em: <www.nytimes.com/ref/membercenter/nytarchive.html>. Acesso em: mar. 2011/dez. 2012.

TRUMAN, H. *Years of trial and hope*: 1956. v. II, Disponível em: <http://archive.org/details/yearsoftrialandh000234mbp>. Acesso em: 18 maio 2013.

Livros

BECKER, J.-J. A opinião pública. In: RÉMOND, R. (Org.). *Por uma história política*. 2. ed. Rio de Janeiro: FGV, 2003. p. 185-211.

COHEN, B. Public opinion and policy maker. In: SMALL, M. (Ed.). *Public opinion and historians*: interdisciplinary perspectives. Detroit: Wayne State University Press, 1970. p. 65-80.

DINER, H. *Jews of the United States (1654-2000)*. Los Angeles: University of California Press, 2004.

EVENSEN, B. J. *Truman, Palestine and the press*: shaping conventional wisdom at the beginning of the cold war. Nova York: Greenwood, 1992.

____. New York Times. In: VAUGHN, S. *Encyclopedia of American journalism*. Nova York: Taylor & Francis Group, 2008. p. 338-340.

KELLY, A. H. *Commentary 3*: public opinion and policy maker. In: SMALL, Melvin (Ed.). *Public opinion and historians*: interdisciplinary perspectives. Detroit: Wayne State University Press, 1970. p. 81-88.

LABORIE, P. Memória e opinião. In: AZEVEDO, C. et al. (Org.). *Cultura política, memória e historiografia*. Rio de Janeiro: FGV, 2009. p. 79-97.

LEFF, L. *Buried for the times*: the Holocaust and America's most important newspaper. Nova York/Cambridge: Cambridge University Press, 2005.

____. News of the Holocaust: why FDR didn't tell and the press didn't ask. *Hakira*: a journal of Jewish and ethnic studies, v. 2, p. 31-62, 2006.

MASSOULIÉ, F. *Os conflitos do Oriente Médio*. São Paulo: Ática, 1996.

NADEL, S. Germans Jews in America. In: NORWOOD, Stephen; POLLACK, Eunice (Ed.). *Encyclopedia of American Jewish history*. Santa Barbara: AB-CLIO, 2008. p. 24-36.

RADOSH, A.; RADOSH, R. *A safe haven*: Harry S. Truman and the founding of Israel. Nova York: Harper Collins, 2009.

SALGADO NETO, L. *Entre preocupações humanitárias e cálculos estratégicos*: a ambiguidade dos Estados Unidos no processo de criação do Estado de Israel (1945-1948). Monografia (bacharelado em história), Instituto de História, UFRJ, 2010.

____. *Uma pequena América no Oriente*: fundamentos culturais do apoio ao sionismo nos Estados Unidos. Dissertação (mestrado em história), Instituto de Filosofia e Ciências Humanas, UFF, 2013.

SMALL, M. Introduction. In: ____ (Ed.). *Public opinion and historians*: interdisciplinary perspectives. Detroit: Wayne State University Press, 1970. p. 13-32.

TALESE, G. *The kingdom and the power*: behind the scenes at *The New York Times*, the institution that influences the world. Cleveland: World Publishing, Inc., 1969.

TEEL, L. R. *The public press, 1900-1945*: the history of American journalism. Westport: Praeger, 2006.

PARA ENTENDER O "FENÔMENO CARTER":
culturas políticas, governo e partido
num contexto de crise

Pedro Portocarrero Pinheiro

DESDE O FINAL DOS ANOS 1980, O GOVERNO DO PRESIDENTE AMERICANO JIMMY Carter (1977-1981) vem passando por uma revisão historiográfica nos EUA, que procura relativizar os rótulos impostos partidariamente à Presidência Carter como um "fracasso", matizando seus reveses e contextualizando-os num período de crise econômica e fiscal aguda. Esta pesquisa, de certo modo, recorre a esse esforço de revisão de um período conturbado da história política americana para construir uma interpretação mais abrangente da Presidência Carter, que a relacione com a história dos movimentos sociais e do Partido Democrata nos EUA. Para tanto, partimos de um *corpus* documental extenso e heterogêneo, que inclui memórias, discursos, notícias de jornais e revistas, entrevistas de história oral, crônicas da época e documentos oficiais. A partir de uma análise preliminar, concebemos um modelo de interpretação que consiste numa tríade de atores, "movimentos sociais — políticos profissionais — economistas tecnocratas", procurando pensar as relações entre partido e governo nos EUA num período de crise econômica e redefinição de identidades políticas. Partimos do princípio de que os atores supraidentificados se relacionam de maneira tensa, de acordo com a especificidade de suas formações e funções no sistema político americano e suas outras identidades (regionais, ideológicas, de classe, disciplinares etc.), em verdadeiras "batalhas" ideológicas dentro do governo, sobre o papel do Estado na economia. De um lado, defensores da preservação dos gastos na área social e de uma interlocução com os movimentos sociais que compunham o Partido Democrata e a base de apoio ao governo; de outro, defensores da restrição fiscal, do corte de gastos e de uma postura ortodoxa em matéria de gestão macroeconômica, em geral ligados à equipe econômica do governo.

Outro aspecto de nossa pesquisa diz respeito mais especificamente à história do Partido Democrata, seu processo de nacionalização, unificação de procedimentos e a formação de uma cultura política especificamente "democrata",[1] com a constituição de um repertório simbólico e práticas políticas compartilhadas por movimentos sociais que, até meados dos anos 1970, se digladiavam pelo controle do partido. A escolha de Jimmy Carter como candidato a presidente em 1976 seria, em nosso entender, o ápice de um processo de conciliação entre duas facções do partido que até então estavam em disputa. Paradoxalmente, a proposta de redefinição do liberalismo americano apresentada pelo projeto político de Carter provocaria precoce desilusão nesses mesmos movimentos sociais, defensores de um liberalismo mais arrojado em matéria de programas sociais e gastos públicos, mais ligado à tradição da *Great Society*[2] do governo de Lyndon Johnson, provocando a erosão da base de sustentação do governo. O contexto de polarização política e entrada da Nova Direita e de movimentos fundamentalistas religiosos no Partido Republicano, aglutinados em torno da figura de Ronald Reagan, levou os movimentos sociais do Partido Democrata a uma postura defensiva, de preservação das conquistas sociais realizadas no âmbito da hegemonia liberal de meados do século XX. Nesse contexto de polarização, reforçado por um sistema bipartidário *de facto*, não haveria espaço para um projeto alternativo de liberalismo, como imaginado por Carter, que procurasse preservar essas conquistas, adaptando-as a um período de limitações econômicas, ambientais e militares para os EUA.

Jimmy Carter e a história do Partido Democrata nos anos 1970

Nossa história inicia-se em 1968, ano em que ocorreu uma verdadeira batalha campal pelas ruas de Chicago durante a convenção do Partido Democrata que escolheria seu candidato à presidência. Enquanto manifestantes dos novos movimentos sociais dos anos 1960 apanhavam da polícia de Chicago, um acordo entre os chefes

---

[1] A partir daqui, usaremos a palavra sem aspas e começada em minúscula sempre se referindo a uma cultura política "do partido democrata", e não num sentido genérico de "adepto da democracia".

[2] Nome pelo qual ficaram conhecidas as políticas de bem-estar social do governo Johnson, incluindo os programas de combate à pobreza.

locais do partido sacramentou a escolha de Hubert H. Humphrey, vice do presidente Lyndon Johnson, para concorrer nas eleições de novembro, derrotando Eugene McCarthy, senador por Minnesota. *Grosso modo*, McCarthy representava todos os movimentos que lutavam contra o poder dos chefes estaduais do Partido Democrata e sua associação estreita com a central sindical AFL-CIO, possivelmente a organização mais poderosa da política americana até então. A principal bandeira da candidatura McCarthy era a oposição sistemática à Guerra do Vietnã. Embora Humphrey só tivesse uma pequena fração dos votos nominais nas primárias estaduais, as regras da convenção permitiam o controle das delegações eleitas pelos chefes estaduais e estimulavam barganhas para a composição de uma maioria dos delegados que escolheria o candidato. Desse modo, Humphrey obteve a maioria dos delegados para se tornar o candidato democrata naquele ano. Nas eleições de novembro, Humphrey seria derrotado pelo candidato republicano, Richard Nixon, por uma pequena margem dos votos.[3]

O que mais interessa no processo de escolha do candidato democrata de 1968, para os propósitos deste capítulo, é que ele iniciou uma reforma dos procedimentos partidários visando dar maior representatividade a jovens, negros e mulheres dentro do partido. Os movimentos sociais ligados à chamada Nova Esquerda americana haviam chegado para ficar, e ignorar essa realidade levara a situação a um ponto de ebulição, com uma luta fratricida entre as duas facções do partido no nordeste do país (de um lado, as oligarquias políticas locais e o movimento sindical; do outro, os novos movimentos sociais). Constituiu-se, então, uma comissão de reforma que funcionaria pelos quatro anos seguintes, e recomendou-se, em sua conclusão, um conjunto de mudanças nos procedimentos internos do partido que foram acatadas pelo Comitê Nacional Democrata. Entre elas, a determinação de que todos os encontros do partido deveriam ser públicos, a representação proporcional de delegados de acordo com a vontade popular expressa nas primárias e ordem de que a composição das delegações estaduais deveria obedecer à proporção de mulheres, negros e jovens no conjunto da população de cada estado. Esta última medida seria a mais controversa de todas, e sua adoção significou, para a ala mais conservadora do partido, uma verdadeira declaração de guerra interna. Os novos ativistas traziam para dentro do partido uma nova forma de fazer política, mais ágil e militante, e obtiveram sucesso em controlar postos-chave na comissão de reforma, capitaneados por McGovern (White, 1973: 22-34; Miroff, 2009:1-24).

---

[3] Para uma cobertura detalhada das eleições de 1968, recomendamos White (1969). Para a convenção, especificamente, ver Mailer (1976).

A reforma, em nosso entender, significou a nacionalização, unificação e democratização dos procedimentos do partido, em especial o processo de escolha do candidato à presidência. Ela enfraqueceu o poder das oligarquias locais e fortaleceu as bases do Partido Democrata, bem como aumentou a participação popular de seus mecanismos de poder.

Em 1972, George McGovern, senador pela Dakota do Sul e um dos líderes da comissão, se desliga para liderar sua própria campanha à presidência, recuperando a bandeira antiguerra do Vietnã que levara McCarthy a enfrentar o *establishment* partidário em 1968 (Miroff, 2009:25-40). Representando a lufada de ar fresco que faltava na política democrata, McGovern atraíra praticamente todos os novos militantes para trabalhar em prol de sua candidatura. A nova forma de escolha do candidato, com a obrigação da escolha de 75% dos delegados por voto em primárias ou cáucuses, fortalecia as campanhas que dependessem mais das bases, que tivessem uma estrutura mais capilarizada. Além disso, a nacionalização do processo de escolha dos candidatos mudava a estratégia das campanhas: por exemplo, a cobertura da imprensa se tornava fundamental para popularizar os candidatos para os eleitores das primárias; as primeiras disputas, como o cáucus de Iowa e a primária de New Hampshire, ganharam uma importância desproporcional por causa da cobertura midiática que recebiam, já que eram uma espécie de prévia do processo eleitoral a esquentar o gélido mês de janeiro. Essas mudanças foram percebidas pelos jovens estrategistas da campanha de McGovern, que representavam essa nova forma de fazer política. O resultado é que, graças à atuação da militância nessas disputas agora consideradas cruciais, a candidatura McGovern adquirira um *momentum* que a tornara irresistível. Os outros candidatos, ainda tentando negociar soluções nos velhos termos do processo eleitoral democrata, foram ficando para trás, não sem antes se juntarem no movimento que ficou conhecido como ABM (*Anybody But McGovern*). A batalha entre as duas correntes do partido se prolongou até a convenção: no Comitê de Credenciais, e, na convenção propriamente dita, as duas correntes lutavam aguerridamente para excluírem uma à outra com base nas novas regras do partido.

Após uma disputa de uma semana, televisionada para todo o país, McGovern foi escolhido o candidato democrata para enfrentar Richard Nixon em 1972. Os novos militantes do partido, entretanto, conseguiram uma vitória de Pirro: muitos de seus adversários decidiram não apoiar a candidatura de McGovern. Criou-se até um grupo chamado "Democrats for Nixon", que apoiava a reeleição do candidato republicano. Durante a disputa, novas bandeiras, como o direito ao aborto e a liberalização dos costumes, bem como a bandeira antiguerra, foram estigmatizadas pelos próprios adversários democratas de McGovern, que criaram o *slogan* de que o candidato defendia os 3 As (*acid, abortion and amnesty*). De fato, além de haver uma disputa interna ao partido entre os novos militantes e os liberais mais tradicionais, as novas reivindicações eram vistas com apreensão por boa parte da classe operária americana, inclusive no nordeste do país. As ações afirmativas e os programas sociais que beneficiavam negros e pobres eram cada vez mais vistos como privilégios de uma casta de parasitas sustentados por um Estado grande demais; a liberalização dos costumes era vista como a desagregação dos valores tradicionais americanos; já a contestação à Guerra do Vietnã era vista como uma atividade antiamericana, responsável pelo enfraquecimento da postura dos EUA diante do comunismo. Uma onda de reação conservadora já parecia varrer o país, e uma parte do eleitorado tradicional democrata claramente migrava para o Partido Republicano, tanto nas cidades e subúrbios do nordeste como no sul do país, até então hegemonicamente democrata. Estava em curso, claramente, um processo de realinhamento político no sistema partidário americano, à medida que o movimento pelos direitos civis e outros movimentos identitários expunham a incapacidade e os limites da política da era do New Deal.[4]

George McGovern foi vítima das mesmas dissensões que o ungiram a candidato democrata: após ser massacrado nas urnas, Jean Westwood, sua indicação para chefe do Comitê Nacional do partido foi destituída por uma contrainsurgência dos grupos derrotados no início do ano.[5] Em seu lugar, entrou Robert Strauss, advogado texano apoiado pelo AFL-CIO e pela ala mais conservadora do partido. Embora a gestão de Strauss no Comitê Nacional tenha revertido alguns aspectos da reforma que enfrentaram maior rejeição, como as cotas para mulheres, negros e jovens, os antigos compromissos com maior integração foram mantidos na forma de ações afirmativas que visavam estimular maior participação popular, em especial de minorias, nos assuntos do partido. Strauss chegou a nomear vários políticos do grupo de McGovern para cargos importantes em comissões do partido, inclusive a própria Westwood, numa tentativa de mediar os conflitos e cicatrizar as feridas.[6] Insatisfeitos com o que consideravam uma postura excessivamente leniente com os rebeldes, o AFL-CIO começou a pressionar Strauss, esperando que ele retribuísse o apoio recebido no momento de sua escolha; o chefe do Comitê Nacional, por sua vez, tentava descolar-se das facções mais conservadoras que o haviam ungido ao cargo que ocupava. Essa pressão culminou com o desligamento oficial do AFL- -CIO do Partido Democrata. O envolvimento *de facto* obviamente permaneceria,

---

[4] Para o processo eleitoral de 1972, os livros citados de White e Miroff são referências fundamentais.

[5] "Doing what they do best — squabbling" (Lydon, Christopher; *The New York Times*, p. E3, The Week in Review, 19 nov. 1972); "McGovern opposes dismissing chairman, but not resignation" (*The New York Times*, p. 22, 21 nov. 1972).

[6] "Strauss elected democrats' head and vows unity" (Lydon, Christopher; *The New York Times*, p. 1, 10 dez. 1972); "Democrats accept 25-member slate" (*The New York Times*, p. 16, 24 mar. 1973).

dado o poder que a central sindical tinha dentro do partido e o fato de a alternativa ser o Partido Republicano, em processo de radicalização.[7]

A gestão Strauss foi fundamental no sentido de cicatrizar as feridas do partido ao longo dos quatro anos seguintes à derrota de McGovern. Com o escândalo de Watergate e o fracasso no Vietnã, parecia óbvio que os democratas venceriam as eleições de 1976, se fossem capazes de permanecer unidos em torno de uma opção consensual.

Reconstituímos brevemente esse histórico do Partido Democrata para demonstrar por que Jimmy Carter era uma escolha excelente para unificar as facções em disputa e, ao mesmo tempo, estava em sintonia com o humor do eleitorado americano. Era, como se diz popularmente, o homem certo na hora certa. Carter representava uma "novidade" no cenário político nacional, representante de um Novo Sul, moderno, longe dos tempos da segregação racial. Sua imagem era de um bom gestor, com respeito às contas públicas.

Além disso, enquanto Carter tinha o apoio de grande parte do movimento negro, ao mesmo tempo era capaz de mobilizar protestantes brancos conservadores e sulistas por ser ele mesmo um cristão chamado *"born again"*. Desse modo, era capaz de alcançar pessoas de todos os espectros ideológicos, inclusive entre os conservadores que migravam para o Partido Republicano na época. O candidato ainda evitava tomar posições claras em certos temas considerados polêmicos, como o aborto, preferindo calcar sua campanha naquilo que seus estrategistas identificavam como o grande tema de 1976, qual seja, a questão da transparência e da honestidade no governo, e da necessidade de deixar de lado a "velha política" dos *lobbies* e grupos de pressão praticada em Washington. Sua fala por vezes generalizante, de forte cunho populista, era ideal para uma candidatura-guarda-chuva, de reconciliação do partido, bem como bastante afinada com os anseios do povo americano, desencantado com a presidência imperial de Nixon.

Não reproduziremos aqui os acontecimentos das eleições de 1976, mas cabe dizer que ela foi muito mais difícil do que se pensava. Carter derrotou Ford por uma pequena margem, tanto no Colégio Eleitoral quanto nas urnas de cada estado. Sua indefinição proposital no posicionamento de temas importantes, como o aborto, por exemplo, começou a criar uma imagem de "duas caras" e escorregadia que era sistematicamente representada nas pesquisas de opinião da época. Muitos americanos que, *a priori*, simpatizavam com o que Carter representava foram tendo dúvidas se realmente o conheciam à medida que a mídia ia cobrindo eventos da campanha,

---

[7] "Labor still split with democrats" (Shabecoff, Philip; *The New York Times*, p. 6, 22 out. 1973); "Meany and labor's role in 1976" (Apple Jr., R. W; *The New York Times*, 21 fev. 1975).

pautada em grande medida por uma construção de imagens sobre os candidatos que parecia se retroalimentar, por meio dos filtros das editorias e das interpretações dos repórteres. A vitória apertada de Carter certamente se devia, também, à atuação dos sindicatos e demais movimentos sociais na arrecadação e doação de recursos para sua campanha, a última em que esses movimentos conseguiriam fazer frente aos gastos das grandes empresas com contribuições eleitorais.[8]

Desse modo, em termos de dinâmica do partido, a eleição de Jimmy Carter marca um processo de conciliação entre duas culturas políticas,[9] que se reconheciam como identidades e práticas políticas distintas: de um lado, aquela representada pelo movimento sindical e os chefes locais da Costa Leste, cujas práticas forneciam maior peso à hierarquia e aos processos de barganha na resolução de conflitos; do outro, os novos movimentos sociais ingressados no partido a partir dos anos 1960, que traziam práticas tidas como mais democráticas e cujas bandeiras iam além dos temas econômico-sociais que marcaram a coalizão do New Deal, como combate ao desemprego, programas de obras públicas e economia regulada, alcançando também bandeiras como direitos das mulheres, ecologia, pacifismo etc. Se ainda não ocorrera uma fusão desse repertório simbólico, é fato que ao menos o processo de unificação e nacionalização dos procedimentos do partido apontava para uma concordância em termos de práticas políticas mais democráticas, por um lado, e a aceitação por parte dos militantes de uma maior fidelidade partidária, por outro, em vez de utilizar o partido como mero veículo para as metas de suas próprias causas.

É preciso destacar ainda que a escolha de Jimmy Carter como candidato marca a entronização de uma terceira cultura política nessa redefinição do partido democrata, qual seja, uma cultura política democrata sulista, que conservava o aspecto

---

[8] Para a campanha de 1976, realizamos a análise de crônicas de jornalistas que a cobriram, como Martin Schram (1977) e Jules Witcover (1977:106-107). Além disso, empregamos o estudo de Betty Glad (1980). Para as ideias veiculadas por Carter durante a campanha, utilizamos também seus discursos publicados em Jimmy Carter (1977), contrastado com memórias de Patrick Anderson (1994), redator de discursos de Carter, além de transcrições dos debates e discursos contidos no site do American Presidency Project da University of California Santa Barbara (s.d.).
[9] Escolhemos empregar o conceito aqui na acepção de Cefaï (1998). Fizemos essa opção por entendermos que o conceito de Cefaï dá ênfase maior para as manifestações fenomênicas das culturas políticas, submetidas a estruturas de enquadramento que as tornam presentes nos contextos de ação e na produção de significado *in situ* e *in vivo* pelos agentes. A versão de Cefaï do conceito tem fluidez adequada ao contexto que estamos estudando, isto é, um contexto de construção contínua de uma cultura política a partir da convivência e tensões de outras três, e não a existência, desde o início, de uma cultura política estanque, acabada, à qual corresponda um partido necessariamente.

anti-Washington, antiburocracia, de defesa dos direitos dos estados, mas expurgava o segregacionismo racial representado pela figura de George Wallace.

A despeito do apoio dos movimentos sociais a Carter, havia certa desconfiança em relação a algumas posições suas que eram, no mínimo, consideradas pouco ortodoxas dentro do catecismo liberal da era Johnson: Carter, ao contrário de campeões liberais do partido como Ted Kennedy e Tip O'Neill, defendera consistentemente, em toda a sua carreira política, a redução dos gastos públicos e a elaboração de orçamentos equilibrados. Suas diatribes contra o intervencionismo estatal geravam algum mal-estar nos movimentos que militavam dentro do Partido Democrata, que dependiam de verbas públicas para tocar seus projetos da área social. No entanto, o desejo de vitória e o caráter bipartidário do sistema político americano induziram, de certa forma, a "submersão" das contradições internas da aliança democrata. Seria, no entanto, na hora de governar que essas contradições viriam à tona.

Dessa primeira parte da pesquisa, extraímos as seguintes conclusões de cunho teórico: os partidos políticos são muito mais do que "máquinas de ganhar eleições", como entende certa vertente da ciência política americana; são instâncias de mediação de conflitos entre diferentes atores sociais e de reelaboração de identidades políticas. Além disso, no caso que estudamos, isto é, o Partido Democrata dos anos 1970, fica evidente que nem sempre a um partido corresponde uma cultura política estanque: enquanto o partido era pouco mais que uma federação de comitês estaduais, era possível que liberais e segregacionistas, pacifistas e falcões da guerra fria convivessem numa mesma coalizão, compartilhando um programa de ação (derivado do New Deal), mas não necessariamente um repertório unificado de práticas e símbolos. À medida que o partido unificava sua estrutura e procedimentos e passava a atuar numa política cada vez mais nacionalizada e adaptada à cultura de massas é que essas diferentes culturas políticas, em convivência, tiveram de encontrar repertórios comuns de símbolos e ações. Como veremos na segunda parte, o governo Carter é um elemento importante nesse processo de surgimento de uma cultura política especificamente democrata; no entanto, boa parte dessa transformação ocorreu justamente a partir da reação dos movimentos sociais e ao grupo liberal do partido às políticas fiscais restritivas do governo.

Administração, movimentos sociais e a formação de uma cultura política "democrata"

Na hora de compor seu gabinete, as escolhas da equipe de Carter mostravam duas clivagens importantes: enquanto o *staff* da Casa Branca trazia predominantemente homens de confiança de Carter, que o haviam acompanhado ao longo de sua trajetória política, o gabinete e os demais escalões da administração (incluindo agências) foram compostos por quadros com larga experiência em Washington. Além disso, pode-se dizer que era nítida a divisão entre especialistas da era Kennedy-Johnson, na área social (Ray Marshall, economista da Universidade do Texas, ligado ao movimento sindical, no Departamento do Trabalho; Patricia Harris, militante política na área de direitos humanos, ex-diretora da IBM e que se destacava por ser a primeira mulher negra a ocupar um ministério, no Departamento de Habitação e Desenvolvimento Urbano; Joseph Califano, um especialista em políticas públicas, *insider* da era Johnson, no Departamento de Saúde, Educação e Bem-estar Social), e economistas adeptos da moderação fiscal no Departamento de Tesouro (Michael Blumenthal, ex-presidente da Bendix International e membro da Comissão Trilateral; Charlie Schultze, do Brookings Institution, no Conselho de Assessores Econômicos; e Bert Lance, amigo muito próximo de Carter, ex-presidente do Calhoun First National Bank, do National Bank of Georgia e negociador habilidoso no Escritório de Gestão e Orçamento).[10]

Segundo Stuart Eizenstat, articulador político do governo, a tensão entre defensores dos programas sociais, de um lado, e do equilíbrio fiscal, do outro, era característica da própria especificidade de cada departamento, e no governo de Jimmy Carter não era diferente:

> Dentro do *staff* certamente era o caso de que ambos, Bert Lance e McIntyre, tinham uma filosofia de governo diferente da minha.
>
> Isto, entretanto, não é tão inesperado, porque você certamente não quereria indicar uma pessoa para dirigir o *bureau* de orçamento se ela não acredita em manter os gastos num nível baixo. Este é o papel institucional deles. [...]
>
> Mas, se você olhar para certas pessoas em certas posições, há certos papéis institucionais que elas têm de representar. Então você sabe que está trabalhando sobre certo grau de desacordo e conflito, e isso é saudável. Porque apenas obtendo essas visões distintas um presidente pode realmente sentir todas as opções que se colocam a ele.
>
> Eu não sei se as diferenças entre mim e o pessoal do orçamento eram maiores que em alguma outra administração democrata em que você tenha pessoas no

---

[10] A literatura sobre o governo Carter costuma ser vasta quando trata das nomeações e da composição do governo. Um livro que merece especial destaque é Erwin C. Hargrove (1988). Além disso, a entrevista de Stuart Eizenstat, articulador político de Carter, ao Miller Center Oral History Project oferece um olhar de dentro do governo sobre o tema (1982).

OMB,[11] novamente, que estão tentando ser os guardiões contra os gastos [entrevista de Einzenstat ao Miller Center of Public Affairs, 1982:107].

Em nosso trabalho, socorremo-nos dos estudos de história e ciência política nos EUA sobre o governo Carter para compreender como a dinâmica de uma administração democrata interagia com os movimentos sociais e o partido. O estilo pessoal de Carter era marcado pela tentativa de solucionar a contradição entre eficiência e preocupações sociais. Seu objetivo era o de redefinir a atuação governamental no que se refere ao combate à pobreza e inclusão de mulheres e minorias por meio de projetos que atingissem esses objetivos sem recorrer a aumento dos gastos públicos. Nas palavras de Carter, repetidas exaustivamente ao longo da campanha, seu objetivo era mostrar que o governo precisava ser, ao mesmo tempo, *compassive and efficient* (compassivo e eficiente). Seu discurso e suas práticas de governo revelavam o perfil do que Erwin C. Hargrove chamou de *policy politician*, isto é, um político com uma orientação tecnocrática, disposto a adotar as medidas mais adequadas, qualquer que fosse o custo político. O *policy politician* não seria suscetível a pressões políticas e daria preferência a abordagens abrangentes dos problemas, em vez de adotar soluções pontuais e "penduricalhos" para remediar as disfunções dos programas em vigor. Segundo um assessor de Carter, o presidente tornava-se mais sensível a levar em conta o fator político em suas decisões à medida que encontrava dificuldades para aprovar medidas importantes e a aproximação das eleições suscitava o inevitável cálculo eleitoral.

Ele tendia a se preocupar muito mais nos dois últimos anos sobre qual seria a reação do público e quais seriam os impactos políticos. No início, ele era muito "Eu só quero saber qual a melhor diretriz de gestão e deixe que eu me preocupe com a política depois. Você me diga a melhor diretriz de gestão". Com o tempo, esse tipo de bravata tendeu a desaparecer e ele queria saber então o que poderia ser aprovado, o que poderíamos fazer passar, o que este chefe de comissão queria, o que este grupo de interesse desejava. Isto ocorria em função de ele se preocupar mais com a reeleição à medida que nos aproximávamos dela [entrevista de Einzenstat ao Miller Center of Public Affairs apud Hargrove, 1988:20].

O estilo pessoal de Carter, que tanto agradou a um eleitorado ansioso por transparência e pelo fim dos conchavos políticos a portas fechadas, implicava um estilo de governar e organizar a administração pública. Essa busca da eficiência

---

[11] OMB: Office of Management and Budget (Escritório de Gestão e Orçamento).

compassiva se revertia, do ponto de vista da política, para uma preferência por programas de ações afirmativas (desde que isso não implicasse cotas) e o gosto pessoal por programas que visassem a uma efetiva inclusão das minorias no mercado de trabalho, como o programa de treinamento para o mercado de trabalho conhecido como Ceta (*Comprehensive Employment Training Act*).[12] Segundo Charles Schultze, chefe do Conselho de Assessores Econômicos:

> Ele imediatamente gostou da ideia dos programas de emprego. Eles mandariam as pessoas de volta ao trabalho de um modo que você poderia ver concretamente. [...] Você poderia ver seus [de Carter] olhos se acenderem quando Ray [Marshall] entrava nessa coisa toda sobre colocar as pessoas para trabalhar e treiná-las, e capacitando-as e todas essas coisas maravilhosas que você poderia fazer [Biven, 2002:74].

Em seu término, o governo de Jimmy Carter nomeou mais mulheres e negros para cargos públicos do que todos os outros governos somados. Além disso, o governo Carter estava longe de significar um ataque aos programas tradicionais de bem-estar social, como a distribuição de cupons para alimentação e benefícios sociais; estes foram alvo, na verdade, de uma tentativa de reforma que procurava racionalizar os benefícios, diminuindo as distorções. Havia uma série de programas, no nível subministerial, que beneficiavam minorias em seus esforços de integração, como programas de assistência técnica para pequenos empreendedores negros no âmbito da Small Business Administration, uma agência federal cuja função era estimular pequenos negócios por meio de empréstimos e assistência técnica, típico do desejo de Carter de estimular a participação da iniciativa privada na resolução dos problemas do país. Carter também comprou uma briga com as escolas religiosas que mantinham práticas de segregação, quando o IRS (a Receita Federal americana) decidiu aplicar uma resolução que cortava a isenção de escolas que não se adaptassem à legislação federal em matéria de integração racial.[13] No campo dos direitos das mulheres, o governo endossou enfaticamente a Equal Rights Amendment (ERA), emenda constitucional que visava reconhecer positivamente a igualdade de direitos entre homens e mulheres. Sob intenso ataque da direita religiosa, que entrava com toda a força no cenário político americano, a ERA havia sido aprovada pelo Congresso e precisava ser ratificada por 38 estados para entrar em vigor.

---

[12] Para os projetos do governo e os programas de ações afirmativas, ver Dumbrell (1995:86-109) e Graham (1998).

[13] Essa decisão foi um dos eventos que criaram maior atrito do governo Carter com a direita religiosa, que saiu em bloco para defender a "liberdade de ensino". Sobre o tema, ver Flippen (2011:46 e 51).

Quando, em 1978, as ratificações haviam chegado a um impasse, faltando três estados, o governo foi pressionado a empenhar seu capital político no assunto. Embora tenha se mostrado cauteloso ao intervir mais ativamente em assuntos estaduais (no caso, a ratificação pelas assembleias legislativas estaduais), o governo conseguiu no Congresso uma prorrogação do prazo para ratificação da ERA, de 1979 para 1982.[14] Citamos aqui alguns exemplos de medidas do governo Carter que se ajustavam às metas de contenção fiscal e, ao mesmo tempo, garantiam direitos sociais, mas poderíamos fazer uma longa lista.

Embora esses programas e diretrizes fossem elogiados pelos movimentos sociais, frequentemente eram vistos como compromissos insuficientes, seja por sua suposta timidez em relação às metas dos movimentos sociais, seja pelo quadro geral de recessão, inflação e restrição fiscal. Já no primeiro ano, era possível reunir uma série de críticas do movimento negro à gestão orçamentária do governo. As palavras de Joseph A. Lowery, novo presidente da SLCC em 1977, são um bom exemplo de crítica feita por próceres do movimento negro a Jimmy Carter:

> Suas promessas de campanha nos levaram a acreditar que a maior prioridade de sua agenda era tomar conta de pessoas que estivessem sofrendo os efeitos da pobreza. Agora ele nos colocou em fogo brando. Pra valer mesmo, é a responsabilidade fiscal. [...] Nós não vamos te deixar, Jimmy. Nós permaneceremos mais próximos de você que um irmão. Vamos te ligar de longa distância; vamos te mandar telegramas; vamos mandar-lhe cartas; e se isto não funcionar, Jimmy, nós vamos colocar nossos sapatos de marchar [numa alusão às marchas pelos direitos civis].[15]

No caso do movimento feminista, por sua vez, a decepção era dupla: elas se sentiam não apenas desproporcionalmente afetadas pelas mazelas da crise econômica e pelas políticas restritivas do governo, mas também pela timidez do governo em defender suas pautas, como a realização de abortos com verbas do seguro de saúde dos governos estaduais, o Medicaid, hipótese rejeitada por Carter. Naquele contexto, a chamada Emenda Hyde, aprovada pelo Congresso, havia reduzido substancialmente o direito ao aborto tal como assegurado pela decisão da Suprema Corte *Roe v. Wade*, de 1973. Todos os anos, quando se discutia o orçamento destinado aos programas de saúde do governo, o tema retornava à baila. No momento em que Carter se recusa a empenhar esforços no tema, diversas líderes do movimen-

---

[14] A batalha pela ratificação da ERA, juntamente com a luta por outras bandeiras do movimento feminista, está em Flippen (2011).

[15] "Dr. King's old organization joins chorus of black critics of Carter" (King, Wayne; *The New York Times*, p. 8, 20 ago. 1977).

to feminista se enfurecem com o governo. Até mesmo a não ratificação da ERA, apesar do apoio enfático do governo, torna-se motivo de críticas, já que, na visão das feministas, ele não estaria suficientemente empenhado na questão. Susan Hartmann, autora de um artigo sobre o movimento feminista e o governo Carter (Hartmann, 1998), aponta para uma superestimação das feministas de seu próprio poder político na conjuntura, além de uma supervalorização das capacidades do governo de produzir acordos sobre bandeiras históricas que estavam sob intenso ataque da direita religiosa. Para os fins de nosso trabalho, entretanto, não podemos deixar de enfatizar que havia diferenças programáticas mais gerais, no que se refere ao papel do Estado na economia. Bella Abzug, feminista histórica e membro do Partido Democrata que ocupava a liderança do Comitê Nacional de Assessoria para Assuntos das Mulheres (NACW), foi demitida do governo em janeiro de 1979 por discordar abertamente de Carter durante uma reunião e divulgar uma carta aberta à imprensa. Nela, Abzug falava que via a corrida armamentista empreendida pelo governo como um fator empobrecedor das mulheres, que constituiriam 63% da população pobre. O plano anti-inflação poderia, por sua vez, aumentar ainda mais o fardo a ser carregado por essas mulheres, já que implicaria maior desemprego e corte de programas sociais. Abzug também criticou a omissão do governo na questão do uso de verbas do Medicaid para a realização de abortos.

Os casos supramencionados são representativos de uma insatisfação geral entre militantes ligados ao Partido Democrata que rejeitaram o projeto de Jimmy Carter de redefinição do liberalismo para uma era de limites. Essa rejeição adquiriu formas claras pela primeira vez na convenção do partido de 1978, na qual o senador Ted Kennedy, de Massachusetts, liderou uma verdadeira insurgência liberal dentro do partido. Enquanto militantes liberais e sindicalistas ligados ao UAW, sindicato de trabalhadores da indústria automobilística de Michigan, colhiam assinaturas para uma moção de repúdio às políticas fiscais do governo, que previam o arrocho dos programas sociais e o aumento dos gastos militares, Kennedy discursava no Comitê de Saúde, levantando sua bandeira histórica de criação de um sistema público de saúde e acusando os planos do governo para o tema de timidez e gradualismo. Os assessores de Carter presentes ao encontro tiveram de lutar para derrotar a resolução tal como tinha sido apresentada, mas Kennedy claramente se credenciava como candidato desafiante para as primárias de 1980. A resolução dizia, entre outras coisas:

> Os problemas que confrontavam esta nação em 1976 ainda não foram resolvidos; no entanto, parece que o orçamento para o ano fiscal de 1980 vai cortar muitos programas sociais abaixo dos padrões atuais, enquanto o orçamento militar cresce. As reduções propostas, junto com as atuais políticas econômicas, podem resultar

numa recessão e no aumento do desemprego em 1980 — em violação direta da Lei Humphrey-Hawkins de Pleno Emprego.[16]

Além, disso, a resolução estipulava a obrigatoriedade de aprovação de legislação, implementando um serviço de saúde pública ainda no Congresso vigente, a terminar em 1981, e "um orçamento adequado para atender às necessidades humanas, em nenhuma circunstância menores que os padrões atuais para serviços humanos e sociais para 1980".[17] Essa resolução só foi derrotada após a formulação, por parte do grupo do presidente, de outra resolução, abordando os mesmos temas, porém assumindo compromissos genéricos, sem metas e datas-limite.

A insurgência liberal, entretanto, não consistia apenas na oposição de liberais radicais a uma proposta centrista moderada de Carter. A afirmação, a rigor, não seria incorreta, porém incompleta. Na verdade, diversos chefes locais, insatisfeitos com o que viam como excessiva inflexibilidade com suas demandas por parte da Casa Branca, tomaram parte na "rebelião de 1978". Os próprios militantes ligados aos novos movimentos identitários dos anos 1960 já estavam muito mais assimilados aos procedimentos burocráticos, organizados em cáucuses, grupos dentro do partido em que discutiam suas pautas e estratégias particulares de ação.[18]

Conclusão: as incompatibilidades do projeto de Carter com a nova cultura política democrata

Nas fontes que analisamos no período, já desponta o movimento expresso em uma de nossas hipóteses de trabalho: a de que, após a unificação de procedimentos e estrutura administrativa nacional, a convivência das distintas culturas políticas deu origem a um *corpus* cultural componente de uma cultura política característica do Partido Democrata, em que aspectos compatíveis das várias tradições do partido foram combinados de modo a fundir a defesa dos programas da Great Society e a política das identidades do movimento feminista e LGBT, bem como a bandeira antimilitarista, com asserções mais gerais sobre a necessidade de aumento dos gastos públicos na geração de empregos e programas sociais, já estabelecidos pela

---

[16] "Carter's inflation plans draw fire as democrats convene at midterm" (Clymer, Adam; *The New York Times*, p. 1, 9 dez. 1978).

[17] "Democrats, under pressure, vote to praise Carter budget priorities" (Clymer, Adam; *The New York Times*, p. A1, 11 dez. 1978); "Democrats prod Congress to act on health insurance legislation" (Weaver Jr., Warren; *The New York Times*, p. D11, 11 dez. 1978, Sports).

[18] Sobre a participação de "velhas raposas" do partido na insurgência de 1978, ver: "State delegates stir up an issue to goad Carter" (*The New York Times*, p. 41, 10 dez. 1978).

tradição intervencionista do New Deal. Esse novo "liberalismo democrata" estava em rota de colisão com o projeto de Jimmy Carter de constituir uma nova coalizão liberal que incorporasse preocupações com transparência, eficiência e contenção de gastos públicos, que despontavam na opinião pública americana, catalisados pelo movimento conservador, em franca expansão dentro do Partido Republicano. Num contexto de ataque frontal aos pressupostos liberais por parte da direita religiosa aliada ao neoconservadorismo econômico, os movimentos sociais rejeitaram o projeto de Carter como insuficientemente liberal, incapaz ou desinteressado de defender suas bandeiras históricas. Se, em 1976, Carter foi o candidato ideal por simbolizar o desejo de união e reconciliação de um partido e uma nação, em 1980 ele não tinha lugar num contexto de polarização política extrema e consolidação de identidades radicalizadas e definidas em oposição mútua que informaria o sistema partidário americano até hoje. Embora tenha derrotado Kennedy com facilidade nas primárias de seu partido, Carter não contou com o apoio esperado dos movimentos sociais de seu próprio partido. Muitos, como Eleanor Smeal, presidenta da National Organization of Women (NOW), ameaçaram migrar para a candidatura independente do outrora republicano John Anderson, que se colocava como uma rejeição à influência do fundamentalismo religioso em seu partido e da polarização do sistema político americano (Dumbrell, 1995:80). Outros, como os militantes negros Ralph Abernathy e Hosea Williams, apoiaram explicitamente a candidatura de Ronald Reagan (e aqui nossa pesquisa aponta para a importância de mapear as dissensões e especificidades de cada um desses movimentos em suas estratégias políticas). A maioria, entretanto, apoiou Carter reticentemente.

A derrota de Jimmy Carter nas eleições pode ser atribuída a uma série de fatores que, provavelmente, tiveram mais peso do que a rejeição dos movimentos sociais: dificuldades de negociação com o Congresso, visto por Carter como o lugar por excelência dos *lobbies* e interesses particulares, em contraponto ao presidente como defensor do interesse público; falhas na reorganização administrativa da Casa Branca na tentativa de enterrar o legado imperial da era Nixon; percepção generalizada de ineficiência por parte da opinião pública, agravada pela crise econômica aguda e as filas nos postos de gasolina quando da escassez de combustível em 1979; a crise dos reféns no Irã. Para efeitos deste capítulo, entretanto, procuramos nos concentrar na história do Partido Democrata, tentando situar a emergência de Carter e seu governo na construção de uma cultura política democrata partilhada pelas diversas facções. Essa cultura política fora forjada nas batalhas político-ideológicas dentro do partido nos anos 1960 e 1970, e também no enfrentamento à onda conservadora consubstanciada na era Reagan. Essa nova cultura política, que correspondia a um processo de nacionalização e unificação do partido, definiu-se, em grande medida, em contraposição ao projeto de Jimmy Carter de um liberalismo na era de limites, defensor do que via como interesse público em oposição às demandas particulares de grupos de pressão. Esse projeto servira muito bem aos propósitos de unificação do partido e do país em 1976, mas era incompatível com a polarização política que passaria a vigorar no sistema político americano a partir de 1980.

Referências

AMERICAN PRESIDENCY PROJECT. University of California Santa Barbara, [s.d.]. Disponível em: <www.presidency.ucsb.edu/ws/>. Acesso em: 15 maio 2012.

ANDERSON, P. *Electing Jimmy Carter*: the campaign of 1976. Baton Rouge/Londres: Louisiana State University Press, 1994.

BIVEN, C. W. *Jimmy Carter's economy*: policy in an age of limits. Chapel Hill/Londres: The University of North Carolina Press, 2002.

CARTER, J. *A government as good as its people*. Nova York: Simon and Schuster, 1977.

CEFAI, D. *Cultures politiques*. Paris: PUF, 1998.

DUMBRELL, J. *The Carter presidency*: a re-evaluation. Manchester: Manchester University Press, 1995.

FINK, G. M.; GRAHAM, H. D. (Org.). *The Carter presidency*: policy choices in the post-New Deal era. Lawrence: University Press of Kansas, 1998.

FLIPPEN, J. B. *Jimmy Carter, the politics of family and the rise of the religious right*. Athens: The University of Georgia Press, 2011.

GLAD, Betty. *In search of the great White House*. Nova York/Londres: W. W. Norton & Company, 1980.

GRAHAM, H. D. Civil rights policy in the Carter presidency. In: FINK, G. M.; GRAHAM, H. D. (Org.). *The Carter presidency*: policy choices in the post-New Deal era. Lawrence: University Press of Kansas, 1998

HARGROVE, E. C. *Jimmy Carter as president*: leadership and the politics of public good. Baton Rouge: Louisiana State University Press, 1988.

HARTMANN, S. M. Feminism, public policy, and the Carter administration. In: FINK, G. M.; GRAHAM, H. D. (Org.). *The Carter presidency*: policy choices in the post-New Deal era. Lawrence: University Press of Kansas, 1998.

MAILER, N. Miami and the siege of Chicago. In: *Some honorable men*: political conventions, 1960-1972. Boston/Toronto: Little, Brown and Company, 1976.

MILLER CENTER OF PUBLIC AFFAIRS. *Jimmy Carter presidential oral history project*. Entrevista de Stuart Eizenstat ao Miller Center of Public Affairs. University of Virginia, 29-30 jan. 1982.

MIROFF, B. *The liberals' moment*: the McGovern insurgency and the identity crisis of the Democratic Party. Lawrence: University Press of Kansas, 2009.

SCHRAM, M. *Running for president 1976*: the Carter campaign. Nova York: Stein and Day, 1977.

WHITE, T. H. *The making of the president, 1968*. Nova York: Atheneum, 1969.

_____. *The making of the president, 1972*. Nova York: Atheneum, 1973.

WITCOVER, J. *Marathon*: the pursuit of the presidency, 1972-1976. Nova York: Viking, 1977.

AUTORES

CARINA MARTINS COSTA. Doutora em história, política e bens culturais pelo Centro de Pesquisa e Documentação de História Contemporânea do Brasil (Cpdoc) da Fundação Getulio Vargas (FGV). Professora adjunta no Departamento de História da Universidade do Estado do Rio de Janeiro (Uerj). Pesquisadora de educação em museus de história.

ERIC BRASIL. Mestre e doutor em história pela Universidade Federal Fluminense (UFF). Desenvolve pesquisas sobre cultura negra no Atlântico, carnaval, cidadania e pós-Abolição. Vencedor do concurso de monografias Silvio Romero de 2011, promovido pelo Centro Nacional de Folclore e Cultura Popular (CNFCP-Iphan). Professor da rede municipal do Rio de Janeiro.

FELIPE PAIVA. Doutorando em história pela Universidade Federal Fluminense (UFF).

JOÃO CHRISTOVÃO. Professor da rede municipal de ensino da cidade de Cabo Frio, atua como coordenador do Centro de Memória Márcio Werneck do Instituto Federal Fluminense, *campus* Cabo Frio. Atualmente desenvolve tese de doutorado no Programa de Pós-Graduação em História, Política e Bens Culturais do Cpdoc (FGV).

JOSÉ VALDENIR RABELO FILHO. Mestre em história social pela Universidade Federal Fluminense (UFF). Professor do Instituto Dom José de Educação e Cultura (IDJ). Leitor crítico e autor de materiais didáticos do Sistema Ari de Sá (SAS).

KATIA KRAUSE. Mestre e doutora em história social pela Universidade Federal Fluminense (UFF). Ganhou o prêmio Franklin Delano Roosevelt de Estudos sobre os Estados Unidos da América 2012 (melhor dissertação), Comissão Fulbright.

LUIZ SALGADO NETO. Doutorando em história comparada pela Universidade Federal do Rio de Janeiro (UFRJ). Mestre em história social pela Universidade Federal Fluminense (UFF). Pesquisa a história do Oriente Médio contemporâneo, com ênfase no conflito Israel-Palestina, e a política externa norte-americana para o Oriente Médio pós-1945. Atualmente, estuda o movimento político árabe palestino sob controle britânico (1917-1948).

MARIA ISABEL RIBEIRO LENZI. Doutora em história pela Universidade Federal Fluminense (UFF). Pesquisadora do Instituto Brasileiro de Museus (Ibram), com experiência em pesquisa iconográfica. Já atuou no Museu da República e no Museu Histórico Nacional. Trabalha atualmente no Museu Imperial.

MARIA IZABEL MAZINI DO CARMO. Graduada e mestre em história social pela Universidade Federal Fluminense (UFF), tendo participado de projetos vinculados à pesquisa e ao ensino da história na UFF, na UFMG, na UFRJ e na FGV. Sua dissertação foi publicada em livro: *Do Mediterrâneo à baía de Guanabara: os italianos no Rio de Janeiro (1870-1920)* (Curitiba: Prismas, 2015). Atualmente, dedica-se à pesquisa da história da imigração.

MARIANA A. DANTAS. Mestre e doutora em história pela Universidade Federal Fluminense (UFF). Professora da Universidade Estadual Vale do Acaraú (UVA, Ceará). Desenvolve pesquisas sobre populações indígenas do Nordeste e sua participação na formação do Estado brasileiro no século XIX.

MARIO ÂNGELO BRANDÃO DE OLIVEIRA MIRANDA. Professor agregado do Departamento de História da Pontifícia Universidade Católica do Rio de Janeiro (PUC-Rio). Doutor pelo Programa de Pós-Graduação em História Social da Cultura da PUC-Rio e pelo Instituto de História da PUC-Chile, onde pesquisa as linguagens políticas sul-americanas no Pós-Segunda Guerra Mundial. Mestre em história pela PUC-Rio.

NATHÁLIA SANGLARD DE ALMEIDA NOGUEIRA. Doutoranda do Programa de Pós-Graduação em História da Universidade Federal Fluminense (UFF). Bolsista da Capes. Mestre em história pela mesma instituição.

PEDRO PORTOCARRERO PINHEIRO. Mestre em história pelo Programa de Pós-Graduação em História da Universidade Federal Fluminense (UFF), tendo sido bolsista CNPq e Faperj Nota 10 no decorrer do curso. Atualmente cursa doutorado em história no PPGH-UFF e é assistente em administração pela mesma universidade.

RODRIGO DE AZEVEDO WEIMER. Doutor em história social pela Universidade Federal Fluminense (UFF), com pós-doutorado em história pela Universidade do Vale do Rio dos Sinos (Unisinos), e pesquisador em história na Fundação de Economia e Estatística do Rio Grande do Sul (FEE/RS). Coautor de *Comunidade negra do Morro Alto: historicidade, identidade e territorialidade* (Ed. UFRGS). Autor de *Os nomes da liberdade: ex-escravos na serra gaúcha no pós-Abolição* (Oikos/Ed. Unisinos), *Felisberta e sua gente: consciência histórica e racialização em uma família no pós-emancipação rio-grandense* (Ed. FGV, prêmio de teses do Pronex-UFF) e *Os camponeses do Morro Alto: família e trabalho no litoral norte do Rio Grande do Sul no pós-Abolição (1890-1930)* (Ed. FEE), além de diversos artigos na área de história.

THIAGO RODRIGUES NASCIMENTO. Doutorando em ciências humanas (educação) pela Pontifícia Universidade Católica do Rio de Janeiro (PUC-Rio). Bolsista Capes. Mestre em história social pela Universidade do Estado do Rio de Janeiro (Uerj). Integrante do grupo de pesquisa História da Profissão Docente, vinculado ao Departamento de Educação da PUC-Rio.

Este livro foi impresso nas oficinas gráficas da Editora Vozes Ltda.,
Rua Frei Luís, 100 – Petrópolis, RJ.